# HANNAH ARENDT

# 漢娜・鄂蘭

# 責任與判斷

蔡佩君◎譯

蔡英文—中央研究院人文社會科學研究中心研究員◎導讀

# RESPONSIBILITY AND JUDGMENT

# 第一部
# 責任
# RESPONSIBILITY

Contents

目　錄

# 第二部
# 判斷
# JUDGMENT

# 體例說明

一、中文版導讀所引用內文與譯文有幾處不同，除專有名詞予以統一外，其餘保留導讀人的詮釋。

二、本書注釋採隨文注，標示「鄂注」為鄂蘭的補充說明；標示「柯注」為英文版編者柯恩做注；標示「譯注」為中文版譯者蔡佩君做注。

三、譯名對照採橫排右翻，條目依中文注音順序排列。

# 導讀一

蔡英文
中央研究院人文社會科學研究中心研究員

一

漢娜．鄂蘭的《責任與判斷》是由她的學生傑若米．柯恩編纂成書的論文合集。這些論文，除了〈小岩鎮事件的反思〉發表於一九五九年之外，其餘的皆寫成於一九六四年至一九七五年之間，其中〈若干道德哲學問題〉是鄂蘭在一九六五年至一九六六年分別在紐約社會研究新學院（現改成紐約新大學）與芝加哥大學的授課講稿，由柯恩編輯成論文形式，是鄂蘭去世後出版的文章。在這一段寫作的時期，鄂蘭正發展她的判斷理論，因此這些論文表達了她晚年發展該理論的問題意識，以及思辨的心路歷程。鄂蘭為文一向關注現實的政治與道德的重大議題，文章的肌理揉合了冷靜之概念分析與思辨的熱情，因而帶有相當大的思想激勵。這本論文合集亦呈現她的這種政治思辨的風格。

從鄂蘭一生的思想生涯來看，促使她晚年發展判斷理論的重要事件乃是一九六一年艾希曼（Adolf Eichmann）在耶路撒冷的審判。艾希曼是納粹黨衛軍的高級將領，曾負責猶太人之「終決方案」（Final Solution）的策劃與執行。戰後被聯軍判為一級戰犯，但逃脫聯軍的捉捕，潛逃至阿根廷，後被以色列的特工逮捕，於一九六一年四月十一日，被引渡並公開審判。這一年，《紐約客》雜誌社指派鄂蘭前往耶路撒冷，聆聽整個審判過程，並為文記實。一九六三年，鄂蘭將此記實擴充成書，出版了《艾希曼在耶路撒冷》。此書的許多解釋觀點及其政治與道德的論斷招致輿論抨擊，特別是她的猶太同胞的批判。在該書諸多的爭議中，最常引發學院內外討論的論證主題有二：一是，對於艾希曼的罪行，鄂蘭提出了「罪惡的浮淺性」（the banality of evil，或譯「罪惡的平庸性」），並以「思維的匱乏」（thoughtless）解釋艾希曼犯下罪行的因素；二是，公民在極權政體下的政治抵抗，以及公民的責任的承擔。

鄂蘭對艾希曼的罪行，提出了「罪惡的浮淺性」的解釋，這個觀點跟她在一九五八年的《極權主義之根源》所提出的「根本性或絕對性之惡」（radical or absolute evil）的解釋似是互不相容。這個矛盾引發的爭議在於，像艾希曼這樣一位，如鄂蘭所描述的，個性平庸、思想愚鈍、語言說辭陳腔濫調的納粹將領，如何可能犯下「根本或絕對之惡」？對此議題，鄂蘭並未為文解釋。但這個議題自一九八九年之後，因盧安達與波士尼亞，以及二〇〇一年的恐怖主義事件，激發了政治學者探究政治之惡的興趣。

艾希曼的「罪惡的浮淺性」的解釋牽涉了公民責任的議題。在鄂蘭晚年政治思想的發展脈絡中，公民責任跟判斷與決斷相關。《責任與判斷》的各篇文章交織了這些議題的理論反思與論斷。

艾希曼的審判讓鄂蘭重新思辨縈繞她心思的一項基本關懷：戰後的德國政府與公民如何面對納粹政體犯下的巨大罪行，而得以跟這個慘痛的過去復合？同樣地，慘遭這個政體殘害、屠殺的猶太民族如何弭平這個苦難帶來的傷痕與怨恨？

## 二

對於鄂蘭而言，艾希曼的審判，連同之前的紐倫堡大審以及之後的法蘭克福（或奧許維茲）審判（一九六三年）所帶來的基本問題在於，如何「定罪以及確定刑事罪責程度」。（見本書頁三二〇）這個問題，依一般的法律與道德概念，並無法取得合理的解釋。其主要理由有下列幾點：

（一）被控訴犯下「集體屠殺猶太人」的納粹官員並非殺害個別的猶太人，而是執行國家的命令，透過行政程序，從事集體屠殺的政策。他們被稱之為「案牘的謀殺者」，亦即：單憑手諭、電話、電報……等工具，而非運用實質的暴力工具，執行屠殺的命令。

（二）這種「行政謀殺」（或者「組織性之罪行」）是由納粹黨透過國家公權力進行的罪行，準此，法律如何下判決？這牽涉了國家憲政同一性之延續（the continuity of constitutional identity）的問題。如果說國家體制隨憲法的改變而不同，那麼，改變了的憲法及其國家體制是否有合法性，可以判決先前的國家體制的罪犯？具體而言，戰後德國的民主憲政是否具合法性，得以處理納粹之極權體制的罪犯？另一方面，儘管國家體制隨憲法之改變而改變，但是國家之制度，特別是文官系統依舊維繫其同一性，譬如，納粹黨改變了威瑪憲法，但接受了威瑪共和的文官系統（包括僱用其公務員）。若非如是，納粹黨無法有效地管理它的國家；同理，艾登瑙的波昂政府依然如此。就此而言，納粹德國的所有公務員，以及據有權位的公共人物或菁英份子是否因此皆是納粹罪行的共犯？甚至納粹德國的公民必須承擔其罪行，而有所謂的「集體罪惡」？（見本書頁三二四）

這兩個基本問題導致德國戰後在反思批判納粹德國之責任歸屬問題上，帶來了道德的混淆，鄂蘭說：

> 我認為道德混淆的本質在於，戰後期間在德國，那些就個人而言完全清白無辜

> 的人，向彼此及整個世界肯定地說他們覺得自己如何又如何罪惡，但真正的罪犯卻很少人願意承認自己有一絲絲的懊悔。（見本書頁八五）

鄂蘭駁斥德國戰後瀰漫的「集體的罪惡感」，認為它是一種無謂的負擔。簡單的邏輯是，若是全體公民有罪，那麼就無所謂犯罪與否，她說：「沒有所謂的集體罪過或集體無辜；罪過或無辜只有針對個體時才有意義。」（見本書頁八六）「有罪跟責任不同，罪總是指名道姓；嚴格來說，它是個人性的。罪指涉具體行為，而非意圖或潛能。」（見本書頁二一七）在這裡，鄂蘭指出「有罪」與「責任」的不相似性，但這種區分似有疑義。在民法與刑法的層次上，責任與罪行是相關的，當一個人犯法，他有責任承擔這個罪行，並接受懲罰，或補償受害者的損失。雖有如此的疑義，但鄂蘭駁斥「集體罪惡」的重點在於，身處極權政府的統治，任何公民若非犯下迫害與屠殺猶太人的罪行，則不必要承擔這個政體之罪行，也因此不必有罪惡感。但更重要的論點是，「集體罪惡」的觀念常成為罪犯辯解其罪行的託辭，試圖卸除個人的責任。在這裡，鄂蘭提出了「齒輪理論」，她說：

> 被告加入黑手黨也好、加入黨衛軍也好，或者其他犯罪或政治組織，他向我們

保證他不過是個聽命行事的小齒輪，換了任何人也會做出相同的事情。（見本書頁二一八）

這種「齒輪理論」（cog-theory）被賦予一種道德的合理化說辭：

每個組織都要求服從上級，遵守國家的法令。服從是第一序的政治美德，沒有服從，則沒有任何政治體可以維續。無限的良知自由並不存在，因為它意味著所有組織社群的消亡。（見本書頁一〇三）

作為現代國家的一個權力的設置，官僚科層體系構成統治的工具，是國家治理不可缺少的行政管理系統。但是，這個體系也形塑了所謂官僚心態，其特徵在於，官僚的身份既是「非人格性的」，也是功能性，他們隨時可以被更換。服從命令與墨守成規是他們服公職的責任（duties）。在一自由民主的國家中，這種心態與作為可以被視為某種公共的德行。但是，當一個政體犯了如極權主義政府的罪行時，官僚體系的行政官員是否必須承擔集體的責任？換另外一個角度來看，行政官員是否可以正當地辯稱，他們所作所為純係服從命令、遵守法規，因此不必要承擔政府所犯下罪行的責任？

鄂蘭強調法律（包括道德）的責任「往往跟個人（person）及其作為相關」，即使一個人牽涉了某種「組織性的犯罪」，我們在判斷他的罪行上，不是從群體的角度，而是就他個人參與這個組織的深淺程度、他所扮演的角色、罪行的大小等觀點，來做判定。分析至此，我們可以說，鄂蘭以人格性的法律責任觀點，駁斥「集體罪惡」的理念。罪行與法律的責任都是以個人身份承擔的，無法藉由諸如「齒輪」（如扮演體制的功能）、歷史的形勢（如「勢不可為」）與歷史的目標（如為達成偉大的歷史使命）……等集體性的概念，以辯解個人的罪行。但是，在這裡，有一項複雜的問題：在極權政體（或任何獨裁體制）中，不曾犯下迫害政敵、屠殺某一族群……等罪行的公務員與國民，是否有義務承擔國家的責任，或者說，擔負集體的責任？這「無辜者」不負國家決策與執政的責任，他們是否因為生活在犯了「組織性之罪行」的體制中，而必須負擔責任？「集體性責任」的概念是否成立？在分析上，法律與道德的責任跟「集體性責任」如何有所區分？

法律責任意指一個人對他所犯下的過失與罪行承擔其罪責。罪行的歸咎與賠償都指涉個人的身份。就此而言，「集體性的責任」顯然不是法律層面的，但它是否屬於道德層次？顯然不是，鄂蘭亦以個人的身份來界定道德責任的範圍，它跟法律責任一樣，乃關係著個人及其作為。不同之處在於，道德責任不涉及個人對他人的過失，或罪行，它所關注的是個人自我的完整性與一致性（包括行為動機的純正性），如鄂蘭所喜歡引述的蘇格拉底的兩條道德法則：一是「寧可承受他人之罪行（或錯誤）加諸己身所受的磨難，也不願意自己為惡」，另一則是：「寧可與他人失和，也不願意自己失和。」在這裡，鄂蘭是從人之思維的自我反思（特別是我與我自己彼此的對話）及其良知的彰顯來闡釋人的道德性。鄂蘭對道德性的分析似乎是回應極權政體下個人與集體責任的基本問題。鄂蘭如何界定集體責任的基本意義？

依鄂蘭的界定，集體的責任有兩個基本條件：「我承擔的責任必須來自我不曾做過的事情，而我為此負責的理由必須是因為我屬於某團體（一個集體），這團體成員的身分無法透過我自發的行動來解除。」（見本書頁二一九）簡單來說，我作為一個政治共同體的成員，這個成員的身份跟其他組織（如企業公司，或大學，或官僚體制）的成員身份不同，它不是隨個人的意志可解除的。因此你必須承擔這個政治共同體的任何風險，也有義務關照其他成員的福祉，或者所受的傷害。以鄂蘭特殊的用語來說，「集體責任」關注之所在，不是個人道德的完整性（如，你不可以跟自己失和），而是我生活的世界。鄂蘭稱這種「集體的責任」為「政治責任」，作為一種「集體性之責任」，政治責任指涉一個政治共同體及其政府有義務，承擔過去之政府的一切作為，不論其功過得失。由於每一個人必然是共同體的成員，他亦必須承擔此共同體的一切作為，除非他願意脫離這個共同體，成為「無國籍民」。在自由民主國家中，鄂蘭所說的「集體性責任」，表現在公民對公共事務的關切，以及政治參與，當然，公民亦可選擇「免於政治」的消極抵抗的行動，藉由這種「拒絕參與」的抵抗，冀望改變政府之不當政策。無論如何，政治責任所關切的，是「一個國族的命運及這個國族對世上其他國族的作為。」(見本書頁二二五)

然而，在一個極權主義的獨裁政體當中，政治參與以及「免於政治」的自由一概被取消，公民所能承擔的政治責任之範圍有多大？針對這個問題，鄂蘭明言，處於這樣的處境，任何公民必然面對道德、法律與政治責任的纏結，以及尖銳的抉擇困境。這個問題牽涉公民的判斷與抉擇。如同多元主義者的論點，鄂蘭承認任何抉擇都必須要付出代價。

鄂蘭承認在極權主義政體中，一個人從政治領域中，撤退到內在的自我反思的思維，以保持道德良知的完整性，而得以不犯下政治之罪行，亦可免除法律與道德責任的衝突。但付出的代價則是犧牲了作為一個政治共同體成員所應該承擔的政治責任。政治的責任，不是藉由任何道德準則可以加以推託的。人畢竟不是個人性，或孤絕的存在，他必然生活在一個政治共同體中，與其他人共同生活，也只有在共同體中，行動的能力，或者說，卓越的政治能力才得以實現。

## 三

鄂蘭在解釋艾希曼之「罪惡的浮淺性」時，對於他之所以犯下滔天大罪的因素，提出了「思維的匱乏」。在這裡，鄂蘭所說的「思維」是一種活動，它的現象本質在於，人之自我反思，這種自我反思乃介於我跟我自己之間的對話。這種思維的作用「揭露一切未經審問明辨之意見的偏頗，繼而剷除了那些我們習以為常，而且經常頑冥不化之價值、學說、教條，甚至是信念的偏執迷妄。」另外一方面，思維活動亦醞釀出良知，這種良知是道德情感，讓我們在當下的行動處境中，能立即分辨善惡、對錯。因這種道德情感，人才得以感受「有愧／無愧良知」。鄂蘭相信，這種思維活動能確保人的道德完整性，但這種完整性僅止於個人自我，也就是說，人一犯錯，如果他尚存自我反思的思維能力，那麼，這個犯了錯的自我無法跟另一個自我和平對話，而終至不能共處一室。艾希曼之所以犯罪，理由在於他根本不知道其自我有一個伙伴存在，因此他獨處時不會有自我責難的不安。

但是，思維活動是否能夠確實解釋人之道德與失德（或罪行）的原因？思維活動醞釀的良知假若如鄂蘭所認定的，可以防制人犯錯，那麼接下來的問題則是思維活動本身是否可以自我設立對錯、善惡的判斷準則？思維活動是一種內在的活動，作為一種活動，它產生不了任何具體結果（包括知識）。因此，它如何跟實踐的行動有關？在本書收錄的〈若干道德哲學問題〉中，鄂蘭本人深刻反思這些問題。其中有三個要點：一是思維活動所醞釀的良知是一種道德情感，既是一種情感，它除了不穩定、不可靠之外，亦無法清楚地指正何謂對錯、是非、善惡？二是，良知在極大的程度上，乃源自一個社群的習俗與成規的影響。當社會成規一有變化，良知就無所適從。追根究底來看，良知作為一種情感，終究只指示順從與不順從社會的成規，它無法顯示道德性。最後，良知若是上帝的戒律與實踐理性在人心內在的召喚之音，人受指引，確實可以形塑道德的一致性與完整性，但良知的召喚不涉及國家的法律與同胞的意見。對政治行動的世界而言，這種道德活動只是「邊際性的」，無涉政治的關懷與作為。

鄂蘭反思思維活動的限制，這讓她面對思維活動與實踐（政治行動）如何相關的問題。為解釋這問題，鄂蘭在晚年探究人的 vita comtempletiva（沉思性的生活）。銜接上所闡釋的思維活動的現象本質及其限制，鄂蘭進而探究人之意志活動的特性。

依照她的闡述，西方人首次體會人意志活動之意義，乃在基督教的使徒保羅，以及聖奧古斯丁的神學。在他們的體認，以及神學的思辨中，意志被視為人心靈的主要趨動力，它的力量無所限制，是全然自由的。以日後哲學的發展來看，這即是自由意志的概念根源。但隨著這種自由意志的發現而來的是，意志的活動的另一種特徵。作為一種心靈活動，意志本身如同思維的活動一樣，亦自我分裂。這種分裂的原始形態係「我意欲某種善，但這個意志亦發現我無法完成這個善」（I-will-but-cannot），或者「我意欲某種善，但這個意志同時否定這個欲求」（I-will-and-will-not）。意志的這種自我分裂不同於思維活動中自我分裂成「我與我自己」的對話，而是兩者無窮的對抗。

儘管如此，鄂蘭從思維與意志之活動中，發掘各有特殊的機能，藉此機能的作用，可以讓人得以跨越心靈活動的自我內在性，而通向行動的世界。在思維活動中，是反思的自我對社會成規與教條的批判，以及審議（deliberate）與評價各種價值、意見的優劣與正當性。在意志的活動中，則是對於各種差異的價值、意見，持之公允的裁決。這兩種機能構成了人之判斷力作用，藉由此判斷力，心靈活動與行動有了互動的橋樑。當然，人有豐沛之意志力才有行動，但在行動之前，人必然經過審議、評價與決斷的程序，因這種判斷力的作用，行動者才可能在具體處境中，對著人與事做出分寸拿捏得宜的行為。

判斷力就其短程的目的而言，乃在於決疑與決斷，在正反的意見、價值、策略的猶疑不決中，做出最恰當的決斷。決疑與決斷不可避免會運用規則或法律作為判定的條件。但是，決斷之所以成之為決斷，是因為我們援引的規則與法律在處理具體處境的人與事的問題上，力有所未逮，換言之，法則的涵蓋性有其不足。因此必須對這種特異的事態下決斷，任何判斷的處境皆會面臨這種決斷的時刻。以鄂蘭的話來說，思考與決斷少有依傍（without bannister）。儘管如此，問題是，如何避免判斷不足，以及決斷的任意獨斷？針對這個問題，鄂蘭援引康德《判斷力批判》的「想像力」、「擴展的心靈」與「共同體意識」（sensus communis）等觀念，提出了解釋。

決斷必然經過判斷的審議程序，在這個程序中，判斷者的視野必要容受諸多相異相左的觀點，其容受的視野愈大，判斷的「代表性」愈充分，其決斷亦更具正當性，鄂蘭將這種判斷力的作用解釋為「擴展的心靈」（enlarged mind）。這種「擴展的心靈」之所以能夠形成，主要來自人之「想像力」之發揮。所謂「想像」即是「再現那些不在眼前之事物」的能力，透過它，我們可以領會不顯現於我們眼前的事情，以及其他人的感受與觀點，譬如，我們不必是一位無產階級者，也可想像他們的窮困、他們痛苦的感受、以及生活的態度與觀點。

當我們判斷某一特殊性的事物，而說這個事物好壞時，這個特殊性之所以能具溝通性，是因為我們的「特殊性感受」背後有一種想像力提供的「圖示」（schema）支持著它，而這種「圖示」的形狀具有許多像這些特殊性之事物的特徵（如「桌子」這個概念的圖示）。另一方面，這個「圖示」又是許多人的心思可同時領會與支持的。因此，儘管我們對一特殊事物有不同的感受、評價，但我們都同樣談論、評價同一件事物。

在判斷一個人的行為時，鄂蘭認為想像力提供了「範例」(examples)，讓我們可以接合該行為的特殊性與一般性之概念，譬如，我們如何能夠判斷、評價英勇的行為？我們如何可能無需透過通則的推論，而判斷此一特定的行為，就如康德所示的「反思性之判斷」(reflective judgment)？在這裡，我們會想像某一個歷史的人物（如鄂蘭所提的，古希臘史詩的英雄阿奇里斯）為典範，來評價一個行為的英勇與否。當然這種範例的有效性有賴一個人所置身的歷史傳統的理念，以及是否選擇得當。

從人之「想像力」的溝通性，鄂蘭進一步闡釋「共同體之意識」。這個概念跟我們一般所說的「共同意識」，或「常識」(common sense)有些相近，但它亦有所區別。以其最基本意義來說，這個意識乃是「讓我們可以歸於與安頓於一個共同體的特別意識」。換言之，它是一種真正願意「共同生活在一起」(living-together)的共同體意識。據此，鄂蘭將此意識解釋為每一個人的判斷所訴求的，也正是這種可能的訴求，給予了判斷某種特別的有效性。

就此而言，判斷及其決斷的長遠目的乃以社會和平為其視域。鄂蘭承認判斷是審議各種不同的，以及彼此衝突的觀點、價值、意見，並持之公允的裁決，而下決斷。但是任何決斷可能不周延，甚至錯誤，而且必須冒風險。是故任何決斷必須留有爭辯與批評的空間。決斷並非孤意而行，而是在相互承認決斷可能有錯的條件下，彼此願意依各自的立場，進行溝通與說服，盡其可能達成「同意」（agreement）。判斷及其決斷是以說服、溝通來緩解因差異而可能帶來的衝突暴力。其目的在於和平共存。

## 四

鄂蘭從思考德國戰後之審判的疑難為取向，發展她的「心靈之生命」的理論，嘗試以人之判斷力來疏通思維與意志活動以及實踐行動之間的關係。針對納粹政體所造成的法律、政治與道德的責任歸咎之爭議，以及「加害者」與「受害者」彼此的裂痕，鄂蘭最後期以「判斷及其決斷皆留有寬恕」的信念，作為弭平傷痕的途徑。《責任與判斷》合集雖然對這個信念並沒有多做闡釋，但在字裡行間亦透顯這個關懷。

# 導讀二

**傑若米・柯恩**

Jerome Kohn，紐約社會研究新學院漢娜鄂蘭研究中心主任

「特定問題必須有特定答案；如果我們從二十世紀之初就開始面對的一連串危機，可以給我們任何教訓的話，我想，就是以下這個簡單的事實：沒有任何普遍標準可以可靠無誤地讓我們下判斷，沒有普遍法則可以確定地統攝特定案例。」漢娜・鄂蘭（一九〇六—一九七五）以這些文字涵括她終其一生視為問題而探究的哲學與政治的關係，理論與實踐的關係，或者更簡單而確切地說，是思考與行動的關係。當時她對著一大群人演講，這些人從全國各地聚集到曼哈頓的河濱教堂，參加一場「現代社會之危機性」的研討會。時值一九六六年，一場特定的危機，即越戰的不斷擴大，籠罩在大多數聚集此地的公民心中，他們來到這裡，是為了表達對於美國東南亞政策的關注，並思索他們能夠以個人身份和集體的力量做些什麼，促使政策改變。他們認為美國竟去摧毀一個古老的文化、傷害不造成威

脅的人民，在道德上是錯誤的，他們向鄂蘭及其他講者求助，希望過往危機的經驗可以幫助他們了解目前的危機。

至少，在鄂蘭這裡，他們的希望是落空了。雖然極權主義以及二十世紀的其他危機一直是她思考的焦點，她卻沒有為聽眾提出任何「普遍標準」去衡量已造成的錯誤，更無有「普遍法則」可以套用到正在造成的錯誤。她沒有說出任何可以證實他們既有信念的東西，或把他們的想法表達得對別人更具說服力，或是使他們反戰的努力收到更好的效果。鄂蘭不相信，從過往擷取有效或無效的類比，會有助於避免目前所隱藏的危機。她認為，政治行動的自發性受制於其特定條件的偶發性，這使得類比的做法徒勞無益。譬如，一九三八年慕尼黑的「綏靖」政策失敗了，但不表示一九六六年的談判是無意義的。鄂蘭相信，為其自身之故，整個世界必須保持警覺，抗拒諸如種族主義和全球擴張等因素，這些因素都曾經演變成極權主義，她反對不加區辨地將「極權主義」這樣的詞，套用到美國所反對的任何政權。

鄂蘭言下之意並非指這樣的過往與我們無關——她不厭其煩地重複威廉・福克納的警語：「過往不曾消失，它甚至還沒過去」——而是說，用「所謂的歷史教訓」來指出未來即將發生的事情，那不過是比檢視內臟或觀看茶葉浮沉以預測未來稍微有用一點而已。換言之，她對過往的觀點比桑塔耶納經常重複的評語「忘記過去者必將重蹈覆轍」，還要複雜而沒有信心；她的觀點在《責任與判斷》所收錄的最後一篇文章〈自食其果〉裡有清楚的陳述。相反的，鄂蘭相信「無論是好是壞」，我們的世界已**變成**現在實際的樣子：「我們任何時刻所在的世界**就是**過往的世界。」她的想法幾乎不關歷史「教訓」，也引發過往——過往的**行動**——如何可以在現在**被經驗**的問題。在〈自食其果〉一文中，她沒有用理論來回答該問題，但她對於一九七五年共和國時局的針貶，提供了一個範例，讓我們知道她所謂過往的現存（the presence of the past）究竟為何。她說「兩百年前的開端」是「光榮的」，但是對美國「自由制度」的背叛，今天卻**籠罩著**我們。結果已然成為**事實**，而我們可以對起源保持忠實的唯一方式，不是去怪罪「代罪羔羊」，或逃入「形象、理論或根本就是愚蠢」當中，而是「張開手臂歡迎」事實。現在是我們人民要對那些事實負責。

她所提出的唯一建議，如果可以稱為建議的話，是嵌在她為「特定問題」提供的「特定答案」當中，下面的一段軼事或可作為佐證。[1]一九六〇年代末，學生曾經問鄂蘭，他們應不應該和工會聯手抗議越戰，令學生訝異的是，鄂蘭毫不猶疑地給了一個很常

1 感謝伊莉莎白·楊—布魯爾提供這段回憶。
譯注：參見楊—布魯爾所著《漢娜·鄂蘭：因為對世界之愛》（*Hannah Arendt: For Love of the World*, New Haven, Yale University Press, 1982）。

識性的答案：「是的，這樣你們就可以用他們的油印機了。」同時期另一則故事則示範了完全不同的觀點，她所做的和給予建言完全無關。抗議越戰的示威學生佔領了她任教的新學院，教職員召開特別會議討論應不應該請警察來恢復秩序。正反意見都有，會議沈悶進行，結論傾向肯定。鄂蘭一句話都沒說，直到她從年輕時代就認識的一位朋友兼同僚不情願地贊同也許應該通知「當局」。這時她突然轉向他，說道：「我的天，他們是學生不是罪犯哪！」結果再也沒有人提警察的事，實際上，鄂蘭的那句話結束了討論。鄂蘭迸發出來的那句話是基於她自身的經驗，這段話讓同僚想起，他們所談的問題是介於他們和學生之間，而不是學生和法律。[2]鄂蘭的反應是根據特定狀況的特定性所下的判斷，而正反辯論的眾多言詞反而使這特定性模糊不見了。

沒有人比鄂蘭更了解二十世紀的政治危機：先是一九一四年全面戰爭的爆發；接著是俄國和德國極權政權的崛起，以及他們對全部階級和人類種族的滅絕；然後有二次世界大戰時原子彈的發明，摧毀了兩座日本城市；然後是冷戰以及後極權世界史無前例的以核子武器自我毀滅的能力；接著是韓戰；越戰；一個接一個，事件「如歷史的尼加拉瀑布奔瀉而下」；這些危機可以從道德崩潰的角度視之。勢如瓦解，顯而易見。鄂蘭看到那具爭議性、挑戰性以及困難的核心，不是由於人的無知或邪惡，未能辨識道德的「真理」，而是由於道德的「真理」竟不足以作為標準，去判斷人已經有能力做出來的行為。鄂蘭允許自己提出的唯一概括結論，反諷地指向一種大幅變革的無所不括，即西方思想傳統原本引以為神聖之事全盤改變了。道德思想的傳統斷了，並非哲學觀念而是二十世紀的政治事實打斷了此一傳統，它再也無法復原。

鄂蘭既非虛無主義者，也不是無道德主義者；而是追隨其思考指引的思想家。然而要跟上她，卻是讀者的艱鉅任務——主要並不是對於讀者的智力或知識的挑戰，而是對思考能力的挑戰。她提出的並非理論的解答，而是豐富的刺激，刺激你自己去思考。她覺得托克維爾的洞見無比深刻，亦即，當危機時刻或在真正的轉捩點時，「過往無法給未來帶來啟示，人心徘徊在晦暗之中。」她認為在這種時刻（此時對她正是），心靈的晦暗就是最清明的指示，指示我們需要重新思考人類責任的意義，以及人類判斷的力量。

一九六六年，鄂蘭已負盛名，這麼說並非要反駁，對有些人來說這名氣似乎是惡名。在此前三年，一九六三年，鄂蘭著作《艾希曼在耶路撒冷：對惡之平庸性的報導》出版，引發爭議的風暴，一些親密的友誼破碎，也使得幾乎全世界的猶太社群都與她

2 鄂蘭喜歡講這樁故事，她在一九三三年的柏林，因為替猶太復國倡議組織工作而被捕。看管她的警察立刻看出她不是個犯罪者，不像是應該坐牢的人，就安排把她釋放了。之後她便離開了德國。

疏遠。這對鄂蘭來說極為痛苦，她是德國猶太人，而她認為這個事實是她的存在所「既定」的，是上天賦予的一種特殊經驗，事後觀之，此經驗確實對鄂蘭的思想發展意義重大。舉一個簡單的例子：當有人因為是猶太人而遭到攻擊，鄂蘭覺得有必要以一個猶太人的身份回應。若以人類之名主張人的權利，是失之荒謬，沒有觸及重點，只有否認（denial）但沒有駁斥（refutation）對猶太人的指控，而這些指控說他們是次等人，是臭蟲，像臭蟲一樣應該用毒氣加以消滅。對這種指控，唯一可行的回應是說：我是猶太人，我為自己身為猶太人辯護，以表示我和任何人一樣有權利屬於這個世界。鄂蘭作為一個猶太人的責任，出現在她的呼籲，她呼籲組織猶太軍隊對抗猶太人的敵人及毀滅者。[3]

對《艾希曼》一書的反應為何？猶太人的憤慨可以總結在他們對鄂蘭一段十幾頁不到的文字所作的反應，鄂蘭寫道歐洲猶太社群的某些領袖如何與阿道夫．艾希曼「合作」，挑揀一些教友，一些比較不「顯赫」的人，讓他們給送進毒氣室。這確實發生，審判時也被提出來，並在審判前後都經過確證。但是鄂蘭受到指控：說她關於惡之平庸性的概念輕估了艾希曼之所為，甚至是為他脫罪，讓他變得比他的受害者還要無罪、還不「殘暴」；這指控相當荒謬。不論猶太領導階層提供了哪些「合作」，啟動並執行對猶太人存在之問題的「最終解決」者，是希特勒及其心腹，加上艾希曼這種人的支持，進行系統性的、工業化的謀殺。當然，猶太領導層所為是道德全面崩壞的明顯象徵，但沒有一個猶太人應對大毒殺的政策本身負責，這對鄂蘭而言是自明之理，如同對於其他人一樣。

不論是真心或假意，她的猶太讀者未能辨識出特定責任在何處，而特定責任又不在何處，這對鄂蘭而言，意味著蘇格拉底命題的全面翻轉，這個命題是：「寧受不義而不作惡。」因為現在的情況似乎是，納粹統治下猶太長老的不義行為，挑揀比較不「知名」者先去送死，而不是自己去承受，這舉動不只可以理解、可被接受，也是「負責任的」（是這樣說的）。當公眾的意見判蘇格拉底死刑，蘇格拉底判斷其處境後，決定留在雅典受死，而不是逃離雅典，在他鄉無意義地過完一生；對鄂蘭而言，他的以身示範，比任何論證，都更使得其命題確立為西方道德思想的基礎原則。[4]蘇格拉底生活在

3 鄂蘭的猶太人經驗，包括她對於猶太建國主義的觀點，以及以色列國家的形成，其重要性受到很大的誤解，本系列書籍收錄了她未曾出版並結集成冊之文章，往後亦將有一冊以此為主題。（二〇〇七年出版的《猶太書寫》。）

4 在〈若干道德哲學問題〉中，鄂蘭清楚指出她不認為蘇格拉底的一生是「政治性的」，雖然蘇氏之死證明對柏拉圖的政治哲學有重大意義。需要的時候，蘇格拉底就盡他作為雅典公民的責任，披甲上戰場，也至少一次輪值雅典人的公職。但他比較喜歡和自己、和朋友一同思考，勝於與「眾人」互動，而在此意義上，他被判死刑時的判斷與行為比較屬於道德層次而非政治層次。

遙遠的古代，受一個或許貪腐之政權的統治，但這政權當然不是希特勒德國意義下的邪惡政權。然而，道德原則不是超越歷史時空與此世之偶然性（contingency）的嗎？

《艾希曼》引發不同反應，令人困惑，對鄂蘭亦是。譬如常有人說，我們每個人心裡都有一個艾希曼，意思是在我們生活的條件下，不管願不願意，每個人都只是機器裡的一顆「齒輪」，因而抹消了負責任與不負責任行為的差異。對鄂蘭而言，耶路撒冷審判的主要優點，如同其他審判，是沒有將被告艾希曼，這個案牘殺人犯（desk murder）的佼佼者，當作一顆齒輪，而是當作一個為其生命受審的個體，一個特定的人，為他在幾百萬人的謀殺行動中所負的具體責任而接受審判。他自己並沒有動手殺人，但卻將受害者驅趕成群、送到奧許維茲的死亡工廠，而促成了謀殺。結果法官判定艾希曼的罪責大於實際操作毀滅工具的人——這方面，鄂蘭和法官的看法是相同的。

另外一種反應並非直接指涉艾希曼，但卻奇怪地和這個反應相關（〈獨裁統治下的個人責任〉中有所提及），即在納粹宰制的恐怖之下，「不做對的事情」的誘惑等同於被迫為惡，以及在這樣的環境下，無法要求任何人的行為有如聖人。但如果細讀鄂蘭在《艾希曼》一書中所寫，就會清楚看到，提出下面這個問題的不是鄂蘭，而是以色列的檢察官：為什麼猶太人沒有抗拒，在某些情況甚至協助滅絕的過程。對她而言，引入「誘惑」的概念乃是進一步顯示了道德的錯置，因為它公然違背人類自由的所有概念。道德有賴於選擇的自由，而在其中，誘惑（temptation）和強迫力（force）絕不相同；如鄂蘭所言，誘惑不可能是任何行為的「道德理由」，而強迫力對那些受制於它的人而言，甚少道德意涵，如果有的話。

有人說過「歐洲六百萬猶太人遭到屠殺」是「現代世界最重大的悲劇事件」，而《艾希曼》就「是過去十年最有意思、最動人的藝術作品。」[5] 鄂蘭覺得這種反應的邏輯非常之不恰當。她不像杜思妥也夫斯基或梅爾維爾，從思想中創造出悲劇，而是詳細檢視在具體審判中展現的事實。對她來說，該審判唯一切題的議題是，以一判決（最終仍是她自己的而非法官的判決）明白呈現出艾希曼的責任，他違背了「人類整體的」多數性、「人類多樣性本身……若無此，則『人類』、『人性』這類字眼便會毫無意義。」換言之，在艾希曼的審判中，鄂蘭看出他的罪行可以判定為對人性、人的地位、每個人，所犯下的罪行。

也有人說惡之平庸性的概念呈現了一個難以反駁的理論，因為它**似乎言之成理**，這個反應在今天猶有迴響，報刊陳述一般瑣細的犯罪行為時，不斷拿這個詞來用。對鄂蘭來說，惡之平庸性不是理論或學說，而是由一個缺乏思考能力的人所犯下之惡的

5 Susan Sontag, *New York Herald Tribune*, March 1, 1964.

實在本質——這個人從未思考過他正在做的是什麼，不論是擔任秘密警察負責運送猶太人，或是成為受審中的囚犯。整個審判過程證實了這情形，又加以確認。惡之平庸性的殘酷事實使鄂蘭震驚，因為，如她所言，「這和我們關於惡的理論相牴觸」，這種情形雖然「真實」但言之絲毫不「成理」。在《艾希曼》一書中鄂蘭並沒有憑空虛構、或想像、或甚至徹底全面思考這惡之平庸性的概念。它是「抗拒思考的」(thought-defying)，她這麼說。

除了一篇文章外，這本書中所集結的演說、講課內容及論文，發表時間都是在審判之後，也以不同方式再現鄂蘭的掙扎，奮力要了解艾希曼之無思考能力（inability to think）所代表的意義。在鄂蘭於《極權主義的起源》及《人的條件》二書中所探討的歷史脈絡中，艾希曼極引人注目，他是一個人，一個普通、平凡的人，一個「丑角」，也因此完全不可能是為惡之人。鄂蘭感到震驚的是，艾希曼的平庸性，他的完全欠缺自發性，使他變成既非「禽獸」亦非「惡魔」，但卻是最極度之惡的代理人。這樣的感知催化了鄂蘭對於本書主要論題——責任與判斷——的最終理解。

對於鄂蘭在《艾希曼》書中所寫之事的這些誤解，以及許多未曾提到的誤解，是否有什麼是沒有說出，但多少隱藏在其背後的東西？[6]如果有，我猜想是艾希曼的良知這真正使人困惑的問題，這個問題除了鄂蘭之外，沒有人看見、了解或願意提出討論。這情形至少在兩方面值得注意：第一，在證詞中，艾希曼提出豐富證據證明他擁有一般人稱為「良知」的東西。以色列警察訊問他時，他宣稱「終其一生根據康德的道德訓令而生活」，行動也是「根據康德對義務的定義」，亦即說他不是單純服從希特勒德國的法令，更認為希特勒的意志就是「法律背後的原則」。[7] 其次（雖然這點幾乎總是被否認），沒有什麼比這更確切地顯示出，鄂蘭在面對艾希曼的證據時，她所做的正是她所說的，「報導」審判時所出現的種種，雖然必須承認這類報導很少可以達到如此複雜的程度。艾希曼的「良知」在審判中逐漸明朗，此　過程整合在惡之平庸性的意義當中——前者的證據積累形成後者的概念——但同樣地，我們必須補充，在對於惡之理論研究的持續工作中，艾希曼的平庸性顯示，哲學家、心理學家及其他智識能力無庸置疑的人皆不願意去分析人類良知之現象。相反地，他們傾向於將這良知視為動機的

6 下面這本書充分敘述了《艾希曼》出版之後的幾年間，討論此議題的許多文章和書籍：R.L. Braham, *The Eichmann Case: A Source Book* (New York: World Federation of Hungarian Jews 1969)。自從一九六九年以來，所有討論鄂蘭的多種著作，幾乎都處理了惡之平庸性的概念，卻無法對於其意義達成所謂的共識，使得鄂蘭的《艾希曼》成為有史以來最受爭議的一本書。

7 艾希曼的「原則」是希特勒的意志，而非康德的實踐理性。

合理化，或是不可抗拒的情感，或是對於行動的「指示」，或更細緻的，一種掩藏在無意識底下的意向。無論原因為何，良知之現象似乎堅持抗拒被分析。

不論如何，鄂蘭在〈思考與道德思量〉一文中並沒有意圖弄出一套惡之平庸性概念的理論，她只問自己一個康德式的問題：「我憑什麼擁有（這個概念）並利用它？」在該文中，鄂蘭所著手討論的人類經驗，緊密連結到「良知」一詞的拉丁文語源及同源的希臘字；而在構成〈若干道德哲學問題〉一文的講課中更細細爬梳，這並非無意之舉。她注意到隨著基督教的出現及意志（will）的發現，良知的功能有了關鍵性的轉變，由負面變成正面；最後她暗示，關於良知的驚人現實，或許能從它最不被尋找之處來發現，亦即從判斷能力的運作之中。她幾乎就像把「良知」一詞變成審判的對象，向它投擲許多問題，而問題的根，雖然埋藏在歷史的過往，卻是在她的心中醞釀滋養的。在那場審判中，鄂蘭彷彿一個熱切的訊問者，一個公正的法官，這場審判起於耶路撒冷，卻沒有終止於該處，也尚未結束。這些探討——還包括鄂蘭身後才出版的《心智生命》——其中定然還有更多更重要的東西，不僅止於嘗試平息環繞在《艾希曼》一書之種種爭議，雖然這些探討也還不能做到平息爭議。

重要的是，鄂蘭努力要重新認識道德的意義，將之理解為區分是非、善惡的知識。尼采這位哲學家兼語言學家，暗示了道德倫理不過是其字面所指稱者：**風俗與習慣**；鄂蘭與尼采有深刻的聯繫，倒不是因為知識上的影響，而是由於兩人類似的心智構造，同樣有著洞見靈現的能力，而都不是提出系統性的哲學。鄂蘭在她出生的地方，看到她和許多其他人都曾視為理所當然的東西，一種似乎牢靠而穩固的道德結構，在納粹的統治下崩解了，其最極端的情形是翻轉了「汝不應殺人」的誡令，變成「汝應殺人」；而在第二次世界大戰之後，她又看到另一次翻轉，前面的那種結構重新被召喚回來。但它可以有多麼牢靠穩固呢？尼采認為人類行為的規範與標準之所從出的原則是**可替換的**價值，最後不證明他是對的？雖然有人料想鄂蘭定然會同意，她還是沒有同意。她相信尼采「不朽偉大」之處，不在於他說明道德是什麼，而在於他「敢於指出道德已經變得多麼殘破而無意義」，這兩者是相當不同的。如同尼采，鄂蘭拒絕強加和接受規範與價值，那些東西的源頭是將所有特例包攝在其下的神律或自然法；但鄂蘭也不同於尼采，真正令她感到詫異的是，兩千五百年來，「文學、哲學和宗教」都沒有提出「其他的字眼」來表示道德，或表示「種種關於良知存在的訓誨，而此一良知是用一模一樣的聲音對所有人說話。」她的詫異最主要是由於一項事實：有些人確實會去分辨是非，更重要的是，無論什麼情況，只要他們**能夠**，便會根據自己所做的區辨而行動。雖然他們既非聖賢亦非英雄，雖然他們沒有聽到上帝的聲音，或藉由普世的自然之光而照見真理，但他們知道、也堅守著善惡的區別。在二十世紀已然揭顯的世界中，這個事實對鄂蘭來說太具有預示性了，太強大了，她無法把這東西只視為是性格之內在「高貴」。

至少從一九四〇年代一直到一九五三年史達林死亡為止，鄂蘭著作的母題都是她所稱的極權主義的「根本」或「絕對」之惡：納粹主義和布爾什維克主義為了非人類所能理解的目的而大規模滅絕人類。極權主義挑戰、強姦人類的理性，完全摧毀用來理解政治、法律及道德的傳統範疇，拆除人類經驗可透過理智認識的結構。毀滅人類世界的可能性，雖然全然沒有前例可循，卻在極權主義集中營的「實驗室」所進行的「實驗」裡得到證明。在那裡，獨特人類的存在，人類概念的實體，遭到抹滅；個體生命成為「多餘」，被轉化成「無生命的」物質，用來給滅絕的機器添燃料，加速了意識形態之自然與歷史法則的運動。[8]對於二十世紀極權主義統治之惡，尼采或者在他之前任何思考過人性之惡的古老問題的人，當然都一無所知。鄂蘭稱之為「根本」，意思是惡之根源乃第一次出現在這世上。

艾希曼對自己所為無反省之能力，鄂蘭認為這不同於愚蠢，但在遭遇到這個狀況之前，鄂蘭並不了解這種惡會**無限**蔓延於人世，其最驚人的面向是，它的擴張延伸不需要根植於任何意識形態。人類之惡若沒有引發自責、悔悟，犯下惡行之後馬上被遺忘，這惡就會是無限的。只有這時，對她來說，個人的傾向——不必然是抗拒，而是避免作惡的傾向，拒絕或甚至不會被惡所誘惑的傾向——需要每個人的注意力，而不只是哲學家或其他知識份子的注意力，去注意那「沒有更好的術語」來稱呼的東西，就像她所說的，「所謂的道德」。換言之，在這些後期的書寫中，鄂蘭一心要搶救道德現象，同時說明良知不是如尼采所想，只是「道德譜系學」中晚期的偶發現象。本集中的所有篇章，以某種方式來說，都可以閱讀成那失落的「更好的術語」的故事，就如其中一篇〈《代理人》：沉默之罪〉，也可以被閱讀為一個失落的教宗的故事。鄂蘭在一種「興奮」狀態中寫下《艾希曼》，不是因為無根之惡可以被思考，而是因為它可以被**思考**所克服。

對那些認為鄂蘭的著作從頭到尾焦點都在政治方面的讀者（雖然這是恰當的理解），以上所說種種聽來必定陌生且奇特。在許多地方，她將政治和道德區分開來，頗似比她更久之前的馬基維利在文藝復興時期所做的事。在〈集體責任〉一文中她提出明確的區分：「人類行為之道德考量的核心是自我；其政治考量的核心則是世界。」這個情形可以做一個補充，以陳述得更有力，即：道德與宗教傾向於否定根本的政治習性

8 在納粹德國，自然「法則」是創造一個優等民族，邏輯上必須消滅所有被宣佈為「不適合生存」的種族；在布爾什維克主義，歷史「法則」是創造一個沒有階級的社會，邏輯上則必須清算所有「垂死」的階級，亦即包含那些「該死」者的階級。讀者會發現本書很少提到布爾什維克主義，因為在那裡，道德議題是被虛偽（hypocrisy）所掩蓋。在道德方面，納粹主義是較為革命性的運動，雖然就社會方面而言並非如此。

（雖然不像極權主義那樣是去摧毀），那根植於人類多數性的政治習性，關注世界更甚於關注自我或一個人的靈魂救贖。道德與宗教的「真理」及「真正標準」，無論是來自哲學的思索或靈性的冥想，不都是在心靈當中化為實在、由心靈之眼所「看到」的嗎？這些經驗，從世界的角度來看，不是發生在最為私密之處嗎？理論上，就這觀點來看，這些真理使得將真理視為「絕對」的人無法參與政治事務，因為真正的政治活動——就定義而言取決於他人不受強制的同意——難以容納那些在公共制定或修正的法律之上還有「更高」的事物要回應的人。在此，鄂蘭確實接近馬基維利：當道德與宗教誡令公開宣佈出來，而不顧人類意見的多樣性，就會敗壞世界以及它們本身。

再者，假設人類自由是政治的存在理由，如鄂蘭所認為，而如果自由的經驗清清楚楚地只存在於行動——這也是鄂蘭所相信的，雖然康德不然——那麼，鄂蘭將思考（thinking）與行動（acting）區分開來的時候，她是在指出兩種本質互異的活動。思考是**自我**的反思，而能動者（agent）只有同他人而非自己一起時才能行動；思考活動只發生在單獨之時，只要思考者開始行動，思考就停止了；如同需要他人一起進行的行動，當思考者開始同自身進行思考時，行動也就停止了。但鄂蘭在考量**行動**本身而不是思考或行動的結果時，她往康德的方向邁進了一步。由於我們行動的結果是偶然決定的，並非自動出現，最常取決於他人對我們想要達成之目標的反應，因此康德在其道德哲學中，將吾人的自由放在行動的動機上，那是我們未受強制的有意識決定，決定服從我們自訂的律法，所謂「自由律」及其定言令式。同樣的道理，由於我們無法預知和他人一起行動的結果，所以鄂蘭認為自由的經驗是在啟動、引入的過程中實現，啟動，將新的東西引入世界，不論它會變成什麼。鄂蘭發現康德所指的人的自由，亦即自律（autonomy），並非基於服從律法——就定義而言這否定了自由；自由有賴於道德人或人格在世界的**出現**，這個人體現法則。鄂蘭同意這康德式的人格（「道德」的形容詞在此便是多餘）是在自我反省的活動中自我構成，而這就是鄂蘭探討的問題所在。當這個人出現在同儕之間的時候，他是與他們隔開的，意思是他只對自己負責：對他而言，每種天生傾向都是誘惑，傾向為善也受誘為惡，誘他「游離」自己，進入世界，因此必須加以抗拒。定言式令或許確是傳統道德意識或良知的概念所提出的最令人信服的陳述；康德自己視之為衍生自純粹實踐理性之普世法則的「羅盤」，它可以指出是與非，並且每個理性動物都可得而有之。但對鄂蘭而言，這在政治上是不足的，因為這盡責的能動者並不對其行動的後果負責，因為康德關於義務（duty）的概念，如艾希曼一案所顯示，有可能被曲解、造成錯亂，也因為欠缺思考能力之惡的無限性（那當然是康德所不知道的），無法被此概念所掌握。

對鄂蘭所關心的、我們習稱為道德的東西，這裡的粗略討論還有一個成分可以補充，即拿撒勒人耶穌的模範。他對行動、對行善的愛——他行神蹟而影響的人數史無前例，他又原諒逾矩行為，因此可以重新開始——這純粹的能量，鄂蘭以蘇格拉底對思考之愛相比擬，她敏銳而深刻地將拿撒勒人耶穌和基督宗教裡罪人的救世者耶穌基督區分開來。在這個脈絡下重要的是耶穌堅持，為了行善，所為之善必須不為人知，甚至做的人也不知道（他的左手必不能知道右手做了什麼），這對鄂蘭而言意味著行為者的無私無我（selflessness），行為者之自我（self）缺席，而不只是擺脫自以為是（self-righteousness）的態度而已。在這意義上，為善者在這世上比思考者更孤獨，因為他甚至沒有自我可以相伴隨。那麼，除非善惡之別的源頭就存在於無私無我的行動之中，而非康德所想的，是在自我反省的思考之中，否則我們如何理解善與惡的區別，而這區別是這個拿撒勒人同樣堅持的？耶穌崇高而革命性的淡漠（carelessness）態度（有人問耶穌我們該怎麼做，他的回答是，跟著我，我做什麼就照做，不要擔心明天），暗含著不關心鞏固體制的問題，甚至不關心生命本身，而這兩者都清楚反映在早期基督徒的末世論信仰。但這也讓人想起，或許也部分解釋了，鄂蘭對於馬基維利式**美德**（virtù）即技藝（virtuosity）的詮釋。[9]

確實沒有比耶穌更偉大的行動的大家（virtuoso of action）。對於有別於行為（behavior）的行動（action），鄂蘭的概念最突出的特徵在於：行動是其自身的目的。由於某些能動者所設定的目標，不可避免地與其他人的目標相衝突，因此行動如果有意義的話，意義必須在其自身。對鄂蘭來說，這點將行動和勞動（laboring）及製作（making）區分開來；勞動是為了生命之故，而製作的目的不在於活動，而是在活動之外，在於完成的東西，包括生產性的藝術，它補充也豐富了世界。鄂蘭相信馬基維利對行動的理解和她一樣，是行動生活完美而純粹的活動，而耶穌的「淡漠」，也就是說他的**無目標性**（goal-lessness），就是最佳示範。這一切的問題就在於，**誰**是善的，特別是因為耶穌否認自己是善的，但也因為馬基維利自認有責任教導君王如何**不**善。根據鄂蘭，呈顯於行動中的能動者的獨特性，對其他人而言可能是「光榮」或「偉大」，但不可能顯現為獨特的善。原因有兩重：如果所謂道德是由規則所界定的，如耶穌和馬基維利所認為的，那麼，遵循這些規則就不算獨特；其次，兩人的意思也相去不遠，也就是如果善行要是善的，這行動就不應該顯現於世。

那麼善從何而來？耶穌吩咐我們，如果被摑臉，就把另一邊臉頰遞過去，如果有人要你的上衣，就把斗篷一併給他，簡言之，不只要愛我們的鄰人，也要愛我們的敵人，如同愛自己；如此他拋開了傳統道德的規則，或者不如說是他認為傳統道德規則

9 綜觀兩千年的時間與人物，以多少相同的角度看耶穌與馬基維利，此舉讓我們看清西方思想傳統斷裂後，鄂蘭思考方式之大膽、危險和破除偶像的特質。

有所不足。耶穌或馬基維利都沒有被約定俗成的標準所框限，兩人也都提出了行動的模範，其原則就在行動本身散發出來。那些原則包括信仰與勇氣，但沒有包括不信或仇恨，後者既顯現不出光榮，也不偉大。當然，前述耶穌與馬基維利的比較有其限制。我嘗試說明的是，兩者皆為無私無我的行動者（馬基維利是個受挫的行動者，意欲創建共和國），兩人都不是哲學家，這表明他們對於意志，那促使我們行動的心智能力，興趣闕如。隨著基督宗教的興起，神學家視意志力為關鍵，是決定一個個體**未來**生命的條件，即決定死後的永恆生命，是享有天堂的極樂或下地獄受折磨。鄂蘭認為，相對於耶穌，保羅不但是基督宗教的創立者，也是基督教**哲學**的奠基者。保羅努力使自己變成值得獲得救贖的時候，發現他無法做出其所欲之善；換言之，他所發現的是**我要**與**我能**的分裂。保羅認為這種分裂是精神與肉體的衝突，需要神的恩典來止息，奧古斯丁卻將他的理論變得更徹底。奧古斯丁認為這衝突就在意志本身，在於意志**作為其自身之因**的自由。他認為，不是身體不服從意志，而是意志不服從它自己。意志作為**良知**，意識到善與惡的差異，意志就是積極的：它下令做該做的事，但同時它也是自由的，會阻擋自己所下的命令。

受到奧古斯丁很大影響的鄂蘭，看到意志這種沒有能力引發其自身所欲之善的情形，產生了棘手的道德問題：如果意志是如此分裂而與自身作對，意志究竟還能行善嗎？但如果沒有意志，我如何能夠起而行？鄂蘭還受到奧古斯丁的一個經驗很大影響，那就是：**思考**這種活動，乃出對存在事物之善的愛所引導。思考不能由惡所引導，因為惡會毀滅存在的東西，所以她相信：是思考的活動約束著任何從事思考的人，而去抵擋惡。對她同樣重要的是，她看得很清楚，不至於暗示思考就決定具體行為之善，[10]也就是說，思考本身不會解決顯現於意志之內在衝突性那樣的行動的問題。就行動的自發性而言，意志的自由有如**深淵**。

鄂蘭晚期（一九七三）在她要對美國基督教倫理學會發表的一篇評論草稿[11]中說道：「自古以來第一遭」，我們生活在一個缺乏權威穩定性的世界中，而且，就道德行動而言，特別是教會的權威穩定性不再了。[12]數世紀以來，教會權威擱置意志搖擺的問題，以譴責、永滅的威脅約束著行動，但現在，她說，幾乎沒有人還相信那樣的權威，更別說群眾了。鄂蘭認為行動與開端（beginning）是一模一樣的東西，接著她提醒：所有

10 海德格提供了一個例證，但他絕不是唯一的例子。鄂蘭相信，哲學家的「專業變形」（déformation professionnelle）部分是偏向暴政的。

11 鄂蘭的這些評論文字，是在回應幾篇討論其著作的論文。

12 鄂蘭頗受爭議的「重」古代而輕現代的情形，在此則呈現為兩造的**相似性**；回顧古代，就有可能從距離之外檢視我們自己，也就是，公正客觀。

的開端都包含「全然任意性（utter arbitrariness）的元素」，並將這任意性連結到生（natality），作為吾人誕生於世的偶然條件。一方面她認為，我們的父母、祖父母以及祖先們，一直上溯到我們願意遙望的過往先人，他們的會合，都是偶然、隨機的事件，無必然起因。另一方面，對她來說，我們自己這些開端的偶然性，是我們為了自由，為了在身為開端的情況下體驗到自由，所必須付出的代價。對鄂蘭而言，人類自由的偶然性是我們今天面對的真正危機；我們生活其中，無法避免，唯一一個可以提出來的有意義的問題是：我們的自由是否使我們快樂，我們是否願意為此付出代價。

鄂蘭在評論中繼續說道，蘇格拉底式的思考，思考的「助產士」或「產婆」功能，藉由幫助我們面對發生的事情，面對可以說是來自未來的任何東西，**呼應**我們的危機。在質疑與其對話者的意見或偏見（預先判斷）時，蘇格拉底從未發現「有哪個小孩……原不是無精卵」，這對鄂蘭而言，意思是，當這種思考活動結束時，不只對話者，連蘇格拉底自己也是「空的」。鄂蘭說，「一旦清空了，就準備好做判斷了」，而**不會**將特定個例包攝在規則與標準之下，規則和標準在思想之風的吹襲下已消失不見。然而，如此並不必然表示你就會做判斷。如果運用了判斷，便會「迎面」碰上現象的偶然現實性：**這**是好的，**那**是不好的，**這**是對的，**那**是錯的。鄂蘭認為我們**可以**判斷道德和政治現象，就如同我們事實上會去判斷花園裡的某一朵玫瑰好看，另一朵不好看。換言之，吾人在這些問題上的判斷是自由的，這便是為何鄂蘭在〈若干道德哲學問題〉中，將之視為與意志的自由選擇（liberum arbitrium）有關聯，而這抉擇的功能，奧古斯丁先是察覺到意志當中有其存在，之後才發現意志，並轉而關注意志的內在衝突。鄂蘭認為，這個判斷者是對所有開端之「全然任意性」進行判斷，而判斷是不同於意志的一種能力，一種康德在美學領域中發現的能力。試想一下奧古斯丁在建立教會權威所扮演的角色與這些問題的相關性，再試想康德是在一個前所未有的事件當中，亦即令他十分感興趣的法國大革命，做出他的理論發現——這會是很有趣的問題，雖然我們無法在這裡深入討論。

鄂蘭在其評論中指出，生產性藝術作品的「不朽」——百年或千年之後，我們仍能判斷、也確實判斷其為美——將過往的持續性帶入吾人經驗之中，因此也帶入世界的穩定性。然而，生產性藝術雖支撐著世界的結構，沒有任何計畫或典範的行動，卻會**改變**世界的結構。如二十世紀所見證的，行動證明了世界的脆弱和可塑性，而這正暗藏在意志深淵般的自由當中。但根據鄂蘭，雖然行動具有「危險」而「混亂」的偶然性，**一切結束之後**，便可對這行動提出「有意義」的故事敘述。她問道，這如何可能？歷史哲學家通常會在行動的結果中閱讀到進步或衰亡，鄂蘭不同，她關注的是自由行動（free action），自由行動在被執行的時候，結果是未知的。如果判斷力與行動保持距離，而使行動與故事相稱，那麼它必須也在行動者當中運作，鄂蘭將這行動者比喻成表演者。雖然行動者（actor）的表演在表演結束之後也就結束，但在表演持續的時候他卻「點亮」那給予表演靈感的原則。行動者自發地判斷那項原則適合出現於世界：這令他喜歡，而他的行動是對他人的呼籲，呼籲說那原則也將令他們喜歡。在行動中忙得無法思考的行動者，並非無心之人，而所有的心智活動，根據鄂蘭，都反射到自身。但判斷並不像思考或意欲，判斷和它所對應的感官息息相關，也就是品味。判斷的反射性由品味的「喜」或「不喜」所限定，而當判斷也反映其他判斷者的品味，判斷者自身品味的立即性就被超越了。判斷的行為將品味，吾人感官最主觀的一種，轉化成特定的人類**常識**，給予那些在世上作判斷的人們方向。

於是，判斷是一種保持平衡的活動，「凍結」在司法天平的刻度上，權衡輕重，一端是世界的穩定，它的過往便在其中；另一端則是世界的更新，它向行動敞開，即便行動可能會搖撼世界本身的結構。在未完成的《判斷》（*Judging*）卷中，鄂蘭或許如她在〈若干道德哲學問題〉結尾提到的，已經細談了若干問題。當然沒有人能說該書會包含什麼，或者是否會解決鄂蘭在本書第一部〈責任〉當中的文章所突顯的許多關於行動的問題。但是可以帶著某種程度的確信說，思考能力——艾希曼所欠缺的——是判斷的先決條件，拒絕判斷以及無能力判斷，拒絕或無能力想像眼前你的判斷所再現、你所要回應的那些其他人，都將引惡入室，感染這世界。也可以說：判斷力不同於意志，並不自我衝突：形構判斷的能力與判斷的表現並非分割開來的，事實上，兩者在言談和行動中是相同的。至於鄂蘭所說的「更好的術語」，或許可以說，在聆聽或關注生者的聲音，還有往生或尚未出生者的聲音時，良知的現象是真實的，所有這些人都共同分享一個彼此取悅而延續的世界，其可能性不但刺激判斷，也是判斷的結果。或許還可以說，透過公正地判斷——考量並細心處理儘可能多的不同觀點——判斷特定現象適不適合出現在世界之中，而藉此回應的這種能力，會在行動領域中將政治與道德密切接合。本書的第二部分〈判斷〉，提供了幾個範例，顯示鄂蘭這種令人欽佩的回應能力。最後，或許可以問，鄂蘭在〈思考與道德思量〉文末寫道，判斷「在緊要關頭確實可能阻止災難的發生，至少對我而言如此」，她所指的是否就是判斷的純粹道德力量？

# 文本疏注

## A Note on the Text

本書《責任與判斷》收錄的所有文章，包括授課內容、講詞、散論，都是由漢娜・鄂蘭以英文寫就。她是在離開納粹佔領的歐洲、以難民身分到達美國時，才開始學習這個語言，那時她三十五歲。不過一年的時間，也就是一九四二年時，她已經用這個剛習得的語言寫作了，但此後在她有生之年，要將英文寫作付梓之前，她都會先請友人「修得更像英文」，此處也延續這項過程。鄂蘭是天生的作家；她說過，在**思考**（having "thought"）之後，她便就坐，動手**打字**，能打多快就打多快。如果是用她的母語德文來寫作，這個方法十分奏效，但任何一個試圖鑽研其英文文稿的人，都會知道她的書寫速度隨後所帶來的障礙。她的詞彙極其豐富，對古希臘文和拉丁文的熟稔給她很大幫助，不過用英文書寫時，文如其聲，那特有的質地，導致文句過長，她的措辭和標點符號經常和習慣用法不符。另外一個問題是她的原稿中有大量的剪貼（那時還沒有個人電腦），以及手寫的增補內容，這些字跡與要添插的位置，往往難以辨認。編輯受委任的工作就是要把鄂蘭的英文修整得前後一致，而不會改動她所想說的話，以及她的表達方式：必要時調整她的語法，但保留那反映其心思蜿蜒反轉的特有風格。

〈序言〉是鄂蘭於一九七五年在哥本哈根受獎時發表的演說，她獲丹麥政府授予松尼獎，表彰她對歐洲文明的貢獻。鄂蘭是第一位獲頒此獎的美國公民，也是第一位女性受獎人。以往的受獎者還包括尼爾斯．玻爾、邱吉爾、羅素以及史懷哲。在受獎演說中，她提出了一個不平常的問題，為什麼她，「這樣既非公眾人物、也無大志成為公眾人物的人」，會獲得這樣「公開表揚」，因為思想家原是「生活在隱匿中」，儘可能遠離公眾的注意。這不是矜持（modesty），矜持不同於謙卑（humility），而且總是虛假的：在此二十年之前，她曾在給丈夫的書信中寫道，出現在「公眾目光」之前是「不幸」。讓她「覺得好像得四下尋找自己。」[1]在這篇演說中，鄂蘭於眾人面前展開了罕見而困難的自我判斷，藉此，她指出了判斷此是而彼非的能力，首要在於判斷者的自我認識。鄂蘭對自身進行評斷，同時以身示範了古老的訓示，即認識自己（Know Thyself）是判斷的條件。她用了拉丁名詞persona——這個字源自於動詞per-sonare，原本指的是透過舞台演員的面具所傳出來的聲音。她對此字的用法不同於古羅馬人，隱喻地指稱不同於

「一般人類成員」的政治人物；在她的隱喻用法中，這個字指「可辨識」(identifiable)但無法「界定」(definable)的**某人**(somebody)，一種獨一無二的**此在**(thisness)，它存在(perdure)於演員為了在「世界的大戲」中扮演角色而戴上的可替換的面具，她在演講的時候就是帶著這樣一個面具。鄂蘭在此無比清楚地表示，判斷者無法和這無己(selfless)的演員分開，這演員的獨特性只有對他人而顯現，顯現為他內在、不可看見、但可聽見的另一面。

本書最艱鉅的任務由〈若干道德哲學問題〉所提出。一九六五年和一九六六年，鄂蘭開了兩門課，先是在紐約社會研究新學院，課程名稱同此文標題，第二門課則開在芝加哥大學，名為〈基本道德命題〉。新學院的課包含四次長篇演講，芝加哥大學的課則分為十七堂講授，授課材料大部分取材自新學院的演講內容。演講內容經過編輯之後，構成本書所收錄之文章的本體，而〈基本道德命題〉中其思想的重要相異處則整合到注釋裡。在本文中，讀者將有機會親聆鄂蘭老師的談話，甚至可以想像她的那個模樣。感謝伊莉莎白・M・梅德幫忙整理〈若干道德哲學問題〉相繼的稿子。不消說，

1 *Within Four Walls: The Correspondence between Hannah Arendt and Heinrich Blücher 1936–1968*, ed. Lotte Kohler (New York: Harcourt, 2000), p.236.

最後定版若有任何失誤，都由我負責。

〈獨裁統治下的個人責任〉、〈集體責任〉、〈思考與道德思量〉以及〈自食其果〉等篇，原本也是鄂蘭準備演說的篇章，不是課堂講演就是公開演說。〈序言〉和〈自食其果〉都是鄂蘭生前最後一年所發表的演講，所以這本書是以她最後兩次公開演講作為開頭和結尾。鄂蘭的一些讀者知道，〈獨裁統治下的個人責任〉曾在英國和美國廣播，並刊於一九六四年的《聆聽者》，不過內容短小得多。這裡是第一次刊出完整原稿。〈集體責任〉不是鄂蘭的題名，而是一九六八年十二月二十七日所舉行的美國哲學學會一個研討會的名稱。她回應會中發表的一篇論文，意在區別**政治**責任和個人責任，並細探在使用「責任」這個字時不同意義的細緻差別。除了在注釋中提到的三處之外，指涉她所回應之論文的地方都已經刪除。因為若不是選擇刪除，就必須將那篇論文納入，但我們不認為那樣做是明智的。一九六八年十二月二十一日，鄂蘭給瑪麗·麥卡錫的信中說：「收到妳的信時，我正在想像下個星期在華盛頓哲學學會評論一篇論文時我要怎麼說，才不會大發脾氣，顯得太過無禮。學術界好發離題空論的情形真是超乎想像和預期。」[2]

《責任與判斷》中的其他文章主要是散論。〈小岩城事件的反思〉是鄂蘭論判斷的首要範例。這是此文集中唯一一篇在論艾希曼之前所寫的文章，因此值得特別做些說明。

經過長時間延宕之後，鄂蘭決定把〈小岩城〉一文從委託寫作此文的刊物《評論》抽回，改在《異議者》發表。編輯在文後隨附一篇否認聲明：「我們刊載此文，不是因為我們同意它——正好相反！但是我們相信言論自由，即使其中的觀點我們認為是完全錯誤。」〈小岩城〉一文所得到的回應之激烈，預示了四年之後針對《艾希曼在耶路撒冷》一書所爆發的爭議，它觸到了粗糙自由主義的痛處，一直到今天都是如此。鄂蘭既不是自由主義者，也不是保守主義者，但在這裡，她質疑自由主義者的一種傾向，即是將黑人小孩教育的具體問題涵攝在籠統的「平等」政治原則之下。她反對基於種族考量而制定任何形式法令，特別是反黑白通婚的法律，但是她也反對最高法院的判決，要透過立法在校園施行去隔離政策。她認為這是取消了父母為孩子選擇學校的私人權利，而且悍然不顧社會領域中明顯存在的區隔心態。書中翻攝的照片在鄂蘭所做的論斷中具有示範地位，如同透過自己的眼睛設想一個黑人母親的觀點，對她而言，在形構一個儘量不偏不倚的判斷時，這正是最根本的能力。

　　鄂蘭〈小岩城〉一文前面的「導言」，原本是為了回應兩個批評者所發表的「答覆」

2 *Between Friends: The Correspondence of Hannah Arendt and Mary McCarthy 1949–1975*, ed. Carol Brightman (New York: Harcourt Brace, 1995), p.228.

（Reply）。事實上她並沒有針對其中任何一個人正面答覆：其中一人的文章草率地結合了無知和偏見，等於是自外於判斷者的社群；另外一個人的文章則徹底誤解鄂蘭，於是她沒有給予回應，反而寫了一段足以作為該文導讀的文字，總結其論點，並強調立論的基礎所在。之後在一九六五年，她確實在給羅夫．艾利森的信中做了答覆，承認她忽視了黑人父母在向孩子傳達種族經驗的現實時，懷有的「犧牲理想」。這一個元素在判斷的追尋中確實應當佔有一席之地，但不是為了獲得無可置疑的確定性，而是為了在不同意見的協議中達成共識。不過這幾乎沒有改變鄂蘭的基本論點，根據憲法精神，反對強迫執行學校的去隔離化，也難以說明黑人學生的父親在照片中缺席。學校的去隔離化並沒有達成預期的目標；鄂蘭所警告的許多事情都發生了，而整個問題都還有待評斷。[3]

《代理人》：〈沉默之罪〉以及〈審判奧許維茲〉兩者都是鄂蘭進行判斷的典範之作，第一項判斷是針對教宗庇護十二世的「罪」，在鄂蘭對侯胡特劇作的解讀中，那是因為某件未做的事情，是遺漏之罪。教宗沒有譴責希特勒摧毀歐洲猶太人的行徑，而如果他做了，結果將會如何，他或其他人都無法知道。她對教宗的評斷，引發進一步的問題，也就是*我們*為何避開我們的責任，沒有去評斷一個人，此人聲稱是上帝在人間的代理人、卻未能即起而行；以及，為何我們沒有加以判斷，反而拋卻兩千年的基督教精神，甚至捨棄人道的理念。鄂蘭的第二項判斷，是針對一個顛倒的世界，一個失去所有現實樣貌的人為世界，在這世界中，每一種可想見的恐怖都是可能的，即使沒有獲得正式的許可。在〈奧許維茲〉文中，鄂蘭舉出一件似乎是不可能的事情，也就是依法懲處在審判中唯一正直的人，亦即法蘭茲．魯卡斯醫師，他和艾希曼不同，顯然確實思考過他所做的事，而且在知悉作為赤裸裸犯罪國家的「公民」所代表的全部意涵時，震驚得說不出話來。

致謝：許多學者關於鄂蘭的研究從一開始就影響我、導引我，要一一致謝，會是傻事一樁。所以我一併對他們表示謝意，只有提到少數幾位朋友的名字，其中包括幾位學者，他們用不同的方式支持這整個計畫：出版鄂蘭未發表也未結集之書寫；而本書就是此計畫的一部分。這幾位人士的姓名根據字母排列如下：Dore Ashton, Bethania Assy, Jack Barth, Richard J. Bernstein, John Black, Edna Brocke, Margaret Canovan, Keith David, Bernard Flynn, Antonia Grunenberg, Rochelle Gurstein, Gerard R. Hoolahan, George Kateb, Lotte Kohler, Mary and Robert Lazarus, Ursula Ludz, Arien Mack, Matti Megged, Gail Persky, Jonathan

3 關於鄂蘭在〈小岩城事件的反思〉中所做的評斷，克莉絲蒂．麥克魯爾的文章中有敏銳的敘述，見Kristie M. McClure, "The Odor of Judgment: Exemplarity, Propriety, and Politics in the Company of Hannah Arendt," in *Hannah Arendt and the Meaning of Politics*, ed. C. Calhoun and J. McGowan, Minneapolis: University of Minnesota Press, 1997, pp. 53–84。也見連恩．漢德的「哈佛法學院霍姆斯講座」(Holmes Lectures at Harvard Law School）對「布朗訴教育局案」判例的反對意見。

Schell, Ray Tsao, Dana Villa, Judith Walz, David Wigdor, and Elisabeth Young-Bruehl。

與秀肯出版社（Schocken Books）的合作，是一大樂事，不只因為漢娜・鄂蘭從一九四六年到一九四八年曾擔任秀肯的編輯，更因為她任職期間，除了其他書，還買下卡夫卡著作的優秀版本。感謝瑞哈爾・雷納（Rahel Lerner）找到〈小岩城事件〉所討論的那張照片。我也對丹尼爾・法蘭克（Daniel Frank）深表感謝，不只因為他的耐心，更因為他在編輯方面精準的判斷力。任何一個和鄂蘭合作過的人都會知道，能找到一個對她的思想有深刻理解或者十分關注的出版者，是多麼的不平常，尤其是現在。像法蘭克這樣，同時具備理解、又甚為關注的人，真是聞所未聞。

最後，世界各國好學深思的青年男女已開始了解，身處世界的家鄉，需要重新思考過往，重新建構過往的財富和災難，將之視為**他們**的財富和災難。他們體認到，必須踐行鄂蘭所說的「無所依傍的思考」(thinking without a bannister)，唯有如此，行動的意志對他們來說才仍然具有意義。這些年輕人以他們口中的「漢娜」為導師，信任她所說，而他們會發現，他們所面對之事物的艱困與急迫，竟是在這些關於責任和判斷的書寫中，獲得最決定性的確認。因此，這本書是獻給「初生之犢」的，鄂蘭如此稱呼他們，而人類世界的未來，如果有的話，要由他們來決定。

# 序言[1]

# Prologue

蒙貴國告知，決定頒發松尼獎給我，以肯定我對歐洲文明的貢獻，得知這個令人驚訝的消息後，我就一直努力思索，領獎致辭時要如何回應。從我個人生命的角度來看，另一方面也基於我對這種公眾事件的態度，面對這樁簡單的事實，激起內心諸般矛盾衝突的反應與反省，令我覺得難以泰然處之。此外我也深為感激，每當世界賦予我們真正的禮物時，也就是說無功受祿時，當命運女神對我們微笑時，這種深切的感激之情讓人覺得無助，這麼慷慨的贈予，不管我們私下有意或無意懷藏了什麼志向、期待，或者目標。

讓我嘗試來把事情釐清。我會從最簡單的生涯資料談起。一個人受到表揚，稱其對歐洲文明有所

1 柯注：本篇是漢娜・鄂蘭於一九七五年領取松尼獎時發表的演講。進一步的評論見本書導言。

貢獻，此事非同小可；這個人是出於非自願因素而在三十五年前離開歐洲，又完全有意識地自願成為美國公民，因為這個共和國確實是一個法治而非人治的政府。從移民到歸化最初幾年的關鍵時期，我所學到的可以說是對建國之父政治哲學的自修課程，使我信服的是一個政治實體確然存在，這個政治實體完全不同於歐洲民族國家那樣，有同質的人民、有機的歷史感、或多或少判然劃分的階級，以及民族主權觀念和國家利益（raison d'état）為重的道理。在危機時刻必須為了國家的「神聖結合」（union sacrée）而犧牲多樣性的觀念，現在開始瓦解，而神聖結合曾經是佔支配地位之族群團體（ethnic group）同化力量的最大勝利。之所以瓦解，背後的壓力在於全體政府（美國政府也不例外）有轉變成官僚體系的危險，既非法治也非人治、而是匿名的官僚或計算機在統治，它那全然去人性化的宰制，最後可能嚴重威脅到自由以及最低程度之文明氣度，肆無忌憚的獨斷性更甚於過往曾經有過的專制政體，而沒有了文明氣度，社群生活（communal life）就無法設想。但純粹因為龐大所引發的威脅，加上科技官僚的宰制確實有可能使所有形式的統治皆滅絕、「萎縮」——這起先在意識形態上看似善意的幻想，只有在經過嚴苛的檢驗之後才能察覺其噩夢般的特質——對這種種危機的討論都還沒有進入日常政治的議程，而當初我來到美國時，影響我的正是不必付出同化的代價就可以變成一個公民的這種自由。

如諸位所知，我是猶太人，也如諸位所見，是個女性（feminini generis），在德國出生和受教育，這各位無疑也聽得出來，之後又在法國受過八年漫長快樂時光的薰陶。我不知道自己對歐洲文明有什麼貢獻，但我承認這些年來我在所有細節上都堅持著這個歐洲背景，固執到幾乎要引發爭議，因為我當然是活在人群當中，周圍通常是老朋友，而他們努力要做到的事情卻正好和我相反：他們極力要在行為上、發言上以及感覺上都像「真正的美國人」，這多半只是遵循著習慣的力量，也就是生活在一個民族國家的習慣，如果你希望歸屬於它，就必得像這個國家的國民。我的問題是，我從來不企求歸屬，連在德國時也不，因此我不易理解在所有移民心中自然而然產生的思鄉情懷所佔有的重要地位，特別是在美國這個地方，國族起源在失去其政治關聯性之後，變成了社會和私人生活中最強力的聯繫。對我周遭的人來說，思鄉情懷這東西是一個國家，或者是一片地景、一套傳統習慣，最重要的，是一種心態，但是對我來說那是語言。如果我曾經有意識地為歐洲文明做了什麼，那必然無它，就是從逃離德國的那一刻起，便決意不把我的母語換成任何提供給我或我被迫使用的語言。我想對大多數人，也就是並沒有特別語言天賦的人來說，母語一直是丈量後來習得的任何語言的唯一可靠標準；之所以如此，原因很簡單，因為我們平日言談中所使用的語詞負載著該語言特有的重量，它穿過多方面的連結，導引著我們對文字的運用，避免無心落入老生常談，而那些連結乃是從偉大詩篇的寶庫自動而獨特地浮現出來，而唯有那特定的語言受祐於這寶藏，而不是其他。

第二個議題，從我個人生涯的角度不得不給予特殊考量，那便是今天肯定我、授予我這個獎的貴國。丹麥人民及其政府對納粹征服歐陸所引發的高度爆炸性問題的處理和解決方式，一直讓我深感著迷。這段不凡的往事，諸位知道的當然比我還多，而我經常認為，這段歷史應該在所有處理權力和暴力關係的政治學課程中列為必讀。將權力和暴力兩相等同，不只是政治理論中的基本謬誤，在實際政治操作中也常犯。貴國的這段歷史提供了具有高度啟發性的範例，證明了在非暴力行動中、在抵抗擁有強勢暴力手段的敵人當中，所潛藏的偉大權力。由於這場戰役最驚人的勝利關係著「最終解決」的挫敗，並拯救丹麥領土上幾乎所有猶太人，不論他們源自何處，是丹麥猶太人抑或來自德國的無國籍難民；所以大難不死的猶太人對這個國家懷有非常特別的感情，的確很自然。

這段歷史中有兩件事情，我特別難以忘懷。**首先**，在戰前，丹麥對待難民不能說是和善；它像其他民族國家一樣，拒絕難民歸化，也拒給工作許可。雖然沒有反猶意識，猶太人仍被視為外國人，不受歡迎，但是在其他地方都不受尊重的庇護權，在這裡顯然被視為神聖不可侵犯。當納粹一開始只要求遣返無國籍者（指被納粹剝奪國籍的德國難民），丹麥人解釋，由於這些難民不再是德國公民，納粹未經丹麥方面的同意，不能主張對他們有支配權。**第二件事**，在納粹佔領的歐洲，儘管有些國家千方百計成功拯救了境內大多數的猶太人，但只有丹麥人有勇氣向他們的主子針對此議題發聲。結果，該國境內的德國官員改變了心意，丹麥人既不是威脅以武裝反抗，也不是採游擊戰術，而是運用輿論的壓力；德國官員再也不可信賴，他們被他們最鄙視的東西所震懾壓服，那就是純粹的言語，自由而公開道出的言論。這在其他地方都沒有發生過。

現在讓我來思索其他方面的問題。今天的儀式無疑地是一樁公眾事件，貴國頒予受獎者的榮譽表示對一個人的公開肯定，而這個人則正因為這樣的場合而成為公眾人物。就這方面而言，恐怕諸位的選擇是有待質疑的。我不希望在這裡提出是否有功勞的敏感問題；這項榮譽，如果我理解正確的話，它為我好好上了一堂謙卑的課，因為這代表我們不宜評斷自己，我們沒有資格像評斷別人的成就那樣，評斷自己的成就。我很願意接受這必要的謙卑，因為我總是相信沒有人可以認識自己，因為沒有一個人會如同對他人顯現的那樣，向自己**顯現**。只有可憐的納希瑟斯會讓自己受到自身倒影的欺騙，因愛上幻影而憔悴。不過，雖然面對無人可以做自己的判官這明顯的事實，我很樂意謙卑自處，但我卻不想完全放棄我的判斷力，然後可能就像真正的基督徒那樣說道：「我有什麼資格去評斷呢？」事實上，純粹從個人自我的傾向來說，我想我會同意詩人奧登所言：

公眾場合的私人面目
睿智和善，更甚於
私人場合的公眾面目[2]

內在心理特質不必然形就我們的最終判斷，但必定塑造了我們的偏見和本能衝動；換言之，根據個人的氣質和性向，我比較傾向迴避公眾領域。我在一些書裡曾讚美、甚至稱頌公眾領域為政治言論與行動提供了適當空間，看過這些書，或記得我這說法的人，可能會覺得我迴避公眾領域的說辭聽起來虛偽而不誠懇。就理論和理解上來說，往往旁觀者清，外人對恰好發生之事的來龍去脈、周邊情況等的實際意義，會比身在其中的參與者更有可能得到深刻而敏銳的洞見，參與者是完全、也必須融入事件當中，因為他們就是事件本身的一部分。所以不是所謂的政治動物、卻能理解並思索政治之事，這是非常可能的。

這些原初的衝動，你也可以說是與生俱來的缺陷，受到兩股非常不同的趨勢強力支撐著，兩者都不利於與公眾相關的一切，這兩股趨勢在本世紀二〇年代，即第一次世界大戰後很自然的匯聚；即便在當時，那段時期都已標示著歐洲的沒落，至少在現在年輕一代的眼中是如此。我自己決定研讀哲學，在當時相當常見，沒什麼特別，雖然也許不是很普通，而決定投入理論生活（bios theōrētikos），一種冥思的生活方式，就已經暗意著不投入公眾，即使我當時可能不明瞭。老伊比鳩魯規勸哲學家要lathē biōsas，「生活在隱匿中」，但經常被誤解為是勸人謹言慎行，事實上，那是自然而然地緣於思想者的生活方式。思想本身不同於其他人類活動，不僅看不到，不顯現於外在，也沒有一定要現身的**驅策力**，甚至連和他人溝通的衝動都很有限，這一點可能相當特殊。自柏拉圖以降，思考就一直被定義為是我與自我的無聲對話；這是我能夠陪伴自己、並安於此的唯一方式。在一個轉變的時代，人們不再指望世界以及他們在世界中的角色會穩當不變，而關於人類生命普遍處境這從有人類以來就存在的問題，變得異常尖銳。哲學是孤獨的事業，此時，對此孤獨事業的需求似乎再自然不過了。黑格爾也許是對的，他說：「米納娃[3]的鴟鴞只有在夜幕低垂時才張開雙翼。」

然夜幕之低垂，公眾舞台之暗隱，卻絕非發生於闃靜之中。相反地，公眾場景從

2 柯注：From W. H. Auden, "Shorts"。

3 譯注：Minerva，米納娃如同希臘神話中的雅典娜，是司智慧、藝術、發明和武藝的女神。

來沒有如此充滿公開的宣告，通常是相當樂觀的，觸動空氣的噪音包含不止兩種對立意識形態的宣傳口號，各自信誓旦旦，宣揚不同的未來風潮，更有來自中間偏左、中間偏右以及中間立場的正派政客和陳述。這一切造成的效應，除了完全擾亂了聽眾的心思以外，還把他們所碰觸的每個議題都變得沒有實質性。這種對所有公眾事物幾近自動的排拒，在一九二〇年代歐洲的「失落世代」身上相當普遍，他們自稱「失落的世代」——在所有國家他們當然都是少數，是前衛派或菁英份子，但看他們如何評價自己。儘管人數不多，卻不會降低他們對其時代氛圍的代表性，雖然這或許可以解釋一項奇怪的誤解，即一般皆以為那是「喧鬧的二〇年代」，這世代的人興高采烈，對三〇年代大災難來臨前所有政治體制的崩解，幾乎完全沒有感覺。在詩、藝術和哲學當中，都可以找到這時代反公眾氣氛的證據；就在這十年中，馬丁．海德格發現了「人」（das man），即和「自我之原真存在」相對立的「他們」（They），而法國的亨利．柏格森認為有必要從「整體社交生活的要求，特別是語言的要求」中，重新恢復「根本的自我」（fundamental self）。就是在那十年裡的英格蘭，奧登寫了下面四行詩句，這些文字對於許多人來說一定會覺得太平常了，根本不值一提：

所有和平與愛的言詞

所有清明肯定的話語
都遭玷污、褻瀆、貶抑
化成可怕的機械梟鳴[4]

這種性格上的傾向是個人癖性？或品味的問題？我曾經嘗試從歷史角度找出這種傾向形成的時間，並從事實角度加以解釋，這傾向若形成於具有可塑性的年紀，便容易延續很久。這些傾向可能導致一個人酷愛秘密性和匿名性，好像只有能夠保密的事情，才會對你個人有意義——「絕對別告訴你的所愛／那從來無法言說的愛」，或者「若你將汝心相贈／它將從此成為秘密」——就連姓名為公眾所知，也就是**名聲**，都好像只會用海德格所說的「他們」的不真實性、用柏格森所說的「社交生活」，玷污了你，或用奧登詩中「可怕的機械梟鳴」那鄙俗粗野，腐化你的言語。第一次世界大戰後有一個奇怪的社會階層結構，至今仍沒有專業的文學批評家、歷史學家和社會科學學者加以注意，最能形容這結構的是一種國際的「名流界」(society of celebrities)；即便在今天，還是不難列出其成員的名字，但在這些人當中，找不到任何一個人最後變成該時代最具

4 柯注：From W. H. Auden, "We Too Had Know Golden Hours"。

影響力的作者。的確，二〇年代的那些「國際人士」，沒有人能在三〇年代好好地回應他們對凝聚感的集體期待，但是我想，有一點也不容否認：其中沒有一個人在那圈子突然全面解體之前就崩潰，或者把其他人拋入更深的絕望之中；此一不涉政治的名人界，被「名聲所散發的力量」給寵壞了，在面對大災難時，比默默無聞的眾人更沒有能力自我調適，而後者只不過是被剝奪了護照的保護力而已。我是援引斯蒂芬·褚威格的自傳《昨日世界》，那本書是在他自殺前不久寫就並出版。就我所知，此乃對於這令人困惑的，當然，也令人幻滅的現象，唯一的文字證明。它道出了僅是名聲的光環，就足以確保受到名聲光芒所照拂的人，有著今天我們稱之為「身分」的東西。

如果我還不是太老，還可以採用年輕一代如今的語言習慣而不會顯得不莊重，那我可以很實在地說，獲頒此獎的事實，最直接、以我來說也最合乎邏輯的結果，便是引發了一場「身分危機」。當然，「名流界」已不再是威脅；感謝上帝，它已經不存在了。這世界上沒有哪種成功形式比名聲更為轉瞬即逝，更易動搖、更不堅固；沒有什麼比遺忘來得更快，隨時會煙消雲散。若撇開所有這些心理學的考慮，讓這福氣闖入我的生命，只當是幸運之神的眷顧，會比較符合我自己的世代——一個古舊的卻還沒有完全逝去的世代——但絲毫不曾或忘的是，諸神，至少希臘諸神，總是態度諷刺而且狡猾。大約也是如此，在聽完了以曖昧隱晦著稱的特菲爾神諭說他是芸芸眾生當中最有智慧的人之後，蘇格拉底便開始憂心忡忡，展開自己不斷詰難的探索（aporetic questioning）。根據他的說法，神諭之辭是危險的誇大修辭，也許是暗示著天下無智者，而阿波羅只是要告訴他，他可以如何令其公民同胞茫然無措，藉此使神諭的洞見成真。那麼，眾神讓諸位選出一個像我這樣既非公眾人物、也無大志成為公眾人物的人，來接受公開表揚，有何暗意呢？

由於這裡的問題顯然和我作為一個人有關，容我試著用另一種方式來討論，也就是由於公開的認可、而非名聲所具有的無可爭辯的力量，而被轉變成公眾人物的狀況。讓我首先提醒諸位，「人」（person）這個字在語源學上的意義。拉丁文的persona一字幾乎原封不動地被歐洲語言所採用，其一致性就像，比方說，politics一字是衍生自希臘文的polis。此字在當代詞彙中如此重要，在整個歐洲我們都用它來討論種種法律、政治、哲學的問題，而它是從同樣一個古代的源頭所衍生，這情形自然不是沒有其深刻意涵。此一古字提供類似基本和弦的東西，以各種轉調和變奏響徹整個西方人類知識史。

不論如何，persona最開始是指演員的面具，蓋住他自己「個人的」臉，並向觀眾表示這演員在劇中所扮演的角色。但在這個因戲劇而設計、由戲劇所決定的面具中，嘴巴部位有一個寬大開口，透過這個開口，演員個人的、未偽裝的聲音傳了出來。也就是從這個聲音的穿透（sounding through）衍生出persona一字：per-sonare，「聲音穿過」，是動詞，它的名詞就是persona，面具。而古羅馬人自己就是最先以隱喻用法來使用這個名詞的人；古羅馬律法中，persona是擁有公民權的人，截然不同於homo所指，不過是人類當中的一員。人類當然不同於動物，但也不具任何特定資格或特點，因此homo，如同希臘文中的anthropos，經常作貶義，指稱未受任何法律所保障的人。

我發現拉丁文中對於什麼是人的理解，引發進一步的隱喻用法，因而有助於我的思索。隱喻是所有概念思考的每日糧食。古羅馬的面具正切合一種處境：當我們並非某個社會的公民（citizen）時，那麼在這社會中，在它既定的、保留給政治言論與政治行動的公共空間中，我們沒有平等地位；我們以自身之故被接受為個體，不過絕不是所謂的人類。我們總是出現在一個舞台般的世界，根據我們的專業所派定的角色而被認定，我們是醫生或律師，是作家或出版人，是老師或學生等等。就是透過這個角色，也可以說是透過它發聲，某種其他的東西顯現出來了，某種全然獨特而無法界定、但仍然可以毫無錯誤被辨識出來的東西，讓我們不會因為角色的突然改變而搞不清楚，譬如當一個學生達成自己的目標而變成老師，或當一位社會身分是醫生的女主人來奉茶、而不是在照顧病人。換言之，採用persona的概念思考的優點在於，世界派給我們的這面具或角色，是可以替換的，我們接受這個角色，如果希望參與這世界的戲劇，甚至必須努力去取得。它們不是不可剝奪的，如同我們說的「不可剝奪的權利」；並且這些角色也不是永久固定於我們內在的自我當中，所謂固定，是像良知的聲音那樣，大多數人相信它恆常存乎人心。

我可以接受在這裡、為了公眾事件的目的、而以「公眾人物」的角色出現，也是根據這個意義。意思是，當需要用到這個面具的事件結束後，我使用或誤用我個人的權利去透過這個面具發聲已告完畢之後，一切會又迅速回歸原處。然後，因為此一時刻而至感榮幸也深懷感謝之意的我，不僅可以自由交換這個世界的大戲可能提供給我的角色和面具，甚至也可自由穿過那齣戲，以我赤裸裸的「此在」（thisness），我希望它可被辨識，但不可被界定，也不會被獲得認可的絕大誘惑勾引，而所謂的認可，不論出以任何形式，只會將我們認定為如此這般，也就是，認定我們是某種我們根本不是的東西。

哥本哈根，一九七五年四月十八日

# I

# 第一部

# 責任

# RESPONSIBILITY

# 第1章

## 獨裁統治下的個人責任

## Personal Responsibility Under Dictatorship

首先，我想評論一下我的書《艾希曼在耶路撒冷》所觸發的激烈爭議。我故意用「觸發」的字眼，而不是一般的「引起」，因為爭議絕大部分是針對一本根本也沒有寫出來的書。因此我的第一反應是，對整件事一笑置之，套句帶有奧地利式風趣的名言：「討論一本沒人讀過的書，再也沒有比這更消遣的了。」不過隨著事情的發展，特別是到後來階段，有愈來愈多的聲音不只因為我從沒說過的話而批評我，也有人相反地開始幫我辯護，我頓時覺得，這有點詭異的操作，可能不只是要聳人聽聞或供人消遣。我也覺得其中所涉及的不止「情感」，也就是，不只是誠實的誤解——這在某些情況下確實會引發作者和讀者溝通的破裂——也不只利益團體的歪曲或作假，這些利益團體比較不害怕我的書，而是害怕它可能引發對那個時期的問題做進一步公正無私的詳細檢查。

爭議總是激起各種嚴格的道德問題，其中有許多我從來沒想過，而有些我只在某處順道提及。我對那次審判做了事實的報導，書的副標「對惡之平庸性的報導」，我也認為一看即知是出於該案的事實，應沒有必要進一步說明。我已經指出一個令我震撼的事實，因為它牴觸我們關於惡的理論，因而我指出的是某件真實但說不通的事情。

我多少想當然爾地以為，我們都仍然像蘇格拉底一樣，相信寧受不義而不為惡。但這一廂情願的信念卻是錯誤一場。多數人深信，人無法抵擋任何形式的引誘，而且沒有一個人是可以信賴的，更別期待他在危機時刻還值得信賴，受引誘和受逼迫幾乎是一樣的，而瑪麗．麥卡錫[1]最先注意到這謬誤，套句她的話：「如果有人拿槍指著你，說『斃了你的朋友，不然我就斃了你！』他是在**引誘**你，就是這樣。」誘惑涉及你的生死存亡時，就可能是犯罪的合法藉口，不過當然不具道德正當性。最後，令人很驚訝的一點是，既然我們討論的是一樁審判，而審判的結果不外乎做出宣判，別人卻告訴我，下判斷一事本身是錯的：不在當場的人沒有資格評斷別人。順帶一提，艾希曼自己也是以此論點反駁法庭的宣判。當人家告訴他，當時他應該有其他選擇可以避開這項謀殺的任務，他卻堅稱，這些都是戰後編出來的怪談，都是後見之明，而且支持這說法的人並不知道，或者已經忘記，當時的實際狀況。

有若干原因說明了何以討論判斷（judge）[2]的權利或能力，會觸及非常重要的道德議題。此處牽涉到兩件事：第一，如果大多數人或我周圍所有人都已對某議題預作判斷了，我如何能分判是非對錯？**我何德何能可以另下判斷**？其次，如果可能，我們在什麼程度上可以對以往的事件或我們不在場的事件下判斷？關於後者，如果我們否定自己的這項能力，很顯然就不可能有任何歷史書寫或訴訟程序。或許可進一步主張，我們在運用判斷力時，很少不用到後見之明，這對寫史者和審判法官來說也一樣，他們或許有很好的理由不去相信證人的說詞或者在場者的判斷。此外，未在場而下判斷的問題通常伴隨著傲慢的指控，但誰又曾堅稱，宣判他人所作為惡，就等於預設自己不會犯同樣的惡行？即使宣判他人犯下謀殺之罪的法官也可能會說，若非上帝的恩典，犯罪的就會是我！

表面上看來，這些都像經過精心策劃的一派胡言，但當許多人，包括許多聰明人，在不是被操縱的狀況下開始胡言亂語，那麼牽涉到的問題就不只是胡言亂語了。吾人

1 譯注：Mary McCarthy（一九一二—一九八九），美國作家、戲劇評論家，政治評論以諷刺見長，主題涉及性解放、共產主義、越戰問題、核武等。鄂蘭因艾希曼書而遭各方圍剿時，麥卡錫為文大力為之辯護。兩人通信收錄於*Between Friends: The Correspondence of Hannah Arendt and Mary McCarthy, 1949-1975*, ed. Carol Brightman (New York: Harcourt, Brace & Company, 1995)

2 譯注：在鄂蘭的這幾篇論文中，judge一字，始於法律脈絡，又涉道德宗教層次，主要譯為「判斷」，視文氣也有譯為「審判」、「判決」等。

社會普遍存在一種恐懼，害怕臆斷人物是非，這和聖經裡「你們不要論斷人，免得你們被人論斷」沒有任何關係，又如果這種恐懼講的是「最先擲出石頭」，那便褻瀆了這句話。在不願意下判斷的背後，埋伏著一種疑慮，即沒有人是自由的因子（free agent），因而也懷疑有誰可對他自己所做的事情負責，或是可以期待他負責。道德的議題一旦被提出，即使只是附帶提及，那麼提出此問題的人，將面對可怕的自信之缺乏，因而也是自尊的欠缺，還用一種假裝的謙虛說，「我何德何能可以下判斷？」其實意思是說「我們都一樣，一樣壞，那些努力、或假裝努力，多少保持正經的人，不是聖人就是偽君子，而這兩種人都應該別來煩我們。」因此一旦有人指責特定的某人，強烈的抗議聲就出來了，說他們只會怪罪某個人，而不是將所有行為或事件歸罪給歷史潮流和辯證的運動，也就是不去歸罪給某種在人類背後運作的神祕必然性，並將人類一切作為賦予某種更深刻的意義。只要將希特勒的所作所為追溯到柏拉圖、達菲奧雷[3]、黑格爾，或尼采，或者追溯到現代科學和科技，或虛無主義或法國革命，這樣問題就解決了。不過當有人指控希特勒是大屠殺者——當然，也承認這個大屠殺者很有政治天賦，而第三帝國的整個現象並不能只用希特勒何人也、他怎麼影響眾人為理由來解釋——就會出現一種共識，同意如此論斷一個人的作法是粗糙的，欠缺周詳考慮，不應該容許這種論斷干涉對歷史的詮釋。我再引當代的一個爭議給諸位舉例，也就是侯胡特的戲劇《代理人》當中的論點，該劇指控教宗庇護十二世在面對東歐猶太人遭大屠殺時異乎尋常地保持沉默，該劇的論點卻馬上遭到反駁，而且不只是來自天主教階層的抗議，他們的抗議畢竟是可以理解的。另外，還有生來便會塑造形象的那些人反對此劇，他們稱侯胡特指控教宗是罪魁禍首，為的是給希特勒和德國人脫罪，這說法完全不正確。不過就本文的脈絡，比較重要的責難論點如下：指控教宗「當然」很草率，其實整個基督教世界都要被譴責；更切題的說詞是：「毫無疑問，做嚴肅的指控是有道理的，但全人類都是被告。」[4] 我在這裡希望提出的一點，超越了眾所周知的集體罪惡（collective guilt）概念的謬誤，這概念首先被用到德國人及其集體過往之上——全德國，還有從路德到希特勒的整個德國歷史都該起訴——事實上，這樣的說法很有效地替所有實際上做過某些事情的人洗刷了罪名。因為如果說每個人都有罪，就等於沒有人有罪。只要把原本保留給德國的位子，用基督徒或所有人類來替換，就可看見或發現這概念的荒謬之處，因為這樣一來，連德國人都不再有罪了：我們能指名道姓的人（而不是提集

3 譯注：Gioacchino da Fiore（約一一三二—一二〇二），義大利西妥會修士，曾被譽為先知，但丁《神曲》中他出現在天堂。

4 柯注：Robert Weltsch, "Ein Deutscher klagt den Papst an" in *Summa iniuria oder Durfte der Papst schweigen? Hochhuths "Stellvertreter" in der öffentlichen Kritik*, Edit. F. J. Raddatz (Rowohlt: 1963), p.156。

體罪惡的概念），根本沒有一個是有罪的。除了這些考量以外，我還想指出，如果是這般拼命求助於心智的複雜操作，那麼對於下判斷、指名道姓、非難個人的恐懼必定是根深柢固——啊，特別是對於位高權重者的指責，不論他是死是活。事實不是很明顯嗎？雖然有許多比庇護十二世還糟的教宗，基督教世界還是相當順利地存活下來了，而這正是因為從來不是全體基督教徒遭到控訴。寧願將所有人推出窗外，以便拯救一個在高位者，你會對那種人說什麼呢？——這個位高權重者所受的指責甚至並不是說他犯法，只是說他有遺漏之罪（sin of omission），雖然情節確實嚴重。

還好，法律上並不存在所謂遺漏之罪，也不會開庭加以審理，這是明智的。但同樣幸運的是，社會中依然存在一種機構，使人幾乎不可能逃避個人責任的問題，在裡面所有非特定、抽象性質的合理化說詞都崩潰——從時代精神（Zeitgeist）到伊底帕斯情結——受到審判的不是任何系統、潮流、或原罪，而是如你我一樣有血有肉的人，其行為當然也是人類行動，但他因為違反某個法律而在法庭中受審，而他所違犯的法律，則是我們認為對維繫吾人共通人性的完整所不可或缺的。法律和道德的議題絕對不同，但是彼此有密切關係，因為兩者都預設了判斷力。沒有一個法庭書記官能不涉入這些問題，如果他知道自己在做什麼的話。若不依賴法律的知識，我們如何能分辨是非？如果未身在其中，我們如何能判斷？

在這一點上，我想就可以提出第二項個人的見解。如果我說「審判」時所引起的熱度，已證明我們大多數人在面對道德議題的時候會感到多麼不自在，我得承認，我自己的感受也不會太舒服。我早年的心智養成，發生在一個沒有人會去注意道德問題的氛圍裡；我們自小生活在一種假設當中，那就是：道德是自明的。年少時對操行端正的看法，我記憶猶新，我們通常稱之為品性（character）；老是堅持和強調品性，我覺得既市儈又沒教養，因為品性是當然的事，沒什麼特別重要——譬如說在衡量一個人的時候，品性這項特質並非舉足輕重。當然，我們偶而會碰到道德脆弱的時刻，不夠堅定或忠誠，在壓力下，特別是面對輿論壓力的時候，奇怪地、幾乎是自動地，會想屈服，在某些社會的受教育階層特別有這種徵兆，但我們並不知道這情形有多嚴重，更不知道這會把我們帶到何處去。關於這些現象的本質，我們所知不多，而且我想大家也不太在乎。結果，我們會有很多機會來學到教訓。就我的世代和與我同源的人們來說，這教訓始於一九三三年，當它結束時，不只德國猶太人，整個世界都見識到了殘暴荒謬，而一開始沒有人會相信這種事情有可能。從那之後我們所學到的，絕非無足輕重，它可說是添加、衍生於最先十二年間（即一九三三年到一九四五年間）所獲得的認識。有許多人都需要最近這二十年的時間來漸漸理解發生過的事，不是在一九三三年，而是在一九四一、一九四二、一九四三年，一直到痛苦的結局。我這裡所說的，不是指個人的苦難和憂傷，而是恐怖本身，而那，至今沒有一個涉身其中的人能夠參透。對這錯綜複雜的整個過程，德國人發明了一個非常有問題的詞，稱那是他們「未能掌握的過往」(unmastered past)。似乎就算在今天，在這麼多年之後，對於德國這段過往，大半個文明世界都仍然無法應付。恐怖發生之時，那赤裸裸的殘暴荒謬，不只對我，對許多其他人來說都超越所有道德範疇，衝炸所有司法的標準；那是人無法適當予以懲罰也無法原諒的東西。而在這無言以對的恐怖中，恐怕我們都傾向遺忘純然道德的教訓、我們能夠處理的教訓——從前我們被教導過，也會在無數的討論中，在法庭的內外，再一次學到。

無言以對的恐怖，人們在其中學不到什麼，而在一點也不恐怖、只是屢屢令人厭惡的經驗中，人們的行為是允許受到正常裁判的；為清楚說明這兩者的差別，首先讓我提一個事實，一個明顯、但很少被提及的事實。在我們早年所受的不談理論的道德教育中，重要的從來不是真正犯罪者的行為——對這種人，當時任何心志正常的人都只會預見最糟糕的事情。對納粹黨人在集中營的獸行，以及秘密警察在酷刑室裡的蠻狀，我們會憤怒，但道德心不會受到擾亂；而對納粹當權者的言論，如果義憤填膺就確實顯得奇怪，幾年下來大家都已經差不多知道他們的意見了。新的政權當時帶給我們的只是非常複雜的政治問題，其中之一便是，犯罪行為入侵了公眾領域。我想我們對恐怖無情的後果有所準備，也願意承認這種恐懼使得大多數人變成了懦夫。這一切可怕又危險，但不會造成真正的道德問題。道德議題只跟著「協調」(coordination)的現象而出現，也就是，不是同恐懼所引起的虛偽妥協，而是同早期便出現的不願錯過「歷史」列車的熱情協調，急於跟上意見的幡然改變——見於各個領域的大多數公眾人物以及所有文化分支，連帶的是一輩子的友誼輕易地破裂，遭到拋棄。簡言之，擾亂我們的不是敵人的行為，而是朋友的行為，雖然他什麼也沒做，這情形就發生了。納粹不是因他們而起，他們只是對納粹的成功印象深刻，而無法以自己的判斷對抗他們所解讀到的「歷史」的判定。若未考慮納粹政權早期個人**判斷力**——而非個人責任——幾乎全面性的崩潰，就不可能理解實際上發生的事。誠然，這當中許多人很快就不再抱持幻想，但大家都知道，一九四四年七月二十日暗殺事件的參與者，那些因為共謀暗殺希特勒而犧牲性命的人，大多數在某些時刻都和這個政權有所牽連。但我依然以為，德國社會早期這種道德的解體，這種外人幾乎未能察覺的狀況，就像為即將在戰爭期間發生的全面崩解做彩排。

我把這些個人問題提出來給各位知道，不是因為我願意接受傲慢的指控，我認為這離題了——而是我願意受到更具正當性的懷疑，這個懷疑是：對於道德議題如此缺乏心理準備、概念準備的人，是否有資格討論這些議題。我們事事得從頭學起，在某種程度上是從蒙昧狀態開始——也就是說，沒有任何範疇或一般原則，來幫助我們統攝所經歷的種種。然而藩籬的另外一邊，是所有那些完全有資格談論、也非常看重道德的人。但結果證明，這些人非但無法學到任何東西，更糟的是，他們容易受到引誘，在事實發生之時和之後他們對傳統概念及尺度的應用，最有力地證明了這些概念與尺度已經變得多麼不適當，也顯示出它們的架構與目的又多麼無法適用於實際發生的狀況。對此討論越多，我想也就會看清我們在此的處境，一邊是魔鬼，另外一邊則是汪洋深海。

為了舉一個具體事例說明我們在這種種問題上所面對的惡劣處境，可想想法律懲罰的問題。法律懲罰的正當性通常基於下列幾種理由：需要保護社會以防犯罪活動侵擾、為使犯罪者改過向善、為殺雞儆猴預防犯罪，以及最後一項，作為報復性的正義。只要稍微細想就會相信，這些理由對所謂戰犯的懲罰無一是有效的：這些人不是一般罪犯，而且幾乎沒有人讓我們可以合理預期他會進一步犯罪；這社會並不需要被保護以防他們的侵犯。而若要這些人坐監服刑以便令其改過向善，那是比一般犯罪者更不可能，至於預防未來此類犯罪的可能性，從其發生或未來可能發生所需的特殊條件看來，機會也是微乎其微。報復是施行合法懲罰的唯一一個非實用性的理由，因而也與當前法律思潮有所扞格，且有鑑於此罪行的規模之大，報復性正義幾乎不能適用。不過，雖然我們通常想到的這些施加懲罰的理由無一有效，但如果放棄懲罰，讓那些屠殺了成千上萬人的人逍遙法外，吾人的正義感又無法容忍。如果這只不過是一種復仇的欲望，則大為荒謬，太偏離了一項事實，亦即：以上的法律及其所分派的懲罰，是為了打破冤冤相報永無止日的惡性循環。因此，我們在這裡，憑著正義感，要求懲惡，但另一方面，同樣的這種正義感卻告訴我們，我們先前關於懲罰及其正當理由的所有觀念，都不再可信了。

回到我個人的反思，即誰才有資格談論這類問題：是那些有一套與經驗不符的標準和規範的人，還是那些除了自身經驗以外沒有任何準則可以依恃的人，而他們的經驗又無法用先存的概念來定型？若沒有掌握一套先存的標準、規範以及通則，以此來涵蓋具體的狀況和事例，你如何能思考？在這脈絡中甚至更為重要的是，你如何能判斷？或者換個不同的方式來說，當面對事件的發生，所有傳統標準都被推翻，那是一般通則無法預見的史無前例，通則甚至料不到有這樣的例外，這時，人類的判斷能力將如何運作？要有效回答這些問題，首先得分析人類判斷力依然非常神秘的本質，它可以達到什麼，不能達到什麼。只有當我們假設存在一種人類能力，它使我們可以理性做判斷，不會被情緒或自利所牽引，這能力同時又可自行運作，也就是說，不受限於統攝具體情況的標準或法則，反而是藉由判斷活動自身，產生自己的標準；只有在這樣的假設下，我們才能冒險走在這非常不穩的道德地基上，而仍懷抱希望尋找一處穩固的立足點。

對我來說很幸運的是，今晚的講題不要求我給諸位提出一套關於判斷的哲學。但即便只侷限於討論道德問題及其基礎，也需要清楚說明一個普遍問題，並做一些區分，而這些區分恐怕不是人們普遍會接受的。這普遍的問題是關於講題的前半部分：「個人責任」。這個詞必須相對於政治責任而理解，政治責任乃每個政府對其前任政府的作為或不當作為所必須承擔，每個國家對其過往的作為或不當作為所必須承擔。法國大革命後拿破崙掌權，他說：我將為法國所做過的一切負起責任，從聖路易[5]到公共安全委員會[6]。他這麼說只是略微強調地陳述所有政治生命中的一個基本事實。對國族來說，顯然每個世代都背負著其父輩的罪惡，同樣也受祐於祖上功德，因為人一出生便是進入歷史的連續體。任何要承擔政治責任的人，都有一天會說出哈姆雷特的話：

> 這時代是亂了套：啊，該詛咒的不幸
> 竟要我生來把它反正！

將時代撥亂反正，意味更新世界，這我們可以做，因為我們都是在某個時刻來到這世界，成為新生者，而這世界早已先我們而存在，當我們離去，留下負擔給後繼者時，世界也會繼續存在。不過這不是我在這裡所談的責任；嚴格來說，那不是個人的，只有在隱喻的意義上我們可以說，對父輩或國人或人類所為之惡，簡言之就是對我們不曾做過的事感覺愧疚。從道德層次而言，沒有具體為惡的情事卻對之感到罪惡，就像實際上犯罪但沒有罪惡感一樣，都是錯的。我認為道德混淆的本質在於，戰後期間在德國，那些就個人而言完全清白無辜的人，向彼此及整個世界肯定地說他們覺得自己如何又如何罪惡，但真正的罪犯卻很少人願意承認自己有一絲絲的懊悔。自動自發承認集體罪惡的結果，當然就是非常有效地（雖然不是有意地）幫那些實際上做了什麼事的人漂白了：我們已然看到，當所有人都有罪時，就等於沒有人有罪。我們也聽到最近在德國的討論，關於延長追訴納粹謀殺者的時效規定，但司法部長反對任何擴大追訴時效的作法，他的論點是，繼續熱切地尋找德國人所謂的「存在我們之間的謀殺者」，只會導致不涉及謀殺的德國人道德自滿（《明鏡周刊》，一九六三，第五期，頁二

5 譯注：指法王路易九世（一二一四—一二七〇），登基時未滿十三歲，在位期間文治武功均盛，兩次親率十字軍東征埃及與突尼西亞皆失敗，死於征途。

6 譯注：一七九三—一七九五，法國大革命的行政機構，在羅伯斯比加入之後權力逐漸強化，成為壓制反革命力量、施行恐怖統治的權力運作中心。

三），不涉及謀殺的德國人，那就是說清白的人——我們立刻就能看到這種道德混淆變得多麼危險。這種論點不是現在才有。幾年前，執行艾希曼死刑時就引起廣泛反對，原因是這樣可能會讓一般德國人的良知獲得緩解，如馬丁・布伯所言，「抵償了許多德國年輕人所感受的罪惡感。」噢，那些還太年輕、根本沒有參與過那個時代、做出任何事情的德國年輕人，如果會**覺得**罪惡，那他們若不是錯了、混淆了，就在玩腦力遊戲。沒有所謂的集體罪過或集體無辜；罪過或無辜只有針對個體時才有意義。

近來，在討論艾希曼的審判時，這些相較而言簡單的事情，都被我所稱的齒輪理論（cog-theory）給複雜化了。政治系統幾個最明顯的特徵，包括它如何運作，政府各部門的關係，包含命令下達與執行程序的龐大官僚機制如何運轉，以及文職、武職及警力如何彼此相關，我們說到政治系統時，不可避免會用齒輪來描繪為這系統所用的每個人，他們如同齒輪相嵌，轉動行政機器。每一個齒輪，也就是每一個人，都是耗材，消耗後也不會影響整個體系，這是所有官僚系統、所有公家機關，或更恰當而言，是所有功能機構背後的假設。這是政治學的觀點，而如果用這個參考架構來進行指控，或說評價，我們會說這是好系統或壞系統，而好壞的評量標準就是公民的自由、幸福、或參與度；但是操作整件事的那些人的個人責任，就變成了不重要的議題。這便是戰後審判中，所有被告拿來自我辯解的話：如果不是我做，別人也能或也會做。

一般政府中可舉出來少數的決策者，而在獨裁統治下，決策者縮減到「一個人」，所有主導監督或糾正行政決策的體制和機關都被廢除，獨裁統治如此，遑論極權獨裁。不論如何，在納粹的第三帝國中，只有一個人做決定，那即是希特勒，也只有他能夠做決定，因此他在政治上要負完全的責任。他曾經形容自己是全德國唯一一個無可取代的人，這麼說並不是出於一時的誇大妄想，而是非常正確的形容。其他從上到下，和公共事務有關係的每個人，事實上都是齒輪，不論他自知與否。這是不是意味著沒有辦法去歸咎任何個人？

我到耶路撒冷去聽艾希曼的審判時，覺得法院訴訟程序有很大的好處，這齒輪的整樁工程在法庭環境下變得沒有任何意義，也因此迫使我們從不同的角度看待所有的問題。當然，可以預見辯方會中辯艾希曼不過是一個小齒輪；而被告本人也可能會從這個角度看自己；不過檢方試圖把他說成是有史以來最大的齒輪，甚至比希特勒更壞也更重要，這倒是出人意料。法官的作法既正確且恰當，他們摒棄整套主張，而我也是如此，儘管因而引來種種的指責和讚美。法官費盡心力清楚表明，在法庭內，受審的不是制度，不是大歷史或歷史潮流，不是主義（比如反猶主義），而是一個人，如果被告剛好是一個公務員，他來受審正是因為即便公務員也是一個人，而他是以這樣的身分來受審。顯然，在所有犯罪組織中，小齒輪其實犯的是大罪，甚至可說，第三帝國這項有組織的犯罪活動，其特徵之一，就是要求所有公務人員、而不是只有全體低階人員，提出犯罪關係的明確證明。因此，法庭對被告提出的問題就是，你，某某人，有姓名、出生日和出生地、可以指認因而不可替換的個人，有沒有犯了你被控犯下的罪，以及你為何這麼做？如果被告回答：「那不是身為一個人的我所做的，我沒有意願也沒有能力主動去做任何事；我不過是個齒輪，是可以替換的，換做別人在我的位子也會這麼做；而我會在此受審是個意外。」——如此的回答會因為空洞而不被接受。如果允許被告代表一個系統而獲判有罪或無罪，他真的就會變成代罪羔羊。（艾希曼本人希望變成代罪羔羊——他提議將他公開絞死，把所有的「罪」攬到自己身上。法庭拒絕他這最後一個使群情激昂的機會。）在每個官僚系統中，責任的移轉是每天的例行公事，而如果想以政治科學用語來定義官僚制度，也就是官僚制度作為一種統治形式——機關統治（rule of offices），相對於一人或少數人或許多人的人治——那麼不幸的，官僚制度就是無人之治，正因此之故，它也是最不人性、最殘酷的統治形式。但在法庭上，這些定義是沒有用的。因為針對這樣的回答：「不是我、而是系統做的，我只是當中的一個齒輪」，法官馬上就會提出下一個問題：「那麼請問，為什麼在這情況下，您會變成一個齒輪，而且繼續當齒輪？」被告如果想推卸責任，他就必得牽連到其他人，他得指名道姓，而這些人就可能被列為共同被告人，他們不會變成官僚系統或其他必然性的化身。如果沒有把齒輪，或者把帝國安全總部第四處B4「所指的對象」變成一個人，審理艾希曼案就會變得沒有任何意義，其他這類的審判亦然。只有因為這運作是在審判開始之前就完成，個人責任的問題才出現，然後才有法律罪責的問題。而即使這個將齒輪化為人的過程，也不暗示齒輪特性（cog-ness）那樣的東西——也就是系統將個人變為齒輪，而極權系統比起其他系統更是如此而全面——受到審判。這樣的詮釋會變成不過是用另一種方式逃避法院訴訟程序的嚴格限制。

不過，雖然法院訴訟程序或專制統治下個人責任的問題，不允許將責任由人轉移到系統，但考量時也不能完全把系統排除在外。從法律和道德的角度來看，它是以一種情節（circumstances）的形式出現，就像如果是因為貧窮而犯罪，我們會考慮社經地位低下者的狀況，作為減刑的情節，但不是當作藉口。也就是因此之故，當我們來到標題的第二部分「獨裁統治」時，必須請諸位注意幾個區分，那將有助於我們理解這些情節。極權（totalitarian）統治形式和一般意義的獨裁統治是不同的，而我要講的大部分適用於極權主義。獨裁統治（dictatorship）一字，在古羅馬的意思是憲政、法治政府所運用的一種緊急措施，也一直是緊急手段，在時間與權力運作上有嚴格的限制；我們都很了解在災區或戰爭期間會宣布進入緊急狀態或施行戒嚴法。我們也知道現代獨裁政體是一種新的統治形式，若不是軍方奪權、廢除文人政府、剝奪公民的政治權與自由，就是單一政黨奪取國家機器，而不顧其他黨派以及所有有組織的政治反對勢力。這兩種形式都終結了政治的自由，但不必然碰觸到私人生活或非政治活動。確實，這類政權通常會無情地迫害政治上的反對者，也和我們一般所理解的憲政統治相差十萬八千里——如果沒有條款保障反對的權力，就稱不上是憲政之治——但也不是一般意義上的罪犯。如果這些政權犯了罪，對象會是針對公開批評當權者的人。但是，即便從當權政黨的角度來看，極權政府所犯之罪關係的是「無辜」之人。大部分的國家在戰後簽定協議，不要給予那些逃離納粹德國的嫌犯政治難民的地位，正是基於共同犯罪的理由。

再者，完全的宰制會伸展到生活的所有領域，而不只是政治生活。不同於極權政府，極權社會是整體一統的；所有公共宣言，文化的、藝術的，或學術的，以及所有組織，福利或社會服務的，即便是體育或娛樂，各方面都「協調」好了。從宣傳單位到司法機關，從戲劇表演到體育新聞，從中小學到大學和學術團體，所有具有公共意義的機關或職務，都要求無異議接受統治階級的原則。任何人若參與公共生活，不論是黨員或政權中菁英團體的成員，都多多少少會被包含到這政權整體的作為當中。在所有戰後審判中，法庭所要求的是，被告不應該參與被政府合法化的任何罪行，而把這種不參與（nonparticipation）作為分判是非之法律標準，正是在責任的問題上引起很大的疑問。事情很簡單，就是只有完全退出公共生活的人、拒絕任何政治責任的人，才能避免被牽連入罪，也就是才能完全避免法律與道德的責任。納粹德國戰敗之後，關於道德議題的喧鬧爭論即持續不休，公部門所有階層全面涉入犯罪的情形、亦即正常道德標準全面潰散的情形被揭露出來了，以下的論點即不斷地以各式各樣的方式出現：今天看似有罪的我們，其實是忠於職守、以避免錯誤發生；只有待在裡面的人，才有機會減緩事態，也至少可以幫助一些人；我們給魔鬼他應有的承認，但沒有把靈魂賣給他，但那些什麼都沒做的人是逃避責任，只想到自己，只想拯救他們那珍貴的靈魂。從政治層面而言，如果在最初階段就將希特勒政權推翻，或者嘗試將之推翻，這種論點或許就有意義。極權體制確實只能從內部來推翻——不是透過革命，而是透過政變——當然，除非這個政權戰敗了。（我們也許可以說這種事情在蘇聯發生了，若不是在史達林死前就是他死後立刻發生；從一個公開的極權體制變成一黨專政或獨裁的轉折點，或許是在處決秘密警察頭子貝利亞之時。）但是不論成功與否，說這種話的人絕對不是其中的共謀者。他們通常是公務員，沒有他們的專門知識，不論是希特勒政權或者接下來的艾登瑙[7]政府都無法生存。希特勒繼承了威瑪共和國的公務員，而共和國從

7　譯注：Konrad Adenauer（一八七六—一九六七），二戰後於一九四九—一九六三年任德意志聯邦共和國總理。

之前的德意志帝國繼承了這批人，一如艾登瑙從納粹那裡輕易地承接了這群公務員。

這裡我必須提醒諸位，個人責任或道德議題不同於法律責任，幾乎不會出現在那些衷心擁護政權的人身上：他們不會覺得有罪，只覺得被擊敗，這幾乎是必然的，除非他們改變心意並悔悟。但是，即便這簡單的議題也變得混淆，因為當懲罰之日終於到來，結果卻沒有一個人自承他是衷心的擁護者，至少沒人支持他們因而受審的犯罪計畫。棘手之處在於，雖然這是謊言，卻不是一個簡單或全然的謊言。因為連第三帝國中都很少人衷心同意該政權最後的犯罪行為，卻有許多人非常願意去執行；這樣的矛盾心態一開始發生在那些政治中立、不是納粹卻選擇與之合作的人身上，到了最後連納粹黨員，甚至黨衛軍的精銳也抱持了這樣的心態。而現在，他們不論立場如何，不論做過什麼，每個人都宣稱，那些以各種原因退隱到私人生活的人，是選擇了簡單、不負責任的出路。當然，除非他們利用這樣的私人身分從事掩護，進行積極的反對行動——但這個選擇實在不必認真考量，因為顯然不是人人都當得了聖人、英雄。但個人責任或道德責任就是人人都擔得起，而說起這一點，無論身處什麼狀況或有何後果，堅守崗位才是較為「負責」的作法。

在他們的道德說理中，「較小之惡」的論點扮演很醒目的角色。該論點如下：如果面對兩種惡，你的任務就是選擇較小的惡，如果完全拒絕選擇，那就是不負責任。駁斥這種論證、認為它有道德錯誤的人，會被指控為抱持一種抗菌的道德至上論，不食政治的人間煙火，不願意讓自己的手沾染一點灰塵；但必須承認，堅決排斥和任何較小之惡妥協的，比較不是政治或道德哲學（除了康德例外，他正是因為這個原因，常常被指責是道德至上的嚴格主義者），而是宗教思想。在最近一次討論這些問題的場合中，有人告訴我，《塔木德經》[8]主張：如果他們要求你為了全體的安全犧牲一個人，你不可屈服；如果他們要求交出一個女人來讓他們強暴，就可以拯救所有的女人，你不要讓她被強暴。同樣的，對梵蒂岡在二戰期間的政策依然記憶猶新的教皇約翰二十三世[9]寫道，以「審慎」（practice of prudence）作為教皇和主教的政治行為準則：「不管如何，若與邪惡同桌宴飲，而希望因此可能對某人有所助益……這可千萬要小心。」

從政治面來說，這論點薄弱之處總是在於，那些選擇較小之惡的人通常很快會忘記他們選擇了惡。由於第三帝國的惡最後變得如此猙獰，再怎麼努力想像，都不可能稱它是「較小之惡」，有人可能會想，這次這個論點總算要徹底瓦解無法成立了吧，但

8　譯注：Talmud，猶太教的口傳律法總集。

9　譯注：Pope John XXIII（一八八一—一九六三），義大利籍教宗，於一九五八—一九六三在位，曾於一九六二年召開第二次梵蒂岡會議，致力於基督教統一事業，主張東西方世界和平相處，以溝通化解分歧。人稱Good Pope。

令人驚訝地，狀況並非如此。再者，如果我們看看極權政府的統治技術，顯然「較小之惡」的論證並非只由不屬於統治菁英的外人所提出，而是嵌入恐怖與犯罪機器的機制當中。對較小之惡的接受，有意識地被用來制約政府官員和一般大眾，使他們接受邪惡本身。此例眾多，就舉其中之一：大規模消滅猶太人之前，頒布了一連串漸進的反猶太措施，每個措施都被接受了，因為他們說，拒絕合作會讓事情更糟──直到不可能發生更糟糕之事的階段。在最後階段，這樣的論點不但沒有被拋棄，反而一直延續到今天，其中的謬誤如此昭然若揭，此時又聽聞，真令人再驚訝不過了──對侯胡特那齣戲的討論，我們再次聽到有人說，梵蒂岡當時若提出任何形式的抗議，都只會讓事情更糟！在此我們看到人心是多麼不願意面對現實，而現實又以各種方式全然與心靈的參考架構相衝突。不幸的是，制約人的行為，然後讓人做出最意料之外、最令人髮指的舉動，似乎比說服任何人從經驗中學習要來得容易多了。俗話說從經驗中學習，也就是：開始去思考和判斷，而不是套用範疇和公式；範疇和公式深深根植在我們心中，但其經驗基礎早已被忘懷，範疇和公式的可信性是建立在智性上的連貫統一，而不在於它們能應付現實事件。

要釐清判斷時所面對的這個困境，又不會落得套用普遍接受的法則，我將從道德的標準轉移到法律的標準，因為一般而言，法律有較清楚的定義。諸位也許知道，在審判戰犯或討論個人責任的時候，被告或他們的律師所申辯的論點，若非說這些罪行屬於「國家行為」，就是說他們是依「上級命令」而犯下此罪行。這兩類不應該被混淆。就法律角度而言，上級命令是在司法管轄權領域內，即使被告可能覺得自己陷入典型的軍人「困境」（如戴希在其《憲法之法》所言）：「如果違反命令有可能被軍事法庭判決槍斃，而如果遵守命令又可能被法官或陪審團給判決絞死。」但是國家行為則完全在法律架構之外；應該屬於主權行為，沒有任何法庭對其有管轄權。現在，國家行為公式背後的理論主張說，主權政府可能在特殊情況下被迫使用犯罪手段，因為國家的生存或權力的維續有賴於此；因而這種論點說，國家理性（reason-of-state）不能被法律限制或道德考量所約束，儘管這些限制、約束對於該國公民個人而言是有效的，但因為國家整體受到威脅，則國家當中一切事物的存在也會受到威脅。在這理論中，國家的行為被默示為如同個人出於自衛而不得不犯下的「罪行」，比作一種因情節特殊、生存本身受到威脅，而可被允許不受罰的行為。這個論點無法適用於極權政府及其人員，原因在於這些罪行絕非出於任何形式的必需性；相反地，我們還可以很有力地說，納粹政府如果沒有犯下那些眾人皆知的罪行，也仍能生存，甚至可以打贏戰爭。理論上而言可能更為重要的是，以國家理性支撐整個關於國家行為之討論，其論點預設了這種罪行是在合法性（legality）的脈絡中犯下的，而該犯罪行為有助於維持這合法性以及國家的政治存在。執行法律需要政治權力，因此法律秩序的維護總是涉及權力政治的元素。(當然，這裡所談的不是針對其他國家所犯的行為，我在此關心的問題也不是戰爭本身可否被定義為，如同紐倫堡大審所用的字眼，「破壞和平之罪」。) 國家理性的政治理論，或國家行為的法律概念，兩者都無法預見合法性的完全翻轉；就希特勒政權而言，整個國家機器所施行的，說得比較含蓄一點，一般就會視為犯罪行為：用正常標準來看，幾乎沒有一項國家行為不是犯法的。因此，它不再像那些據稱用來維護執政黨統治的犯罪行為，是規則中的例外——譬如一些著名的犯罪，像是馬泰奧蒂[10]在墨索里尼的義大利被暗殺，或拿破崙謀殺當甘公爵[11]；相反地，偶然的非犯罪性的行為才是納粹德國「法律」中的例外，是因緊急必需性所做的讓步，譬如希姆萊[12]停止滅絕計畫的命令。暫時回到極權政府和獨裁政體的區分，正是由於直接罪行的相對罕見，把法西斯獨裁政體和完全發展的極權專制區分開來；雖說這當然也是事實：法西斯或軍事專制所犯下的罪行遠比立憲政體還多，在立憲政體中這種罪行甚至是無法想見的。這裡重要的只是，犯罪還是清楚地被視為例外，而政權不會公開認可它們。

同樣地，「上級命令」的論證，或者法官的反駁——上級命令不能當作犯罪的藉口——都不充分。其預設在此也是：正常來說，命令不具犯罪性，也因為這個原因，收到命令的人應該能夠識別出某項命令的犯罪本質——比如神經錯亂的軍官下令射殺其他軍官，或虐待、殺害戰犯。從司法角度看，要抗拒的命令必須「明顯非法」；非法性「應該像黑旗一般飛舞，上面寫著『禁止』的警告字眼。」換言之，對必須決定要從命還是抗命的人來說，那命令必須清楚地標示出來，它是個例外。問題是，在極權政權中，特別是在希特勒政權最後幾年，禁止的標示清楚地指向非犯罪性的命令。艾希曼決定要當個守法的第三帝國公民，也一直如此，對他來說，希姆萊於一九四四年秋所下的命令——停止遣送人犯，拆除死亡工廠——上頭飄揚的才是明顯非法的黑色旗幟。我剛剛所引的文句取自一個以色列軍事法庭的判決，以色列軍事法庭可能比世界上大多數法庭更了解，就希特勒德國那直接、而且可說是合法犯罪的本質而言，「合法」(lawfulness)一字本身所隱含的難題。因此它超越一般的用語，像是一種「合法的感覺……深藏在每個人的意識，以及那些不熟悉法律書籍者的心中」，而談到「一種令眼生刺、

10 譯注：Giacomo Matteotti(一八八五—一九二四)，義大利社會黨領袖，被法西斯份子暗殺，震驚世界輿論，使墨索里尼的政權為之動搖。

11 譯注：duc d'Enghien(一七七二—一八〇四)，法國波龐公爵獨生子，因謠傳他要策動推翻拿破崙，為拿破崙所組織之軍事法庭處決。

12 譯注：Heinrich Himmler(一九〇〇—一九四五)，曾任納粹黨衛軍頭子，為希特勒左右手，納粹末期欲取希特勒而代之，被希特勒免除全部職務，企圖逃竄，為盟軍俘獲而自殺身亡。

心生厭的非法性，假設這眼沒有盲，而那顆心既非鐵石，也尚未腐化」——這些都很好，但是當危急時刻來臨，恐怕這些東西就會不見了。在此環境下，為非作歹的人非常了解他生活於其中的國家之法律文字和精神，而今天，當他們必須負起罪責時，我們要求於他們的，事實上是要那種深藏於內心的「合法感覺」去**牴觸**國家法律以及他們對國家法律的認知。在這種情況下，要他們去察見「非法」，所需要的遠大於只是要求眼不盲、心非鐵石或沒有腐化。他們行動當時的條件是，每個道德行為都是非法的，而每個合法的行為都屬於犯罪行為。

因此，不只耶路撒冷的法官，而是所有戰後審判，所做出的判決都清楚道出一種樂觀的人性觀點，預設了獨立的人類能力，可以不靠法律和輿論，全然自動自發地在每個狀況發生時，對每個行為和意圖重新下判斷。或許我們真的擁有這種能力，每一個人在行為的時候都是立法者，但這不是法官的意思。雖然用了種種說辭，他們所指的不過是一種**感受**，因為這種東西是與生俱來，延續了好幾個世紀，不可能在短短時間內消失不見。但就我們所擁有的證據來看，我認為這是很有問題的，況且，「非法」的命令年復一年接踵而來，而並非每個命令都毫無計畫地要求你做出互不相干的犯罪行為，而是一步一步，處心積慮地要建立新秩序。這「新秩序」正就是它所說的——不只新得恐怖，更重要的，是一個**秩序**。

有一種普遍說法，認為我們在這裡所討論的不過是一幫犯罪份子，在密謀之下什麼壞事都會幹，這是嚴重誤導。確實在運動的菁英組織中有不少犯罪份子，而其中很多人罪大惡極。然而只有在政權初期，在衝鋒隊[13]掌管下的集中營裡，這些兇殘暴行才有清楚的政治目的：散播恐懼，以無可言喻的恐怖，淹沒所有組織反對力量的企圖。但這些殘暴行為並非典型，而更重要的是，雖然大受縱容，這些行為實際上是不被允許的。就像偷竊和收賄一樣，是不被允許的。相反地，如同艾希曼後來一再堅稱，上級指示說：「避免不必要的折磨」，而警方進行訊問時說，這些話用在正被送上死亡之途的人，聽起來有點諷刺，他卻還搞不清訊問的警察在說些什麼。艾希曼的良知反抗殘暴的念頭，但不是反抗謀殺的想法。另外一種同樣誤導人的普遍想法是，我們在此討論的是一種現代虛無主義的爆發。但願我們了解虛無的信條在十九世紀的意思是：「沒什麼不可以。」良知之所以那麼容易變得遲鈍，有部分是直接源於一個事實：絕對不是什麼都可以。

這件事的道德點，不是以「大屠殺」之名稱呼發生過的事情，或點數好幾百萬的

13 譯注：Sturmabteilung，簡稱ＳＡ，納粹準軍事組織，初期製造許多暴力行為，對希特勒奪取政權扮演關鍵角色。希特勒後來利用黨衛軍血洗衝鋒隊，使後者勢力大減。

受害者就可以達到：整個民族的大滅絕在古代發生過，也發生在現代的殖民化過程中。要理解這個道德點，只有當我們了解，事情是發生在法律秩序的架構當中，而這個「新法」的基石是由「汝必須殺人」的命令所構成，殺的不是敵人，而是無辜的人，這些人連潛在的危險性都沒有，而且殺人不是出於必要性，相反地，還違背了所有軍事或其他實利的考量。這殺人計畫不是為了將猶太人趕盡殺絕，也和戰爭沒有一點關係，除了希特勒認為他需要戰爭來掩護他非軍事的殺戮行動；那些行動原本還要以更大規模的方式在和平時期持續進行。這些行為不是由非法份子、禽獸或虐待狂所為，而是出自正派社會中的正派人士之手。最後，我們必須知道，雖然執行大規模殺戮的人，行為符合一種種族主義或反猶主義、或至少是一種人口學的意識型態，但是殺人者及其直接共犯通常不相信這些意識形態的合理化說詞，只要一切根據「領袖的意志」而發生，只要符合「領袖的話」就夠了，「領袖的意志」就是國家的法律，「領袖的話」就具備法律的力量。

整個民族，不論是否有黨派關聯或直接牽連，都信仰「新秩序」，只因為事情就是這樣，此信仰的深入廣泛，最好的證明——如果還需要證明的話——可能就屬艾希曼的律師所發的評論，他從不屬於納粹，但卻在耶路撒冷的審判中說了兩次這樣的話，大意是：奧許維茲和其他集中營裡發生的事乃「醫學事件」。在這高度發展的古老文明國家道德整體崩潰的當口，道德（morality）就好像如同該字原始意義所揭示的，是一套習俗（mores），一套習慣和風俗，要把它全盤改變，所費的力氣不會多過讓整個民族改變餐桌禮儀。[14]

我花很多時間在說明整體情況，因為如果沒有提供確切的實際背景資料，個人責任的討論就沒有太大意義。現在我提出兩個問題：第一，雖然他們不能也沒有反抗，但那些不合作也拒絕參與公共生活的少數人，他們與眾不同之處何在？其次，如果我們同意那些不論在何種層次、以任何身分服役或供職的人，無法用禽獸一言以蔽之，那麼是什麼讓他們有這樣的行為？政權敗亡、「新秩序」連同一套新價值瓦解之後，他們在什麼樣有別於法律的道德基礎上，合理化自己的行為？第一個問題的答案比較簡單：被多數人稱做不負責任的非參與者，是唯一敢於自己下判斷的人，他們能夠這麼做，不是因為他們擁有一套較佳的價值體系，或是因為舊有的是非標準還牢牢盤據在他們心中和意識中。相反地，所有經驗都告訴我們，最先屈服的人，正是那些正派社會的成員，那些在納粹興起的最早階段不曾經歷過理智和道德激盪的人。他們就只是換過另一套價值體系。因此我想指出，那些未參與者的意識運作，不是如此自動自發

14 柯注：鄂蘭喜歡將習慣和餐桌禮儀類比，在其它許多討論中都會舉用這個類比。

——好似我們天生就有或已學到一套規則，然後看情形直接運用到實際狀況中，每個新經驗或狀況都已預先被判斷了，而我們只消依照先前學到的或擁有的原則來行動。我想，未參與者的判準是不同的：他們自問，要是做了某些事情之後，如何還能和自己和平共存、心安理得活著；於是他們決定最好什麼都不做，不是因為世界會因此變得更好，而只是因為唯有這樣他們才能活得心安。也因此，當他們被迫參與的時候，他們會選擇死亡。更直接地說，他們拒絕謀殺，倒不是因為他們還牢牢守著「汝不應殺人」的誡律，而是因為他們不願意和成為謀殺者的自己共存。

這種判斷方式的前提不是高度發展的智慧或複雜的道德省思，而是一種坦然與自己相處的性情傾向，與自我交流，亦即我和自我進行那無聲的對話，而這過程，自蘇格拉底和柏拉圖以來，通常就稱之為思考。這種思考雖是所有哲學思想的根源，卻不是技術性的，也不涉及理論問題。那些願意思考、也因此必須自行判斷的人，和那些不願這樣做的人，兩者的分界線橫跨了所有社會、文化或教育的差異。就這點而言，希特勒掌權期間正派社會道德的全面瓦解，或許給我們一個教訓，也就是，在這種情況下，那些珍惜價值、恪守道德規範和標準的人並不可信賴：如今我們知道，道德規範和價值可能一夜之間完全倒轉，剩下來的，就只是恪守什麼東西的習慣而已。較值得信賴的會是持疑者與懷疑論者，不是說懷疑論是好的，或抱持懷疑才是審慎，而是因為懷疑的態度乃用來檢視事物，並做出自己的決定。最好的則莫過於那些只確知一件事情的人，也就是：不論發生什麼事情，我們只要是活著，就要活得心安理得。

那麼，那些和發生在他們周圍的事情劃清關係不願沾手的極少數人，被指責為不負責任，這要如何看待呢？我想我們必須承認存在著極端的狀況，也就是，對世界的責任，主要是政治責任，是不能被承擔的，因為政治責任總是預設至少有最低的政治權力。我想，無能力（impotence）或全然無權（powerless）是可以成立的有效藉口。而連承認自己無能為力都需要一些道德特質，需要面對現實、不活在虛妄當中的善意與真誠的時候，這藉口的有效性就更強了。再者，即使是在最絕望的狀況下，至少還有最後一絲的力量甚至權力仍可以保留下來，那正是承認自己的無能。

現在將焦點轉到第二個問題，上述最後這一點可能就更清楚了。現在的焦點是另外一批人，他們不只是所謂無可奈何地參與、更認為服從命令是其職責。他們的論點不同於那些以較小之惡、時代精神為託辭的參與者，藉此暗中否認人類的判斷能力，或者，在極為稀少的狀況下，以那在極權政府中無所不在的恐懼為託辭。從紐倫堡大審到艾希曼的審判，再到更晚近在德國的審判，論點總是一樣的：每個組織都要求服從上級，遵守國家的法令。服從是第一序的政治美德，沒有服從，則沒有任何政治體可以維續。無限的良知自由並不存在，因為它意味著所有組織社群的滅亡。聽起來很合理，必須花一點功夫才能察見其中的謬誤。之所以貌似可信是出於一個事實：用麥迪遜的話來說，「所有政府」，即使是最專權的統治形式，如君主專制（tyranny），「也奠基於**同意**」，而謬誤之處就在於將同意（consent）等同於服從（obedience）。成人同意，兒童服從；如果成人會服從，事實上他是**支持**那個要求「服從」的組織、權威、或律法。此謬誤因為由來已久，因此危害更大。我們用「服從」一詞說所有這些嚴格意義下的政治狀況，可追溯到古老的政治學概念，自柏拉圖和亞里斯多德以來，這概念就告訴我們，每個政治體都是由統治者和被統治者組成，前者下令而後者服從。

當然，我無法在此細述這些概念為何會進入到我們的政治思想傳統，不過我想指出，這概念取代了較早的概念，這些概念我認為較確切的表示出一致行動領域中人與人的關係。根據這些較早的概念，每個由多人所完成的行動，都可分為兩階段：由「領導者」所發動的開始階段，以及許多人合力使之順利完成，變成一個共同事業的完成階段。此處的重點在於，沒有一個人，不論他多強，可以不靠他人的幫助而完成什麼事情，不論是好事還是壞事。這裡有了平等的概念，說明「領導者」不過是其同儕當中的第一人（primus inter pares）而已。那些看起來服從他的人，事實上是支持他與他的事業；沒有「服從」，此人就會無依無助。在托兒所或奴隸制度條件中，如果小孩和奴隸拒絕「合作」的話，無助的是他們；服從的概念在這兩個領域才有意義，而由此又轉置到政治事務。即便是在有固定層級秩序的嚴格官僚組織裡，從整體支持共同事業的角度來注意齒輪的運作，也比談論一般所說的服從上級有意義得多。如果我遵守這個國家的法令，我就是在支持它的體制，這情形對照革命份子和反叛者來看會更加凸顯，他們的不服從等於是撤回這種默許。

就這角度來看，獨裁統治下不參與公眾生活的人，就是在逃避那些要求服從以表示支持的地方，他們避開要負那種「責任」的地方，藉此表示拒絕支持。只要稍加思索便可知道，如果有足夠的人如此「不負責任」，拒絕支持，縱使沒有採取積極的抗拒或反叛，這些政府會有什麼後果，不論其形式為何，也就知道這可以是多麼有效的武器。這其實是我們這個世紀所發現的許多非暴力行動和反對形式當中的一種——譬如公民**不**服從的潛在力量。然而，之所以可以要求這些不曾出於自己的發動犯下任何罪行的新型罪犯，來對他們所做的事情負責，是因為在政治與道德事務方面沒有所謂的服從。服從這個詞，唯有一處可以適用於不是奴隸之成人，那便是宗教領域，在宗教裡，人說他們服從上帝的話或命令，因為上帝與人的關係，可以視同成人與小孩的關係。

因此，對那些參與者或服從命令的人所提出的問題，絕不應該是「你為什麼服從？」而是「你為什麼**支持**？」若知道「文字」對於人心會造成什麼奇特而有力的影響，知道人首先就是語言的動物，那麼這文字的改變並非語意上的枝微末節而已。如果能將這有害的「服從」字眼從吾人的道德和政治思想語彙中剔除，就會獲益良多。如果我們徹底思考這些事情，或許能重新拾回一些自信與驕傲，也就是拾回從前稱為人的尊嚴和榮譽的東西：也許不是人類的、而是作為人的地位所具有的尊嚴和榮譽。

一九六四年

# 第2章

## 若干道德哲學問題

## Some Questions of Moral Philosophy

### 一

過去幾週，我想，我們許多人的思緒都回到了溫斯頓·史班塞·邱吉爾身上，他是本世紀至今為止最偉大的政治家，在世時間極長，而他生命的高峰就出現在年屆高齡之時。這巧合，如果是巧合的話，幾乎如同他在其信念、著作、他偉大但不虛誇的演說風格中所展現的一切，和我們所認為的這個時代的不管什麼時代精神，都形成強烈對比。當我們思及他的偉大時，最令人動容的，或許就是這對比。他一直被稱為是個十八世紀的人物，被推到二十世紀來，好似他用往昔的美德，在最危急的關口接手了我們的命運，而我認為這一點本身是沒錯的。不過或許還不止於此。在世紀的轉換之中，好像人類精神某種永恆的巔峰閃現於短暫的歷史片刻，顯示出那構成偉大的特質，不論是高貴、尊嚴、堅定，或某種談笑風生的勇氣，基本上在任何時代都是一樣的。

但那麼老式，或者像我所暗示的，那麼超越時代風格的邱吉爾，絕對不是不曉得他所存活的時代中那些關鍵性的潮流或暗流。一九三〇年代，當人們對那個世紀會發生的醜惡荒謬還一無所知的時候，他就寫下了這段話：「我從小被教育而相信是永恆和重要的事情，幾乎沒有一件延續下來。而所有我確信，或被教導確信是不可能的事情，都發生了。」這些簡潔的文字啊，只在道出後的幾年間就完全應驗了，而我重提此話，是為了導入這些文字背後或文字下面始終隱藏的根本經驗。二十世紀之初依然被認為「永恆和重要」但卻沒有延續下去的許多東西當中，我想將注意力集中在道德議題，那些關係到個人作為和行為的道德議題，人們賴以分辨是非、評斷自己和他人、或拿來為自己和他人辯解的少數規則與標準；對於每個理智清明之人，這些規則與標準都應該是自明之理，不論那是神律或自然法則的一部分。應當說，直到這一切在沒有受到太多注意的情況下、幾乎一夕之間瓦解為止，然後，就像道德驀地以其原始意義顯露出來，是一套**習俗**（mores），習慣和風俗，可以幾乎不費吹灰之力就換過另一套，如同一個人或民族可以很容易改變餐桌禮儀一樣。我們用來稱這些東西的術語——源自拉丁文的「道德」（morality），以及源自希臘文的「倫理」（ethics）——突然變得好像從來就是一些常俗習慣而已，這是多麼奇怪而駭人啊。還有兩千五百年來，那存在於文學、哲學和宗教中的思想，竟然沒有產生其他的字眼，儘管有種種虛誇的言詞，種種關於良知存在的訓誨，而此一良知是用一模一樣的聲音對所有人說話。這到底是怎麼回事？我們終於從夢中轉醒過來了嗎？

當然，有些人早就知道，道德誡律為自明之理的假設是有問題的，就像「汝不應殺人」不會和「二加二等於四」有同樣的效力。尼采追尋「新價值」，當然清楚地表示：他的時代稱為「價值」、而過往時代更正確地稱之為「德行」的東西已然貶值。尼采所提出的唯一標準是生命本身（Life），而他之批判根本上屬於基督教的傳統德行，乃是由更為普遍的洞見所導引，即是：所有基督教倫理以及柏拉圖式倫理，所使用的評量標準，都不是衍生自這個世界，而是來自此世之外的東西——無論那是理型天空，在純然人間事務的黑暗洞穴頂上展開；或者那真正超越的彼岸，神意所定的來生。尼采自稱是道德主義者，毫無疑問他的確是；但是要將生命奠定為最高之善，如果考量的是倫理學，那便犯了循環論證的謬誤，因為所有的倫理觀，不論是基督教或非基督教的，都預設了生命對於生而有涯的人來說並不是最高之善，而生命中最關鍵的東西總是不止於個體生命的供養和繁衍。那關鍵點可能很不一樣；在前蘇格拉底時期的希臘，它可能是偉大和名望；羅馬人對德行的看法，可能是城市的永恆；它可能是此生心靈的健全或來世靈魂的救贖；它可能是自由或正義，或者更多這類的東西。

衍生出所有德行的這些東西或原則，只是人心改變時就能夠更換成其他價值的價值而已嗎？而它們會像尼采所暗示的那樣，在生命本身的最高主張面前全部拜倒嗎？當然，尼采不會知道人類整體的存在竟會因人類自己的行為而陷入危境，而在此邊緣狀況下，確實可以說，生命，即世界和人類的存活，成了至高之善。但這正意謂著，任何倫理或道德都不存在了。有一句古老的拉丁問句基本上就預見了這個思想：世界不存，正義焉附？(Fiat justitia, pereat mundus?) 而康德這麼回答：「若正義蕩然，人生於世就不再有意義了。」因此，現代世界宣告的唯一新的道德原則，結果並沒有主張「新價值」，而是否定了道德本身，雖然尼采對此當然無所知悉。尼采敢於指出道德已經變得多麼殘破而無意義，這是他永恆偉大之處。

邱吉爾的話是以陳述的形式道出，但以我們的後見之明，我們會輕易將這些話也解讀成是一種預警。不過如果它只是預警，我真的可以再舉出多到驚人的引句，最早可溯及十八世紀的最初三十年。不過現在的重點是，我們所面對的不再是預警，而是事實。

在一九三〇、四〇年代，我們——至少老一輩的人——見證過公眾與私人生活中所有既立之道德標準全盤崩潰，不只是在希特勒的德國（如現在一般所認定的），也在史達林統治的俄國。不過兩者的差別還是深具意義，值得一提。經常有人提到俄國革命造成社會的動亂和整個國家重塑，連納粹德國徹底的法西斯專制之後也無法相比，確實，在納粹專政之後，財產關係幾乎不受影響，也沒有消滅社會中原本的優勢團體。由此通常得出的結論是，第三帝國中所發生的一切源自其本質，而不只是源自於較不恆常、較不極端的歷史偶然。就嚴格的政治發展觀之，這也許對也許不對，不過確定的是，如果我們細看道德規範的議題，那就必然是錯誤。從嚴格的道德觀點來看，史達林所犯的罪，可以說是老式的；就像一般的罪犯，他從未承認犯罪，只是讓一切籠罩在虛偽和模糊言詞的雲霧之中，而他的追隨者則將之合理化為追求「善」的暫時手段，或者，如果他們心思比較複雜一點的話，就說那是歷史的法則，革命者必須順從，必要時更犧牲自己。再者，馬克思主義雖然大談「布爾喬亞道德」，但其中沒有宣示任何新的道德價值。列寧或托洛茨基作為專業革命家的代表，如果有任何特色的話，那就是，天真地相信一旦社會環境透過革命而改變，人類就會自動遵循那自開天闢地以來就為人所知並一再重複的道德規誡。

德國方面的發展極端得多了，或許也更發人深省。有精心建造的死亡工廠駭人聽聞，有為數可觀的人和滅絕計畫有所牽連，而且一點都不虛偽。同樣重要、但也許更令人驚恐的是，德國社會所有階層的人都理所當然地合作共謀，包括納粹沒有碰觸到的老一代菁英，而這群人也不曾認同掌權的政黨。如果根據事實來主張，就道德角度而言（而非從社會角度），納粹比史達林政權最糟糕的地方還要極端得多，我想這說法是可以成立的。納粹政權確實宣佈了一套新價值，並引入根據這套價值而設計的法律體系。結果更證明，沒有任何一個人需要被納粹所說服，才會去順從納粹；不必服膺納粹，也可在一夕之間完全忘記，不是忘記他的社會地位，而是忘記過去曾經伴隨著那社會地位的道德信念。

討論這些問題，特別是一般從道德角度譴責納粹罪行時，幾乎總是忽略，真正的道德議題不是由納粹的行為引起，而是那些只不過「協調」自己去配合、而不是因信念而行動的人。這不難看出、甚至不難理解，一個人怎麼會決定「作惡」，一旦有機會就顛倒十誡的教訓，從「汝應殺人」開始，最後一誡則成為：「汝應說謊」。我們都非常明瞭，每個社會皆不乏犯罪者，雖然大多數犯罪者的想像力非常有限，但得承認有些人的聰明才智可能不輸希特勒和他的若干親信。這些人之所作所為甚為恐怖，而他們如何先組織德國，繼而組織了納粹佔領的歐洲，這對政治學和政府形式的研究非常重要；但是這兩類研究都沒有提出任何道德問題。對於一般人而言——不是對於罪犯——道德規範崩潰成僅僅是一套習俗，一套容許任意改變的風俗、習慣、成規，只要道德標準為社會所接受，一般人作夢都不會想到去質疑他們被教導要相信的東西。而此事，也就是它所引起的問題，並沒有解決，如果我們承認（也必須承認），納粹教條並沒有留在德國人民身上，當「歷史」告知戰敗的那一刻，希特勒的犯罪式道德就再度變回原先的道德。因此我們必須說，我們見證到一種「道德」秩序的全面崩潰，不是一次，而是兩次，而這種突然回歸「正常」，和我們通常安然接受而不疑有他的情況相反，只會更增加我們的懷疑。

回想戰爭結束後這二十年，我感覺這個道德議題一直被擱置著，因為它被某種確實難以言喻、幾乎不可能處理的東西所掩蓋了，那就是赤裸裸荒謬殘暴的恐怖本身。第一次見識到的時候，對我和許多其他人來說，它似乎超越了所有道德範疇，因為它必定會破除所有司法的標準。你可以用不同的方式表達這點。過去我常說，這東西是不應該會發生的，因為人們將無法處罰它或原諒它。我們將無能與之和解、無能處理它，就像對於一切往事我們所必須做的一樣——無論是因為它不好而我們必須加以克服，或因為它好，我們無法讓它就這樣逝去。那段過往隨著歲月每況愈下，部分原因是，德國人這麼長時間以來都拒絕起訴存在於他們之間的謀殺者，但部分也因為這過往是沒有任何人可以「掌握」的。即使最具療癒力的時間，也失靈了。相反地，這過往隨著時間繼續惡化，有時候甚至讓人以為，只要我們還沒死，它就不會結束。無疑地，部分是由於艾登瑙政府的自滿，如此長的時間對那有名的「身處我們中間的謀殺者」完全無所作為，也沒有把參與希特勒政權當作某人不得任公職的理由，除非該人的參與涉及實際犯罪行為。不過，我認為這些只是部分的解釋：另外的事實是，這個過往已經變得任何人都「無法掌握」，不只是德國而已。於是文明的法律程序沒有能力以司法方式解決這問題，堅持假裝這種新型的謀殺者和一般的謀殺者沒什麼兩樣，兩者的行為出於同樣的動機，這便是上述狀態的一個結果，雖然從長遠來看也是最致命的結果。我不會在此談論這個問題，這裡要處理的是道德議題，而不是法律議題。我想指出的是，同樣這種難以言喻的恐怖，這種拒絕對不可思議的事物進行思考，或許阻擋了一個非常必要的過程，即對法律範疇的重新評估；它使我們忘記了嚴格道德的教訓——我們希望是比較容易處理的教訓——這些教訓和整件事密切相關，但若和前述的恐怖比較，卻顯得像無害的附帶議題。

不幸的是，這樁艱鉅工作所面對的阻礙，還有一個面向必須考慮。由於人們覺得，與令他們窒息、無言以對的東西共存並不容易，這確實也是如此，於是人經常會屈服於一種明顯的誘惑，也就是將這種無言以對的東西轉譯成隨手可得的情感，而這類表達都不適切。其結果是，在今天，整個故事通常都是用情緒化的言詞被道出，言詞本身甚至不必很廉價，就足以將故事煽動起來，而把它變得廉價。例外的情形少之又少，而這種例子大多不被承認，或不為人知。今天在討論事情時，整個氣氛都充滿激情，水準通常不是很高，而任誰提出這些問題，就必須有心理準備會被拉下來，拉到一個完全無法嚴肅討論任何問題的地步。不論如何，我們必須牢記一個區別，一邊是難以言喻的恐怖，除了可直接傳達的部分以外，其他無從得知；另一邊是不恐怖、但常常令人厭惡的經驗，在這裡，人們的行為公開受一般的判斷，而道德與倫理的問題也會出現。

我說過道德議題相當長的時間都被擱置著，表示最近幾年這議題開始浮現。是什麼讓它浮現？就我來看，幾件彼此關聯的事情逐漸在累積。首先，也最重要的，是戰後對所謂戰犯的審判。這裡的關鍵就是法院訴訟程序，迫使每個人（甚至政治學者）從道德的觀點去看這些事情。我想，大家都知道，沒有任何職業的人比法界人士更審慎、懷疑地看待道德標準了，甚至對司法標準亦然。現代社會科學與心理學當然也助長了這種普遍的懷疑。然而，刑事案件從控告—辯護—判決的過程，存在於各式各樣的法律系統中，其久遠一如有文字記載的歷史；這法院訴訟程序不容顧慮和懷疑——當然，不是說它可以平息顧慮或懷疑，而是說這個體制一方面是建立在個人內疚與責任的假設上，另一方面是在於相信良知的運作。法律和道德議題絕對不一樣，但是有一個共通點：它們都是針對人，而不是系統或組織。

不可否認地，司法系統的偉大之處在於它必須將焦點放在單獨的個人，即使群眾社會的年代，每個人都很容易將自己看作只是某個機器中的一個齒輪——不論這機器是運作順暢的社會、政治或專業的巨大官僚機器；或是我們一生多少在其中打轉的、混亂的、調校不良的、隨機形成的環境。現代社會常常出現的幾乎是自動的責任移轉，一進到法庭就戛然而止了。各種本質抽象而非特定的合理化說辭——從時代精神一直到伊底帕斯情結，告訴你你不是人而是某個功能、是可以替換的某物而不是某人——它們都瓦解了。不論該時代主流科學怎麼說，不論這些說法如何滲透到輿論、也影響司法從業人員，司法制度本身是抗拒它們的，也必須抗拒，否則的話它就蕩然無存了。當你身為個人的時候，系統是如何運作的問題就不再提出，問題變成：被告如何變成這組織中的一員？[1]

這當然不是否認政治與社會科學在了解極權政府運作方面有其重要性，它們要去探討官僚體制的本質，認識到這體制不可避免會趨向於將一個人變成公務執行者，變成行政機器當中的一個齒輪，也就是將人去人性化。重點是，唯有當這些元素構成了一個有血有肉的人在行動時的某些外在情節，也許是可以使他獲得減刑的情節，這時審判工作才能去考慮這些元素。在完美的官僚體系裡——就統治權而言，這是無人之治（rule by nobody）——法院訴訟程序是多餘的，只要汰換不合適的齒輪，用比較合適的齒輪來代替即可。希特勒說他希望有一天，從事法律工作在德國會被視為恥辱，他的說法完全呼應他建立一個完美官僚體系的夢想。

前面我談到，無可言喻的恐怖是面對整個體系時會有的正當反應，但在法院訴訟程序的控告、辯護、判決的層層論述中，無言的恐怖消解了。這些訴訟程序之所以特別會喚醒道德問題——在一般犯罪者的審判中卻不會如此——顯而易見；這些人不是一般的犯罪者，而是相當平凡的一般人，他們在可有可無的心態下犯了罪，只不過因為做了別人叫他們做的事情。其中也有一般的犯罪者，在納粹體制下他們可以為所欲為而不受懲罰；不過，雖然這些虐待狂和變態者成為審判中引人注目的焦點，他們卻不是我們要討論的對象。

我想可以指出，這些審判導致對於某些人所需承擔的罪責有比較廣泛的探討，那些人不屬於任何罪犯類別，但在體制中發揮了其應有功能；或者他們有能力發聲，卻只是保持沉默，容忍事情的發生。諸位還記得侯胡特對教宗庇護十二世的指控，以及我本人關於艾希曼審判的書，所引發的抗議聲浪。如果我們不管直接利益團體的聲音——梵蒂岡或猶太人組織——這些「爭議」最鮮明的特徵就是對於嚴格道德問題的莫大

1 鄂注：道德問題中**個體**的行為是重點所在，來到法院訴訟程序時，問題不再是：這個體是大齒輪還是小齒輪？而是，他究竟為何同意成為當中的一個齒輪？他的良知怎麼了？為何沒有作用，或者往相反的方向運作？為什麼戰後的德國找不到一個納粹？為什麼只因為戰敗，就有了第二次的翻轉？（漢娜．鄂蘭，〈基本道德命題〉）

興趣。但比這興趣更驚人的，或許是這些辯論所透露的不可思議的道德混淆，以及一種奇特的傾向，也就是都選擇站在被控犯罪者這一邊，不論這嫌犯當時是什麼身分。眾人異口同聲向我保證，「我們每個人內心裡都有一個艾希曼」，如同眾人異口同聲告訴侯胡特：有罪的不是教宗庇護十二世——他畢竟只是一個人、一個教宗——有罪的是整個基督教世界，甚至人類整體。整個情況經常給人的感覺，甚至有人就明說了，真正的嫌犯是像侯胡特或者我本人這樣膽敢評斷、審判他人的人；他們認為若不曾在同樣處境，就沒有資格審判他人，因為難保自己身陷同樣處境時不會做出像其他所有人做過的事情。這些立場竟恰好符合艾希曼自己對於這些事情的觀點。

換言之，雖然道德議題受到熱烈辯論，卻同時也以同樣的熱情被規避掉了。這並非因為討論到某些特定議題，而是似乎只要討論道德題目時就會發生，這裡指的不是概括討論，而是具體案例的討論。我想起幾年前的一個偶發事件，是關於一個著名的益智問答節目在電視上作弊的事。漢斯．莫根索在《紐約時報雜誌》的一篇文章（Hans Morgenthau, "Reaction to the Van Doren Reaction," *New York Times Magazine*, November 22, 1959）指出顯而易見的事情——騙錢是不對的，在智識問題上作弊是錯上加錯，而如果是一個老師這樣做，又罪加一等。此說引發眾怒，他們說這樣的評斷違反基督徒的慈悲心，而且不能期待任何人，除非他是聖人，抗拒這麼大一筆金錢的誘惑。這種說法不是出於憤世嫉俗的心態，為了諷刺庸俗之人的假正經，也不是要發虛無之論。沒有人說，騙人很好玩，美德很無聊，有道德的人惹人厭——而三、四十年前大家都這麼說的，至少在歐洲。也沒有人說電視益智節目不對，六萬四千美元的問題幾乎是引誘人來要詐行騙，也沒有人起來捍衛學問的尊嚴，批評大學沒有阻止其成員從事這種顯然不符合專業的行為，即使沒有發生詐欺也一樣。從眾多回應該篇文章的來信，可以很清楚看到，一般大眾，包括許多學生，都認為應該同聲譴責的只有一人：那就是評斷他人的那人，而不是做錯事的人，不是一個體制，也不是社會整體或是媒體。

現在容我，就我所見，簡短列舉這個事實情境所搬上檯面的議題。第一個結論，我想，是再也沒有一個心智正常的人可以宣稱道德行為是理所當然——如我所屬的世代是在「道德是自明的」這個假設中被教養長大的。這假設包含對合法性和道德的明確區分，雖然存在一個模糊、未言明的共識，即國家的法律大致而言詳細說明了道德律所可能要求的一切事物，然而若兩者衝突時，道德律是較高的法則，必須首先被遵守，對此一般並沒有太大疑慮。這種說法之所以有道理，必是我們談到人類良知時心裡通常想到的那些現象，對我們而言是理所當然。一般認為，不論道德知識的源頭可能為何——不論是神的誡律或人類理性——每個心智正常的人內心都會有一個聲音，告訴他何是何非，不論該國法律如何，也不論其國人言論為何。康德曾提到，可能會有一個困難：「常年與惡徒相處，而且不認識其他人的人，無法有德性的觀念。」不過他的意思最多只是，在這些事情上，人的心靈受到身教所影響。他片刻也不會懷疑，只要看見德性的榜樣，人類理性就會知道什麼是對的，而相反的就是錯的。當然，康德相信自己已道出人類心靈在必須分辨是非時所運用的公式。他稱這公式為定言令式；但是他並沒有妄想自己做了道德哲學上的大發現，因為那表示在他之前沒有人知道何是何非——這觀念顯然錯誤。他將他的公式（對此，在未來幾講還會談得更多）比喻為「羅盤」，有了這東西，人們比較容易「分辨何者為善，何者為惡……不需教導一般理性什麼新東西，我們只需要用蘇格拉底的方式，引它注意自己已保有的原則，因此顯示人既不需科學也不需哲學，才會知道應該怎麼做才算誠實、才是善。……（的確，）每個人應該做什麼、又應該知道什麼，關於此事的知識人人皆可得，即使是最普通的凡人。」[2]如果有人問過康德，這人人皆可得的知識位於何處，他會回答是在人類心智（mind）的理性結構中，而當然，其他人會說那知識位在人類內心（heart）。康德不會視為理所當然的是，人類也會按照自己的判斷而行動。人不只是理性的存在，也屬於感官的大千世界，它會引誘人向個人的天生傾向屈服，而不是遵從理性或內心。因此道德行為不是當然之事，但道德知識，關於對錯的知識，是當然的。因為傾向和誘惑是根植於人的本性——雖然不是根植在人類理性——所以康德稱人容易因為循著天生傾向而為非作歹的這種情形是「根本之惡」（radical evil）。他或者其他道德哲學家，事實上都不相信人會因為惡本身的緣故而求惡；所有的逾矩行為，康德都解釋成是人受誘惑而為的例外之舉，而相對於這個例外的規律，他若不逾矩，是會把那規律視為正當的——所以，小偷也承認財產的法律，甚至希望受到這種法律的保護，他之所以暫時做出例外的事情，是為了有利於自己。

沒有人想要傷天害理，而那些悖德的人，落入了一種absurdum morale，道德的荒謬性。作惡的人事實上是和他自己、和他的理性相互矛盾了，因此，用康德的話說，他必須藐視自己。顯然，這種自我蔑視的恐懼不足以保證合法性；但只要你身在一個守法的公民社會，就多少假定了自我蔑視會是有用的。康德當然知道自我蔑視，或者說對於必須鄙視自己的恐懼，經常起不了作用，而他對此的解釋是，人可能對自己說謊。因此他一再宣告人性中真正的「痛處或缺陷」是撒謊，是扯謊的能力。[3]乍聽之下，這陳述很令人吃驚，因為我們所有的倫理或宗教規範都沒有包含這樣一條誡律：「汝不應說謊」

2 柯注：Immanuel Kant, *Foundation of the Metaphysics of Morals*, trans. Lewis White Beck, Library of Liberal Arts (Indianapolis: Bobbs-Merrill, 1959), 20。

3 柯注：Immanuel Kant, *Die Religion innerhalb der Grenzen der blossen Vernunft*, in Immanuel Kant's *Sämtliche Werke*, ed. G. Herrenstein, vol.6 (Leipzig: Leopold Voss, 1868), 132–133。

（只有索羅亞斯德[4]是例外）——這和一般的考慮相當不同，因為不只我們，可以說所有文明國家的規範，都將殺人視為人類罪行之首。很奇怪的是，杜思妥也夫斯基似乎和康德的看法一致——當然是不自知的。在《卡拉瑪助夫兄弟們》裡，狄米崔問史塔洛夫：「我要怎麼做才能獲得救贖？」史塔洛夫回答：「最重要的是，絕對不要對自己說謊。」

在這個概要而初步的討論中，我沒有提到所有屬於宗教的道德規誡和信念，不是我認為它們不重要（完全相反才是），而是因為在道德規範崩解的時刻，它們幾乎沒有任何作用。顯然再也沒有任何人會害怕神發威報復，或者更具體地說，沒有人會害怕死後可能遭到什麼懲罰。就如尼采曾說的：「當具有約束力的上帝不見了，道德還會續存，多麼天真的想法！道德的信念若要維繫，一個超越的『彼方』是絕對必要的。」[5]當罪行變成國家政權要求的東西，教會也不曾想到這樣威脅其信徒。在教會及各個領域中少數拒絕犯罪的人，並沒有以宗教信仰或恐懼為理由——即使他們恰好是信徒——而只是像其他人一樣，說他們本身無法為這種行為負擔責任。聽起來很奇特，確實也和戰後教會無數虔誠的宣言牴觸，特別是各方一再告誡，說除了回歸宗教，沒有任何東西可以拯救我們。但這是事實，同時也顯示，如果宗教不只是社會事務，它確實已經變成私人事務中最私密的部分了。因為我們當然無法得知這些人內心的想法，他們是不是害怕被打入萬劫不復的地獄等等。我們只知道，幾乎沒有一個人認為這些古老的信仰可以用作公開辯解的理由。

然而，我為什麼不談宗教，卻指出康德在這些問題上的重要性，還有另外一個原因。無論在哪裡，只要是宗教，特別是希伯來—基督教這樣的啟示宗教，成為人類行為的有效標準，也是判斷人類行為之有效判準，那裡就沒有道德哲學的位置。這當然不是說我們唯有在宗教脈絡下才認識的某些教義，對於道德哲學就沒有重大的意義。如果我們回顧在基督宗教架構中發展出來的傳統的前現代哲學，馬上就會發現，哲學之下並沒有道德這個分支。中世紀哲學分為宇宙論、存有論、心理學和理性神學——亦即，關於自然和宇宙的學說、關於存有（Being）的學說、關於人類心靈和靈魂的學說，以及關於上帝存在的理性論證。如果討論到「倫理」問題，特別是多瑪斯．阿奎納，便是以一種古老的方式來討論，把倫理學視為政治哲學的一部分——而人的行為便是公民的行為。我們在亞里斯多德那裡看到兩篇專論，合起來他自己稱為人事哲學（philosophy of things human）：一是《尼科馬克倫理學》，一是《政治學》。前者討論公民，後

4 譯注：Zoroaster，西元前六世紀的波斯預言家。

5 柯注：Friedrich Nietzsche, *Werke in Drei Bänden*, vol.3 (München: Carl Hanser Verlag, 1956), 484。華特．考夫曼的英譯文為："Naivete: as if morality could survive when the God who sanctions it is missing. The 'beyond' absolutely necessary if faith in morality is to be maintained." *Will to Power*, no. 253, trans. Walter Kaufman (New York: Random House, 1967), 147。

者討論公民制度；前者先於後者，因為公民的「至善生活」是城邦（polis）即城市體制存在的理由。亞里斯多德的目的是找出最好的體制，至善生活的專論《尼科馬克倫理學》最後部分則為論政治的專書提挈大綱。阿奎納既是亞里斯多德忠實的信徒，也是一名基督徒，但他最後總是會和他的老師意見相左，而差異最明顯之處莫過於，阿奎納認為每個過錯或罪愆，都違反神意理性指定給自然的法則。當然，亞里斯多德也知道神，那對他而言是不滅的、不朽的，他也認為人，由於最終難免一死，其最高德行就在於儘量追隨在神之側。但是沒有所謂的規定、命令，可以遵守或違抗。整個問題圍繞著「至善生活」，哪種生活方式對人最好，這顯然是有待人去發現和判斷的事情。

城邦傾頹之後的古代後期，各種哲學學派，特別是斯多噶學派和伊比鳩魯學派，不只發展出一種道德哲學，他們也有一種傾向，將所有哲學都轉化成道德教義，至少在羅馬晚期的說法中如此。對於至善生活的追求依然不變：我如何在此生此世中達到最大的幸福？只不過這個問題現已從一切政治意涵分離出來，而由私人身份所提出。其所有的文獻都充滿智慧的建議，但在此，如同在亞里斯多德那裡，找不到像宗教教義那種終極而言超越論證的真正命令。即使阿奎納這個將基督教理性化的最重要人物，也必須承認，為什麼某個具體規定是對的，某個具體命令必須被遵守，它們最終的理由在於，其起源是神。因為上帝這麼說。

只有在**啟示**宗教的架構中，這才可能是終結的答案；在此架構之外，我們只能提出一個問題，就我所知，蘇格拉底是第一個提出這問題的人，在柏拉圖的《尤西弗羅》中，蘇格拉底希望知道：「是因為虔誠所以神愛，還是因為神愛，所以是虔誠的？」換言之，神愛善性，因為它是善的，還是因為神愛之，所以我們稱之為善？蘇格拉底留給我們這個問題，而無疑地，信徒會說區分善惡原則的，是其神性起源——它們符合上帝授予自然及人的法則，而人是上帝造物的極致。由於人是上帝所創造，上帝所「愛」者，對人而言必然也是善的，而在此意義上，阿奎納確實也說過——有如回答蘇格拉底之問——上帝要求善，因那是善的——不同於鄧斯．司各脫[6]，認為善之為善，因為上帝命令之。但即使在這最理性化的形式中，對人來說，善的**義務性**還是由於其為上帝的命令。由此產生一個非常重要的原則，即在宗教上，但不是在道德上，罪主要被理解為不服從。在所有嚴格宗教傳統中，沒有任何地方可以找到像康德對蘇格拉底問題所提出的答案，明確而根本：「我們不會因為某行動是上帝的命令，就將之視為義務，而會因為我們內心感覺這行動是義務，而將之視為神的命令。」[7]只有從宗教

6 譯注：John Duns Scotus（一二六五—一三〇八），蘇格蘭經院哲學家暨神學家。

7 柯注：Immanuel Kant, *Critique of Pure Reason*, trans. Norman Kemp Smith (New York: St. Martin's Press, 1965), A819, 644。

命令中解放，用康德自己在《倫理講課》中所用的文字：「我們自己就是啟示的判斷者……」，也就是當道德是指嚴格的人類事務時，我們才能談論道德哲學。[8]即使康德證明了我們對這些事情無法有所認識，他在其理論哲學中仍然非常注意要向宗教敞開大門；同樣這個康德，在他的實踐或道德哲學中也很注意要阻擋所有引領我們回到宗教的通道。「上帝造物的意思，不是他創造了三角形有三個角這個事實」，同樣道理，「即使上帝也不可能是道德（法則）的創造者。」（《倫理講課》52）古代之後，如此意義明確的道德哲學就已不再存在，一直到康德。這裡你可能會想到史賓諾莎，他稱《倫理學》是他的主要著作，但是史賓諾莎此作開宗明義的章節就題名〈論上帝〉，而其後所有皆從這第一部分衍生。康德之後道德哲學是否存在，至少是一個開放的問題。

就我們至今所知，道德行為主要似乎有賴於人和自己的交流。他必不能為了個人的好處而讓自己成為例外，進而和自我產生矛盾，他不能將自己放在會令他鄙視自己的位置。從道德角度而言，這應該就足以使他不只能夠分辨是非，也能夠行正而不妄為。康德以偉大哲學家的標記，即貫徹一致的思考，因而把人對自己的責任放在對他人的責任之前——這一定很令人驚訝，因為它和我們通常對道德行為的認知有著奇怪的矛盾。這事當然不是關於他人，而是關於自我，無關溫順，而是關於人的尊嚴，甚至人類自尊。標準既不是某個鄰人的愛，也不是自愛，而是自我敬重。

這在康德《實踐理性批判》中一段著名的文字裡，表達得最清楚而優美：「有兩樣東西，我們愈經常而穩定地加以思考，愈令吾心充滿常新而日增的傾慕與崇敬：在我們頂上的星斗滿天，以及我們心中的道德法則。」有人可能會斷言，這「兩樣東西」位於同樣的層次，並以同樣的方式影響人心。其實應該相反。康德繼續說道：「前者無盡多個世界的觀點，可以說消滅了我作為一個動物性造物的重要性。……相反地，後者無盡地提高我的價值，因我的人格而具有的智慧體的價值，在其中，道德法則揭顯了一個獨立於所有動物性、甚至整個感官世界的生命。」[9]因此，拯救我免於滅亡、免於變成無盡宇宙中「一顆微粒」的，正是這個可以使自己與之對抗的「不可見的自我」。我強調這個自尊的元素，不只因為它和基督教倫理格格不入，更因為，我覺得失去對自尊的感受，最明顯是表現在那些今天討論這些問題的人身上，他們大多數甚至不知道如何訴求於基督教謙卑的美德。但這並非否認，在對自我的道德關懷這方面依然存在一個關鍵問題。這個問題的困難程度，或許可以透過以下的事實來衡量：宗教命令

8 柯注：Immanuel Kant, *Lectures on Ethics*, trans. Lewis Infield, with foreword by Lewis White Beck (Indianapolis: Hackett Publishing Company, 1963), 51。

9 柯注：Immanuel Kant, *Critique of Practical Reason*, trans. Lewis White Beck, Library of Liberal Arts, (Indianapolis: Bobbs-Merrill, 1956), 166。

如果沒有轉向自我，以自我作為最終的標準，同樣無法形構出它的普遍道德規令——比如「愛你的鄰人，如同愛你自己」，或「己所不欲，勿施於人。」

其次，道德行為和遵守由外加諸的法毫無關係——不論上帝的法或人訂的法律。以康德的語彙來說，這是合法性與道德的區別。合法性在道德方面是中立的：它在體制化的宗教和政治中有其地位，但在道德當中卻沒有。政治秩序不要求道德完善，只要求守法的公民，而教會總是罪人的教會。這些秩序屬於特定社群，我們必須將之與道德秩序區隔開來，道德秩序約束著所有人——甚至所有理性存有。用康德的話來說：「組織一個國家必須面對的問題，不論有多困難，都可以解決，即便對一群魔鬼來說也是如此，如果他們的智力夠的話。」[10]類似的道理，有人說過魔鬼也可成為好的神學家。在政治秩序和宗教架構中，服從或許有其地位；在體制化的宗教裡，未來懲罰所帶來的威脅迫使人服從，同樣地，法律秩序的存在也是由於有制裁。不能懲罰的，就是被允許的。然而如果我可以說是服從定言令式，就意味著我服從自己的理性，而我求諸己的律則，對於所有理性動物、所有知性存有（intelligible being）來說，都是有效的，不論他們居在何處。如果不想自我矛盾，我的行為就要使得這行為的準則能成為普世性的法則。我就是立法者，罪（sin）或犯罪（crime）再也不能定義為不服從他人律法，相反地，要定義為拒絕盡我的職責，做世界的立法者。

康德學說這個叛逆的面向，通常會被忽視，因為他是以令式的方式，而不是在命題中做出定義的方式，來談論他提出的普遍公式——道德行為乃訂定普世有效法則的行為。康德學理中這項自我誤解，主要原因在於西方思想傳統中，「法」一字的意思非常模稜兩可。當康德談到道德法則的時候，他對這個字的用法和政治上的用法一致，在政治用法中，一地的法律被認為對所有居民有強制性，也就是他們必須服從。特別挑出服從一項，是因為我對於一地之法律的態度，又是源於該詞在宗教用法中經歷的轉化，宗教的用法中，上帝的法事實上是以命令的形式對人發話：「汝應——」如我們所見，這義務並非因法的內容，也非因人針對它可能的同意，而是因上帝如此告訴我們。這裡只有服從才重要。

「法」一字除了有這兩個彼此關聯的意義之外，現在還得加上一個非常重要、也非常殊異的用法，這用法將自然與法的概念結合。可以說，自然法則也是義務性的：我死，是循著自然法則，但是不能說我服從它，除非是隱喻的說法。因此康德區分了「自然律」和道德的「自由律」(laws of freedom)，後者沒有必然性（necessity），只是一種義務。

10 柯注：Immanuel Kant, "Perpetual Peace," in *On History*, ed. Lewis White Beck, Library of Liberal Arts, (Indianapolis: Bobbs-Merrill, 1963), 112。

但如果我們所理解的法，若非必須服從的命令，就是不論如何我都受其限制的自然之必然性，那麼，「自由律」就是個自相矛盾的詞。我們未察覺此中的矛盾，那是因為即使在吾人的用法裡，還是存在更古老的意涵，來自古希臘和羅馬時期，不論這意涵內容為何，都和誡律及服從或必然性沒有任何關係。

康德對於定言令式的定義，是將之與假言令式相對立。後者告訴我們，如果要達成某個目標，應該怎麼做；它指示達成某個目的的手段。實際上根本不是道德意義上的命令。定言令式告訴我們要做什麼，但不指涉其他目的。這區別完全不是由道德現象衍生，而是取自康德在《純粹理性批判》中對於特定命題的分析，在判斷表（table of judgments）中你會發現有定言命題和假言命題（還有選言命題）。定言命題可能是像這樣：這東西很重；與之相應的假言命題則是：如果我要抬起這東西，我會被壓得站不穩。在《實踐理性批判》中，康德將這些命題變成令式，以此賦予它們義務性。雖然內容是由理性所衍生——而理性或許有強迫力，但從未以命令的方式強迫（沒有人會告訴你：「汝應說：二加二等於四」）——之所以感覺必須用命令形式，那是因為在這裡，理性命題向意志（Will）發言。用康德自己的話來說：「客觀原則的概念構成，只要它約束著意志，就是一個（理性的）號令，而這號令的公式稱為**令式**。」（《道德形上學的基礎》30）

那麼理性對意志發號施令嗎？如果是這樣，意志就不再是自由的，而是受理性指揮。理性只會告訴意志：這是善的，是符合理性的；如果你想達於善，就必須準此而行。這在康德的語彙中是一種假言令式，或者根本不是令式。當我們聽到「意志就是實踐理性」，以及「理性毫無疑誤地決定著意志」這種說法時，我們心中的困惑並不會比較少，那使得我們必須推斷，是理性在自做決定，或者，就是像康德說的：「意志是一種選擇的能力，只選擇理性……認定是……善的部分。」(《道德形上學的基礎》29）由此可得，意志不過是理性的執行機關，人類能力的執行部門，這個結論卻和我所引用的這部作品，《道德形上學的基礎》，開宗明義的第一句話公然牴觸：「在世界之內——甚至根本在這世界之外——我們無法設想有任何事物，可不加限定就視之為善，除了一種**善的意志**（good will）以外。」(《道德形上學的基礎》9）

我將諸位引到這令人困惑的狀態，困惑有部分是出自於人類意志能力內在本有的令人費解的狀態，古代哲學對此能力一無所知，在保羅與奧古斯丁之前，也沒有人發現其中發人敬畏的複雜性。稍後我還會回到這個題目，在此我只希望各位注意康德所感受到的一種必要，必須為其理性命題賦予強制義務性；不同於意志的複雜性，使道德命題變成強制義務的問題，從蘇格拉底開始就糾纏著道德哲學。當蘇格拉底說，寧受不義而不作惡，他稱自己的陳述乃一出於理性的陳述（statement of reason），此後這項陳述一直苦於無法證明。若要論證其有效性，就得踏出理性論證的論述之外。在康德那裡，如同所有古代之後的哲學，還多了一項難題，那就是如何說服意志去接受理性的號令。若撇開這矛盾不談，只討論康德所說的意思，那麼顯然他所認為的「善的意志」，是一種當有人告訴你「汝應如何」的時候會回答「是的，我將如何」的意志。為了描述兩種人類能力——兩者顯然不同，也顯然其中一者不會自動地決定另一者——彼此之間的關係，他引入了令式的形式，也帶回服從的概念，可以說是從後門帶進來的。[11]

最後，還有一項最令人困惑之處，方才只稍微提到，也就是對人類惡之底性的迴避、閃躲，或辯解。如果（有別於宗教思想傳統的）道德哲學的傳統，從蘇格拉底到康德再到今天，在某一點上是相符的，那就是，人是不可能故意作惡，或為了惡本身的緣故而求惡。誠然，人類之惡既古老又罄竹難書，貪、懶（儘管只是小惡）一定名列其中，但是虐待狂——使人痛苦，而凝思他人所受的苦難就感到快樂——這一項卻很奇怪地不在惡之列；那是一種有理由稱為萬惡之首的惡行，無數世紀以來，我們對它的認識都只來自春宮文學和變態者的繪畫。虐待狂一直都很常見，但通常只限於床笫之間，也很少會鬧上公堂。即使聖經，其中找得到人類所有的缺陷，卻獨獨對於此事保持緘默，至少就我所知是如此；也許這就是為什麼德爾圖良[12]以及多瑪斯・阿奎納，懷著一片純良之心——他們是啊——將冥想地獄中的痛苦列入可以期待在天堂中獲得的快樂之一。第一個真正對此感到憤慨的哲學家是尼采（見《道德系譜學》I.15）。阿奎納也對這項來世的喜悅加以限定：聖人覺得歡喜的不是苦難本身，而是苦難證明了神的公正。

但這些只是惡行（vices），而宗教思想不同於哲學思想，告訴我們的是原罪以及人性的墮落。但即使在宗教思想裡，故意作惡的情事也不曾聽聞：該隱前去謀殺亞伯的時候，他並不想成為該隱，而即使加略人猶大也是自縊身亡，他是凡人之罪的第一惡例。從宗教的（不是道德的）角度來說，他們都應該被原諒，因為他們不知道自己在做什麼。此原則的一個例外，出現在拿撒勒的耶穌的教誨，他宣講要原諒所有可以用種種人的

11 鄂注：在康德那裡，有所謂義務衍生自何處的問題：它不可能衍生自某種在人之外的超驗事物，即使我們不冀望這世界可以被理解，所有道德義務還是可能變成腦中幻影（Hirngespinste）。（因為道德義務只有在人之內才感覺得到，而就其客觀有效性而言，即連惡魔或極惡之人都可能據此而行動。道德義務是正確的理性所下的命令。）一個超驗的源頭會剝奪人的自主性，他只追尋自己內在的法則，那會賦予他尊嚴。因此，義務可能是個「空洞的概念」，因為對於這樣的問題：「我為什麼要盡我的義務？」只有一個答案：「因為那是我的義務。」而「如果不這麼做，我將與自己相衝突」的預設在康德處沒有相同的論證力道，因為理性不同於思考，而思考不被理解為是我與自我的交流。康德的強制義務來自理性的命令，dictamen rationis。而這命令如同其他邏輯真項（rational truth）是無可辯駁的，就像數學之真，總是被拿來當作範例。（〈基本道德命題〉）

12 譯注：Paul Terrullian（一〇六—一二二〇），迦太基基督教神學家，後與天主教會決裂，自創教派。以拉丁語寫作，使拉丁語成為教會語言及西方基督教傳播的工具。

弱點加以辯解的罪，所謂人的弱點，從教義角度來說，也就是原罪造成的人性的墮落。但愛罪人以及逾矩者的這個偉人，在同樣的脈絡下卻曾提到，有犯下罪孽（skandala）的人，「在他脖頸掛上磨石，令他沉入海裡，對他會比較好。」最好他根本不曾出生。但耶穌沒有告訴我們，這些罪孽的性質為何：我們感覺他話中的真實，但無法說得具體。

如果我們轉向文學去探查，可能會覺得好一點，去看莎士比亞、梅爾維爾或杜思妥也夫斯基作品中所描述的大惡人。他們或許也不能具體告訴我們惡的本質，但至少他們沒有迴避。我們知道，甚至幾乎可以看到，這本性如何日夜糾纏他們的心，他們又是多麼了解人之悖德的可能性。不過我懷疑這對我們會有多大幫助。罪大惡極之人，莎士比亞中的埃古（不是馬克白或理查三世）、梅爾維爾《比利．巴德》當中的克萊加，以及杜思妥也夫斯基中處處可見的人物，他們總是心懷絕望之情，以及伴隨絕望的嫉妒。齊克果已經明白地告訴我們，所有根本之惡都來自絕望的深淵——從彌爾頓的撒旦到許多其他人，都可以得知這點。聽起來非常有說服力，也可信，因為我們知道或學到，魔鬼不只是惡魔（diabolos），作偽證的毀謗者，或撒旦，誘人墮落的魔鬼，也是帶著光的使者路塞佛（Lucifer），一個墮落的天使。換言之，我們不需要黑格爾和正反合過程中的否定的力量，才能結合最好的和最壞的。真正的惡人，總帶有某種高貴，這當然不是指那些在賭博中撒謊要詐的小流氓。克萊加和埃古的行為是出於嫉妒，妒忌那些他們知道比自己好的人；他們妒忌的對象，是摩爾人有如上帝賦予的單純高貴，甚至是一個位階低下的船員那更為簡單的純潔與天真，即使克萊加的社會地位和專業能力明顯勝過他。我不懷疑齊克果或文學當中所呈現的對於惡人的心理洞察力。但是，在這因絕望而生的嫉妒中仍有某種高貴，是完全不見於真實情況的，不是很明顯嗎？根據尼采，鄙視自己的人，至少會尊敬他內心當中鄙視自己的那個人！但真正的惡在我們心中引發的恐怖是無可言喻的，我們無言以對，只道：這絕對不可能發生啊。

## 二

針對這裡所討論的問題，我們所用的字詞，「倫理」和「道德」，所意謂的遠多於語源學上該詞本有的意思。我們所討論的不是風俗或習慣，嚴格來說也不是德行，因為德行是訓練或教養的結果。我們處理的，是碰觸過這個議題的所有哲學家所提出的主張，首先，是非有別，而那是絕對的區分，不同於大小、輕重只是相對的區別；其次，每個頭腦清醒的人都有能力分判對錯。由此假設似乎可得知，道德哲學中不可能有新發現——對與錯總是大家都已經知道的。我們很訝異這整個哲學的分支從來沒有取得一個新的名稱，以指稱它真正的本質，因為我們都同意所有道德哲學的基本假設——

那便是寧受不義而不作惡，以及對一個神智正常的人來說這是毋庸置疑——並沒有通過時間的考驗。相反地，我們的經驗似乎證實了，這些事物的原本名稱，在某種意義上可能比哲學家原本所想的還適當，它們不過是風俗、習慣、慣常做法而已。[13]不過，我們還不準備因此緣故而將道德哲學扔出窗外。因為我們就是拿哲學思想與宗教思想在這問題上面一致的部分，去衡量如我們所使用之文字的語源，以及我們自己的經驗那麼沉重的東西。

應當總括所有具體訓令與規誡的少數道德命題，如「愛你的鄰人，如同愛你自己」、「己所不欲，勿施於人」，以及最後，康德著名的公式：「一舉一動，必須有如你的行為可能變成所有知性存有的普遍法則那般」，這些都從自我（Self）以及人與自我的交往取得其標準。在此，不論是希伯來—基督教訓令所說的自愛，或如康德所說對於自我鄙視的恐懼，都不是重點。我們會對此感到訝異，主要是因為道德畢竟應該要規範人之於他人的行為，如果我們談善或想到歷史上其他的善人——耶穌、聖方濟等等——我們可能會稱讚他們的無私，如同我們通常將人的悖德等同於某種自私、自我中心等等。

這裡再次重複，語言偏向自我這邊，如同它偏向所有相信道德問題不過是風俗習慣的問題的人。在所有語言當中，良知（conscience）原本的意思都不是了解與判斷對錯的能力，而是指現在我們都稱為意識（consciousness）的東西，也就是我們賴以認識自我、覺察自我的一種能力。拉丁文和希臘文中，表示意識的字也用來指稱良知；在法文裡，conscience這個字還是用來指這兩者，有著認知與道德方面的意義；在英文裡，conscience是最近才取得其特殊的道德涵義。我們想到刻在阿波羅神殿上的古老神諭，gnothi sauton，「認識你自己」，連同meden agan，過猶不及的「中庸之道」，可以當作（也一直被當作）第一個前哲學的普遍道德訓令。

如同所有宣稱為真的命題，道德命題必須是自明的，要不就必須有證據或證明過程來支撐。如果是自明的，道德命題就有強制性；人的心靈不得不加以接受，它受理性的指揮。證據確鑿，不待論證的支持，除了闡釋和解說，無需任何論述。當然，這裡所預設的是「正確的理性」，你也許會反對說並非所有人都具備理性。但道德真理不同於科學真理，對於前者，我們假定最平凡的人和思考最複雜的人都同樣樂於接受有說服力的證據——每個人內心都擁有這種理性，這種道德法則，如康德所嘗言。道德命題一直被認為是自明的，而且很早就有人指出道德命題無法證明，是為公理。由此可得，強制義務——「汝應」或「不應」的令式——是不必要的，我嘗試說明康德定言

13 譯注：英文中「倫理」一字（ethics），源自希臘文的ethos，原意是「生活的地方」，衍生成英語可意指傳承而來的精神，人群的道德性格、傾向、氣質等等。「道德」（morals）源自拉丁文的mores，是mos的複數格，指一特定社會群體所接受的傳統習俗或習慣。

令式的歷史因素，他的定言令式也可以是定言陳述，如同蘇格拉底的陳述：寧受不義而不作惡；而不是：汝應承受不義而不應作惡。蘇格拉底依然相信，有了足夠的理性，你不會不去依照理性而行事，但康德知道，意志，這項古人還不認識的能力，有可能對理性說不，因此他覺得有必要引進強制義務。但義務不是自明之理，而且未曾在理性論述的範圍之內得到證明。在「汝應」、「汝不應」的背後，站著一個「不然的話」，一種懲處在威脅著你，這懲處可能是來自復仇的上帝或社群的同意，也或是良知的懲處，此乃自我懲罰的威脅，我們通常稱之悔罪（repentance）。在康德處，良知以自我鄙視威脅著你；而在蘇格拉底處，威脅你的是自我矛盾。那些對自我鄙視或自我矛盾懷有恐懼的人，也是那些與自己同在的人；他們認為道德命題是自明之理，他們不需要強制義務。

最近一次的經驗證明了這一點。如果你檢視那些在納粹德國道德瓦解的狀況中依然保持道德完整、毫無罪過的少數人，非常少數的人，會發現他們內心從未經歷重大的道德衝突或良知的危機。他們不會去推敲各種問題——較小之惡、對國家的忠貞、或謹守誓約的問題，或任何可能變成問題的問題。沒有這種東西。他們可能會爭辯行動的正、反面，也總是提出很多理由說這樣下去沒有成功的機會；他們也可能害怕，而令人恐懼的事情多得很。但他們從未懷疑，罪行就是罪行，即使政府把罪行變成了合法，無論如何也最好不要參與其中。換言之，他們不覺得受義務的約束，而是根據自明的某種東西去行事，即使對於周遭的人來說那不再是自明之理。因此，他們的良知，如果符實的話，並非義務性的，這良知說：「我不能（can't）做」，而不是：「我不應該（ought not）做」。

這種「我不能」的正面之處，在於符合道德命題的自明性；意思是：我不能謀殺無辜的人，就像我不能說：「二加二等於五。」對於「汝應」或「你應當」，你總是能夠回說：我不要，或我不能，因為如此這般的緣故。就道德而言，在關鍵時刻唯一可信賴的人，是那些說「我不能」的人。[14] 所謂自明之理或道德真理的這種全然適切，有一缺

14 鄂注：這（納粹社會中要與其他人同流的壓力）對有些人來說總是沒有用的。而我們這裡的討論重點就是這些人。是什麼使他們沒有做其他人都會去做的事情？是他們高貴的本性使然（如柏拉圖所暗示）？這高貴由什麼所組成？我們追隨柏拉圖而辨認出他們，對他們而言，某些道德命題是自明的。但為什麼？首先，他們是誰？那些服從新秩序的人絕對不是具有革命性的人，不是叛逆者等等。顯然不是，因為他們佔絕大多數。崩潰在於那些不曾懷疑、不曾提出反叛口號的社會團體，他們屈服了。他們是沙特所稱的「雜種」（les salauds），指的是正派社會中的美德典範。

反抗的人在社會各地位、階層都可以找到，貧窮而完全沒有受過教育者抑或生活安逸的上流社會成員皆有。他們說得不多，理由也都一樣。沒有衝突，沒有掙扎，惡也不構成誘惑。他們並沒有說，我們害怕那全知且施加報應的神，即使其中有宗教信仰者亦然；即使他們那樣講也無濟於事，因為宗教部門對時局適應得頗佳。他們只是說，我不能，我寧願死，因為如果我這麼做了，生命便不值得一活。

點：它必須一直維持完全否定。它和行動完全沒有關係，只能說「我寧可受，不願做。」從政治上來說——即是從社群或我們所處世界的角度來說——那是不負責的；其標準在自我，不在外界，也不在於世界的進步或改變。這些人既非英雄也非聖賢，如果他們變成殉道者——這當然是可能發生的——也非其所願。再說，在權力為重的世界裡，他們是無能為力的。我們可以稱他們是道德人格（moral personality），但隨後會發現，這幾乎是個贅詞；「是人」（being a person）的性質，有別於僅「是人類」（being human）的性質，它不屬於個體特性、天賦、才能或缺陷等等與生俱來、可以利用或濫用的東西。如果我們不從「道德」這個字的語源學意義、也不從其約定俗成的意義來解釋，而是從道德哲學的意義來檢視，那麼一個個體的人格特質正是他的「道德」特質。

最後還有一個令人困惑的地方，道德思想和宗教思想多少都會避而不談惡的問題。根據我們的傳統，人的所有惡行都以人類的盲目、無知或懦弱、容易向誘惑屈服等等，來加以解釋。其中隱含的論點是，人既無法自動為善，也沒有能力故意為惡。人是**受到誘惑**（tempted）而為惡的，他需要**努力**（effort）才能為善。這樣的想法是如此根深柢固——不是透過耶穌的訓示，而是透過基督教道德哲學的教條——結果人們通常就將他們不喜歡做的事情視為對的，而將那些誘惑他們的事物視為不對的。對於這個古老的偏見，最著名、也最有影響力的哲學陳述可以在康德那裡找到。康德認為，就定義而言，所有天生傾向都是誘惑，為善的傾向是誘惑，為惡的傾向亦然。這情形在康德一件鮮為人知的軼事中，表現得最清楚：眾所周知，康德每天會在同樣的時間散步，穿越科尼斯堡的街道，而他也順著習慣施點小錢給他遇上的乞丐。為此之故，他會帶著新硬幣出門，才不會因為給乞丐用舊的骯髒銅板而對他們造成羞辱。他總是施捨比一般多三倍的金錢，結果當然被一群乞丐纏著不放。最後他只好改變每天散步的時間，但是他對自己的所作所為覺得很丟臉，不好意思講實話，只好編造屠夫的學徒騷擾他的說詞。使他改變散步時辰的真正原因，當然是這施捨的習慣完全無法符合他的道德公式，也就是定言令式。的確，有哪一條對所有可能世界或知性存有都有效的普遍法則，可以從「施予每個有求於你的人」的規矩中衍生出來呢？

我告訴諸位這個故事，也是要指出一個關於人性的見解，在道德思想史中，我們很少看到對此的理論表述。我認為，那是一項簡單的事實：人們經常是**受誘惑**而為善，也必須**努力**才能為惡，反之也經常如此。馬基維利對此知之甚明，他在《君王論》中說，統治者必須被教導「如何**不**善」，他的意思不是說必須教導統治者如何作奸為惡，而僅

因此，我們關切的是普通人的行為，不是納粹或布爾什維克份子，不是聖人或英雄，不是天生的犯罪者。如果有所謂的道德——因為沒有更好的術語而如此稱之——它必然是涉及這種普通人以及普通事件。（〈基本道德命題〉）

是如何避免傾向任何一邊，其行為必須依據政治原則，這些原則有別於道德、宗教及刑法原則。對馬基維利而言，你據以判斷的標準是世界，不是自我——這個標準絕對是政治的——而這就是使得他在道德哲學方面如此重要的原因。他對於佛羅倫斯的興趣大於對自己靈魂的救贖，他也認為，關注靈魂救贖大於關注外在世界的人，應該遠離政治。在較低層次的思想中（雖然影響力也大得多），我們發現盧梭的主張：人是善的，而人在社會中、也通過社會，變成惡。但盧梭的意思是不過是，社會使得人對於同樣為人者的苦難漠不關心，但人原本就有「不願見他人受苦的天性」——因此，他所談的是一種自然的、近乎生理的屬性，是我們很可能和其他動物同樣具有的本性，與其對立的則是變態倒錯，同樣是生理的、同樣是吾人動物性的部分，而非悖德（wickedness）或故意使壞。

且讓我們暫時回到天生傾向和誘惑的這個題目，以及為什麼康德會將兩者等同的問題，為什麼他在每個傾向中都看到一種引人走到岔路的誘惑。凡傾向皆向外轉，偏到自我之外，而朝向外在世界中任何可能影響我的東西。正是透過這傾向——好比傾身探向窗外，看著外頭的街道——透過往自我之外傾斜，我便與世界建立起了聯繫。我的傾向絕對無法透過與自我的交往而決定；如果我啟動了自我，如果我去反思自我，可以說我便失去了我所傾向之物。我可以愛自己，這個古老但也奇特的觀念，預設著我能夠傾向自我，一如偏向自我之外而傾向其他人事物。用康德的話來說，傾向，意味著受到外在於自我之事物的**影響**，那些事物是我可能渴望，或對之懷有某種自然親近感的東西；而被某種東西所影響，這東西卻非出於我自己、我的理性、我的意志，這對康德來說並不符合人類自由。我受到某種東西的吸引，或對某種事物感到排斥，因此我便不再是自由的因子。相反地，道德法則除了自身之外，不會受到任何事物影響，諸位當記得這道德法則是對所有知性存有都有效的，包括其他星球上可能的生物或天使。由於自由並非由外在因所定義，也**不是**受其決定，只有不受傾向影響的意志可以稱為善或自由的。我們發現到這套哲學迴避惡的問題的方法，落在一個假設中：意志不能同時是自由的又是悖德的。用康德的話來說，悖德是一種 absurdum morale，道德的荒謬性。[15]

15 鄂注：我們不需要康德哲學來幫我們達成這樣的結論。我會舉一個比較晚近的例子，從完全不同的預設達到一模一樣的結論。晚近一位作者喬治・許拉德（George A. Schracer, "Responsibility and Existence," *Nomos*, vol. 3），發現自己陷入一個古老的難題：即便道德真理為自明之理，然而道德義務——必須根據自己知道是對的東西來行動——既非自明之理，也沒有最終的證明。因此他試圖將所有道德命令轉化，不是成為簡單的命題，而是變成存有論的陳述，顯然是希望存有（being）或存在（existence）本身會提供約束力，而這約束力我們通常只能在神的命令當中找到。結果是，我們一般稱為是非對錯的東西，變成適當或不適當的行為。有趣的是，我們這位作者多少追隨著海德格，從以下事實開始談起：人不是自成的，而是對他的存在負有義務、此存在在柏拉圖對話錄的《果加斯篇》中，蘇格拉底提出三個極為弔詭的陳述：（一）寧受不義而不作惡；（二）對作惡者而言，受罰勝於不受罰；以及（三）能得豁免而為所欲為的暴君，是不快樂的人。我們將不討論最後這一項，而只談到第二項。今天的環境已不同於當時，無法了解這些陳述的弔詭何在。曾與蘇格拉底對話的柏路斯，向蘇格拉底指出，他「說的事情是沒有人能夠說出來的」，（《果加斯篇》473e）而蘇格拉底對此並不否認。正好相反，蘇氏相信所有的雅典人都會同意柏路斯的話，而他自己則是「孤單的，無法同意」其他人（472b）；然而蘇格拉底又相信，每個人實際上都是同意他的——雖然他們並不知道——就像偉大的國王（Great King），而惡君從來沒發現他們比所有人都更可悲。[16]貫穿整場對話的，是各方共有的信念：人人都希望、也做出他們認為對自己最好的事情；對個人最好的，對共和國（commonwealth）也是好的，這點大家視為理所當然，至於如果出現衝突要如何解決的問題，卻都沒有明確提出來。參與對話的人將決定什麼構成幸福，什麼構成苦難，而若詢問多數人或眾人的意見，那就像讓孩童組成法庭，討論健康、飲食等問題，而醫生受審，廚師寫起訴狀一樣。蘇格拉底用以支持其詭論的所有說法，沒有一刻說服他的對手，整件事情的結尾一如更加宏偉的《國家篇》，蘇格拉底說了一個「神話」，他認為這神話是「邏各斯」（logos），亦即經過縝密推理的論證，並將之當成真理一樣說給門徒卡里克利斯聽。（《果加斯篇》523a–527b）

然後你讀到這個關於死後世界的故事，好似鄉野奇談：死亡是身體與靈魂的分離，靈魂脫離身體之後，便赤裸裸出現在同樣無肉體的判官前面，「靈魂本身穿透每個靈魂」。（523e）在此之後分道揚鑣，一個到了受祐者之島，另一個到地獄，不老實的、醜惡的、沾滿罪痕的靈魂受到懲罰。有些人的狀況會因為受到懲罰而稍有改善，而那些罪大惡極者便可能於某種煉獄中受折磨，以儆戒眾人，「他們也許會看到他們所承受的痛苦，心裡產生恐懼，轉而向善。」（525b）顯然，地獄將人滿為患，而受祐者之島就如荒島，

被當作一個免費的禮物贈予給他。由此得出結論，人就定義而言是有責任的，必須負責：「身為一個人就是要為自己向自己負責。」不然的話，要向誰負責呢？可是講到人未曾選擇存在此一事實，其意義明明可能跟上面說的完全相反，不是嗎：既然我不是自成的，而如果我的存在又是免費送給我的禮物，我便可以將它當成我所擁有的東西，任憑我處置。先不管這相反論點，以及自我再次作為最終標準的而出現，我們進行到下一個主張：「如此陳述，絕不是建議人在理想狀況**應該**是什麼，而只是說他**是**什麼，以及**必須**是什麼。」由此得出，如果「必須」和實際行為之間落差夠大，人就不再是人了。如果我們可以大大方方把不道德的行為稱為非人性的行為，我們的問題就真的結束了。但沒有，我們馬上就可以從這位作者的一個關鍵例證中得知——對狗的虐待。把狗當石頭，「在道德和認知上都是錯誤的」。這牽涉到的是對客體的「錯誤再現」，是認知上的錯誤。我們的作者片刻都沒有想到，如果我將狗當成石頭，若不是我的行徑像塊石頭，就是我想造成痛苦，而後者是比較可能的。這裡無關認知的錯誤；相反地，如果我不知道狗**不是**石頭，我就絕不會想要去虐待牠。

16 譯注：柏路斯舉出當時馬其頓的統治者Archelaus為例，質問蘇格拉底他是否真的認為可以隨心所欲為惡的人是不快樂的人。

很可能只住有少數幾個「一生當中沒有參與很多活動的哲學家，不愛管閒事，只關心涉及他們的事」。（526c）

我們要評估的兩項陳述：一是對作惡者來說受罰勝於不受罰，一是寧受不義而不作惡；這兩點完全不屬於同樣的範疇，而那來生的神話，嚴格而言，只指涉關於懲罰的弔詭。它從對話前半引入的一個隱喻延伸過來，靈魂的健康或生病、畸形乃是取自身體狀況的隱喻，讓柏拉圖得以把懲罰比為服藥。這種以隱喻的方式談論靈魂不是蘇格拉底的風格。首先發展出靈魂理論的是柏拉圖；同樣，蘇格拉底也不可能說如此美麗的故事，他和柏拉圖不同，他不是詩人。我們在此只保留神話的幾個重點：第一，這些說法總是在他不斷努力說服他人、卻顯然統統失敗之後才出現，因此那是說理論證的替代方案；第二，其隱含之意總是，如果你不能被我所說的說服，那你最好相信以下的故事；第三，所有人當中，來到受祐者之島的唯有哲學家。

現在我們來注意這一點：一方面，蘇格拉底無法說服別人，另一方面，他卻毫不動搖，相信自己是對的，雖然他承認整個世界都和他對立。對話將近尾聲的地方，他愈加承認了：承認自己愚蠢而無知（apaideusia）（527d–e），而且沒有反諷的意思。他說，我們談這些問題時就像小朋友，變來變去，對於同一問題的意見無片刻相同。（「現在這個樣子，我覺得有點可恥，我們應該都認為自己算靈光，而我們對相同的問題從來

不能有一樣的看法——這些也是最關鍵的問題——我們是多麼可悲無知啊！」，527d）

但這些問題並不是兒戲；相反地，是「最要緊的」事情。承認我們對道德問題看法易變，這是非常嚴肅的。蘇格拉底在這裡似乎同意其對手的看法，唯「有力者就有理」（might-is-right）的理論「合乎自然」，其他一切，特別是律法，都只是依循成規，而成規乃因時空之不同而不同。因此「對的事物（ta dikaia）根本不是本來就有的，人不斷爭辯何是何非，又不斷改變看法，不管任何時候做什麼改變，在當時都有權威性，其存在乃因人為技術及立法，而絕非出於自然。」（《法律篇》889e–890a）

我所援引的是柏拉圖晚期著作，蘇格拉底並未在此出現，但是它顯然暗指《果加斯篇》。這裡，柏拉圖放棄了蘇格拉底深信詰談[17]有益的信念，也放棄他自己早先的信念，即必須杜撰神話以威脅芸芸眾生。他說，要說服是不可能，因為這些事情似乎不易理解，「遑論那得花上很長的時間，令人苦惱。」因此他建議「訂定法律」，如此它們就會「一直是靜止的」。當然，法律還是人為的而非「自然的」，但會符合柏拉圖所謂的理型（Ideas）；智人知道法律並非「自然」而永恆——它只是人類的模仿——但芸芸眾

17　譯注：discourse原意是反覆詰問，一來一往的對談，是蘇格拉底與門徒之間討論事物的方式。在鄂蘭對蘇氏的解析中，這也是我與自我對談而達成我的一致結論的過程，見下文。譯為「詰談」，乃強調這對談是一種詰問式的問答過程。為求區分，文中交叉使用的dialogue譯為「對話」，intercourse譯為「交流」。

生最後會相信是如此，因為法律「是靜止的」，不會改變。這些法律不是真理，但它們也不單純是成規而已。成規乃經由同意，即由人群的共識而達成，諸位也記得在《果加斯篇》蘇格拉底的對手們被形容為「愛人民（demos）的人」，是真正的民主論者，我們可以這麼說，相對於這些人，蘇格拉底形容自己是愛哲學的人，哲學不會朝三暮四，看法始終如一。不過不會改變、始終如一的，是哲學，而不是蘇格拉底；蘇格拉底雖然承認他愛智（wisdom），卻堅決否認自己有智慧：他的智慧只在於他了解，沒有一個凡人能夠有智慧。

正是在這一點上，柏拉圖脫離了蘇格拉底。理型之論全然是柏拉圖的，與蘇格拉底無關，這方面，諸位會發現在《國家篇》對話錄當中闡釋得最好。柏拉圖主張有一個截然不同的世界，稱為「理型」或「形式」（Forms）的領域，其中正義、善等等都「以其本身的實體而存在，此乃自然。」哲學家得知真理，不是透過詰談，而是透過求諸這些心靈之眼可見的形式（理型），並透過他的靈魂，那不可見也不滅的靈魂——不同於可見、可滅、隨時會受改變的身體——他參與了不見、不滅、不變的真理。他參與其中，也就是透過觀看、注視真理，而不是透過推理或論證。我告訴過諸位，普遍道德陳述是自明之理，其性質會令那些感知到的人不得不相信，而未感知到的人，則不可能向他們證明其公理般的真確性，當我說這話時，我是用柏拉圖式的語言而非蘇格拉底的語言說出的。蘇格拉底相信說出來的話，亦即，他相信可藉由推理達到的論點，而這種推理只能以一連串口說的陳述進行。這些陳述必須在邏輯上環環相扣，不能彼此牴觸。他在《果加斯篇》中說，所以如此，目的是要「將文字……固定，扣連，使之如鋼鐵之結合，使得不論你、我或其他人，都無法使之斷裂。」因此凡能言語、也知曉矛盾規則的人，都應該會受到最後結論的約束。早期柏拉圖式對話錄，可以很容易地解讀為推翻此信念的一連串偉大論證；問題就在，文字和論證無法「以鐵扣連而固定。」之所以不可能，因為它們會「四處移動」(《尤西弗羅篇》)，因為推理過程本身是沒完沒了的。在文字的領域中，思考作為一種過程，是一個言說的過程，我們永遠找不到可以據以決定對錯的鐵律，無法那般確定——再次套用蘇格拉底或柏拉圖的例子——如同透過數字決定大小，透過磅秤決定輕重一樣，因為後者總有固定的標準或度量為依據。柏拉圖的理型論將這種標準與度量引進哲學之中，因此如何分辨是非的整個問題，就變成我是不是掌握了這個標準，亦即我必須套用到每個個別情況的那個「理型」。因此對柏拉圖而言，誰會以及誰不會遵循道德訓令而行為的整個問題，最終是取決於人所擁有的「靈魂」，而這靈魂據稱可以透過懲罰而變得更好。

諸位會發現這點在《國家篇》對話錄中是非常清楚的，蘇格拉底面對德拉希馬庫斯時，遇到了他在《果加斯篇》中面對卡里克利斯時所遇到的同樣問題。德拉希馬庫斯認為符合統治者利益的就叫「公正」;「公正」不過是掌權者的用詞，用來指稱他們依法得以加諸其子民的任何行動。但卡里克利斯卻另有他解，他認為法律不過是成規，弱勢的大多數為了保護自己、抵抗有權勢之少數而制定法律。兩派理論的對立只是表面：是非的問題在兩者都是一個權力的問題，在這方面，我們可以輕易地就從《果加斯篇》轉換到《國家篇》對話錄（雖然在其它方面絕對不是這麼容易）。《國家篇》中，蘇格拉底和德拉希馬庫斯進行對話時，有兩個蘇氏的門徒在場，葛勞孔和阿戴曼圖斯，這兩人都和德拉希馬庫斯一樣，無法被蘇格拉底說服。因此他們為德拉希馬庫斯提出辯解。聽完他們的話之後，蘇格拉底驚呼：「你們的天性（〔physis〕見《國家篇》367e）一定有某種神性的成分啊，可以如此雄辯滔滔地替不義辯解，自己卻又不相信不義是好過正義。」未能說服自己的門徒，蘇格拉底似乎不知如何是好。於是他放下他嚴格的道德追求（我們現在會這麼說），轉向政治的問題，他問道什麼是最佳的統治形式，理由是看大的字母比看小字母容易，並認為在檢視國家時，會發現他想要在個人身上去分析的同樣特點——因為國家無非就是人的擴大。對我們的討論而言，關鍵在於，顯然是因為葛勞孔、阿戴曼圖斯的天性，讓兩人深信正義好過不義乃是真理；然而，要針對此事來討論的時候，他們並未被蘇格拉底的論證所說服，而兩人展現了能耐，可以提出有力的反對論證，雖然他們心裡明知此事為真。說服他們的不是「邏各斯」，而是他們透過心眼見到的東西。洞穴寓言也是這樣的故事，述說著如何不可能將這種眼見之證據有力地轉化為文字和論證。

如果通透思考這些問題，很容易會得到柏拉圖式的結論：有少數人的靈魂本質讓他們看見真理，他們不需要義務來拘束，不需要有任何「汝應……否則……」，因為事之分寸乃自明之理。而那些看不見真理的人則無法以論證說服，因此必須找一些手段來使他們無需被說服也會守規矩，強迫他們行動──有如他們也「看到了」。這些手段當然就是來世之說的神話，柏拉圖用這方法來為許多討論道德與政治事物的對話錄做結──他早期引進這些故事時相當心虛，大約只當作鄉野奇談，最後在晚期著作中（《法律篇》）就完全拋開了。

我用了柏拉圖的理論向各位說明，如果不信任人的良知，情形會如何──或者我們應該說「曾經」如何？良知在語源學上原本等同於意識。只有當良知被理解為一個器官，人們透過它聽見上帝的話而不是自己的語言，這時，良知才取得了其特定的道德意義。因此，如果希望以世俗的語言談論這些問題，除了古代、也就是前基督教的哲學以外，我們幾乎無可倚賴。但是在不受宗教教條束縛的哲學思想當中找到地獄、煉獄、天堂的理論，加上最後審判、賞罰、可饒恕的小罪與不可饒恕的大罪的區分，以及其他種種，不是很令人驚訝嗎？其中你唯一找不到的觀念是，罪可以被原諒。

不論我們希望如何詮釋這驚人的事實，得了解一件事：基督教在西方興起以來，吾人的這個世代首開先例，這世代的群眾——而非只有少數菁英——不再相信「未來國度」，而（似乎）堅信良知是一種器官，不會因為希望獲得獎賞或恐懼懲罰而做出反應。人們是否依然相信這良知受某種神的聲音所指示，保守地說，是可以懷疑的。我們所有的法律體制，只要是有關犯罪行為的，都仍然靠這器官去使每個人知道是非，即使他可能不熟悉法律的規定——但這情形並不構成良知存在的理由。體制通常會延續得比它賴以建立的基本原則還長久。

不過讓我們回到蘇格拉底，蘇格拉底並不知道柏拉圖的理型論，因此也不知有心眼所見事物的所謂公理的、非詰談性的自明之理。在《果加斯篇》，蘇格拉底面臨了其陳述的弔詭性，以及無能說服他人的情況，他做了下述的回答：他首先說卡里克利斯「將不會與自己達成一致，終其一生會自相矛盾。」接著他又說，就他自己而言，他相信「寧願是我的琴或我所指揮的合唱團走了音、刺耳不諧，寧願是眾人不同意我、與我矛盾，也不要是我，作為一體，和自己合不了音，與自己矛盾。」（482b–c）這個句子的主要觀念是「**作為一體的我**」（I who am one），可惜許多英文翻譯都遺漏了這部分。其意甚明：即使我是一體，我卻不僅僅是一，我有一個自我（a self），而我和這自我相關，形成我自己的自我（my own self）。這個自我絕不是幻覺；藉由和我說話，這自我被聽到了——我對自己說話，而不是只察覺有自己而已——就這意義而言，雖然我是一體，卻是二合一（two-in-one），我與自己之間，可能和諧一致也可能扞格不入。如果和他人意見不合，我可以走掉，但我沒法離自己而去，所以最好先試著與自己相合，再去考慮其他的一切。同樣這句子也清楚解釋了寧受不義而不作惡的確實原因：如果我做了壞事，就注定要和一個作惡者同處於令人無法承受的親密狀態中；我永遠沒辦法擺脫他。因此那還未被神和人的眼睛看到的罪行，一種根本沒有出現、因為它無法對誰顯現，而你會發現在柏拉圖那裡一再被提到的罪行，實際上並不存在：因為在思考時，我是自己的同伴，在行動時，我是自己的見證者。我認識這個行動者，也注定要與他共同生活。他不是沉默的。這是蘇格拉底提出過的唯一理由，而問題在，為何此項理由未能說服他的對手，又為什麼對於柏拉圖在《國家篇》中所稱具有高貴天性的人而言，這就是充分的理由。請注意，蘇格拉底在這裡所談論的完全是另外一回事：這不是看見某種外在於你自己的不滅事物或神性事物，必須具備特殊的器官才能全面覺察，如同必須有視力才能感知你周圍的可見世界。對蘇格拉底來說，他認為不需具備任何特殊器官，因為你就在自己當中，也沒有所謂超越的標準，或外在於自己的東西，會被心眼所接收，告訴你何是何非。當然，在詰談時要說服其他人說此陳述為真並不容易，甚至不可能，但是你本身就已達到這境地，因為你與自己同在，在你與自己的詰談當中便顯現出來。如果和你的自我發生齟齬，那就像你被迫和自己的敵人生活，每天都得互動。沒有人想要這樣。如果做壞事，你便是與為惡者同住；而雖然許多人會傾向寧為己利而作惡，不願承受不義，卻沒有人會願意和小偷或殺人者或騙子同住。人們忘記了這情形，才會去讚美以謀殺和欺騙手段奪得權力的暴君。

在《果加斯篇》，只有一小段提到我與自我的這種關係的涵義。因此我將引述另一篇對話錄《帖艾提多篇》，關於知識的對話，蘇格拉底在該篇對此做了清晰的敘述。蘇氏在此希望說明他所理解的 dianoeisthai，即「把事情思考通透」是什麼。他說：「我稱之為心靈與其自身進行的詰談，主題是它在思考的任何題目，我會向各位解釋，雖然我自己對此也不太確定。我覺得那似乎不過是 dialegesthai，把事情說通透，只是心在問自己問題並加以回答，對自己答是或不是。然後就達到必須做決定的極限，此時兩者意見一致，再也不是不確定的，於是我們就確定這是內心的想法。心有所定，形成意見，這過程我稱之為詰談，而意見本身，我稱為道出的陳述，不是大聲對別人說，而是靜靜說給自己聽。」在《辯士篇》中會找到以幾乎一模一樣的文字所做的相同描述：思考與道出的陳述是相同的，只不過思考是由心靈與自己所進行的無聲對話，而意見是這對話的終點。作惡者不會是這種無聲對話的好伴侶，似乎相當明顯了。[18]

就我們所知的歷史上的蘇格拉底，這個在市集過日子的人——柏拉圖的哲學家對這市集就唯恐避之不及（《帖艾提多篇》）——應是相信並非所有人內心都有與生俱來的良知聲音，但都感覺有必要把事情說通透；他相信所有人都對自己說話。或者，更確切說，所有人都是二合一，不只是意識與自我意識（我不論做什麼，都同時多少意識到自己在做），而是很特定而積極的意指這種無聲的對話，不斷進行交流，和自己處於言談的關係。因此，蘇格拉定必定曾經想過：只要他們知道自己在做什麼，他們就會了解，不去做出可能破壞這個關係的事情有多麼重要。如果說話的能力使人獸有別

18 鄂注：「寧受不義而不作惡」的自我，事實上不是「我即我」（I-am-I）（《理查三世》）的那個自我，而更是一種活動。重點是自己把事情思考通透的能力，而既不是我在（I-am）（這首先是「一」，不是「二合一」——行動時你是**一**，在世上你以**一者**而出現），也不是其可能的結果。蘇格拉底不教人，他一無所知；他是在參與一種沒有終點的過程，這過程取決於最初向他提出來而使得他開始的那主題。《卡爾米得斯篇》（165b）：「克里提亞斯，你的表情似乎以為我知道如何回答我問你的問題，如果我想要就可以給你答案。不是這樣的。我是在與你一同探討提出來的問題，正因為我自己無所知。」他經常重覆此話，也在《果加斯篇》（506a）說過。因此，重點不在知識，不在獲得，而在活動。從政治上來說，蘇格拉底似乎認為能使雅典人變好，更可能抗拒暴君等等的，不是知識，而是知道如何思考。順帶一提，蘇格拉底的審判在這點上盤繞：蘇格拉底沒有提出新神，而是教人如何質疑每件事情。對那些把這種質詢過程的沒有結果當作結果的人來說，這破壞偶像的工作可能變得很危險。沒有一個知道如何思考的人能夠再度變成只是服從和與人同流，這不是出於反叛精神，而是出於凡事多加檢視的習慣。在《蘇格拉底答辯辭》中，蘇氏對法官提出的最後一個答案是，我無法放棄**檢視**。他為何不能默默地做這件事？答案就是：「把事情說通透」（dialegesthai）優先於「把事情思考通透」（dianoeisthai）。（〈基本道德命題〉）

——古希臘人確實如此相信，後來亞里斯多德在他對人的著名定義中也是這麼說——那麼，人之所以為人的特性，正是在這種我與自我的對話中獲得證明。換言之，蘇格拉底相信人不只是理性的動物，更是思考的存有，而他們寧可放棄所有抱負，甚至承受屈辱，也不願放棄這種能力。

我們看到，第一個持不同意見的是柏拉圖，他認為應當只有以思考作為其特殊事業的哲學家，才得以到受祐者之島。不能否認，沒有任何人類活動會像思考的無聲對話那樣，迫切而不可避免地要求我與自我的交流，也由於思考畢竟不是最常見、最普通的工作，因此我們自然傾向同意柏拉圖。只是我們忘了，我們雖不再相信思考是常見的人類習慣，卻依然認為，即便最平凡的人，也應該知道是非，應該同意蘇格拉底所說，寧受不義而不作惡。錯打他人或錯被人打哪一種情形更可恥，並非政治所關切的。政治只關係到建立一個此類行為不會發生的世界。（《果加斯篇》508）

容我指出，面對我開始時所說的那些困惑，上述的考慮可能會引領我們走到哪些方向。

道德哲學雖然是處理「最大問題」，卻從沒有找到滿足其最高要求的名稱，原因或許在於，哲學家無法將之視為哲學的另一分部，就像邏輯、宇宙論、存有論等等。如果道德訓令來自思考活動本身，如果這是我與自我的無聲對話所隱含的條件，不論這種活動中所思考的議題為何，那麼，它就是哲學本身的前哲學條件，因此也是哲學思考和所有其他、非技術性思考方式共有的一個條件。這活動的對象絕不特別限於哲學或科學題目。思考活動可以發自各種狀況；我在路上看到一件意外，或者親身涉及某個事件，於是開始思考發生什麼事，把它當故事說給自己聽，好似準備隨後與人溝通或道說，這時，思考活動就在那裡了。如果我無聲的思慮所處理的對象，剛好是某件我自己做過的事情，當然就更加如此。作惡，等於是破壞此能力；犯罪者如果要永遠不被查到，並逃避懲處，最安全的方式就是忘記他做過的事，再也不要去想。同樣，我們可以說，悔罪首先就在於不要忘記所做之事，在於「回到它」，如希伯來語的動詞shuv所指之意。思考與記憶的這種關連，在我們的討論中特別重要。沒有人能夠記得在他與自我的對話中未曾通透思考的東西。

不論如何，雖然這種非嚴格意義的思考並不專屬於某種特定人，哲學家或科學家等等——你會發現各種人都具備這種能力，也可能發現它在我們所謂的知識份子身上是完全欠缺的——但不可否認，它出現的頻率比蘇格拉底所認為的少很多，即使你希望它比柏拉圖所害怕的更頻繁一點。無疑地我可以拒絕思考或記憶，而依然保持人模人樣。然而，當我自己因為放棄人類語言能力所能發揮的最高潛力，以致於語言變得毫無意義，而別人被迫要和一個可能非常聰明、卻完全缺乏思考能力的動物共處，這情形會造成相當大的危險。若我拒絕記憶，實際上就是準備無事不可為——就像如果痛感是一種可以很快忘懷的經驗，那我絕對會橫衝直撞，無所畏懼。

記憶的問題至少使我們更進一步接近那難纏的問題：關於惡之本質。哲學（還有偉大文學，如同我先前所說的）所知的惡人，是一種處於絕望中的人，而他的絕望使自己散發出某種高貴。我不想否認這種惡人是存在的，但我確定我所知道最大之惡，不是來自這種人，他必須再度面對自己、而其詛咒是他無法忘記。最大的惡人是，因為從未對事情加以思考，因此不記得，又因為沒有記憶，所以沒有任何事情可以阻擋他們。對於人類，思考過往之事意味著朝縱深的層面移動，打下根基，而將自己固定，不會隨波逐流——不會受「時代精神」或歷史或僅僅是誘惑的牽動。最大的惡不是根本的，它沒有根，也因為無根，所以無所限制，可能走到令人難以想像的極端，而席捲全世界。

我提到人（person）有別於一般人類（human）的性質，就像古希臘人自視為有理性語言的動物（logon echon），與蠻族有別，我也說過，道德人格這個詞簡直就是贅詞。蘇格拉底對於其道德命題所做的說明，提示了我們：現在我們或許也可以說，在這個實現人類才會擁有的語言能力的過程中，我便明白地將自己建構成一個人，而只要我有能力一再重新進行此建構，我就會一直是個人。如果這是我們一般所稱的人格，而它又和天賦或智力無關，那麼它就是單純的、近乎自動的源自深思熟慮。換言之，給予赦免時，被原諒的是人，不是罪行；而在無根的惡當中，沒有可以被原諒的人。

在這樣的脈絡下，道德和宗教思想對於自我依附之重要性的奇特堅持，或許可以更加容易理解。這不是愛自己如同愛他人的問題，而是依賴這個我隨身帶著的沉默伴侶，受他的影響，遠比任何人還多。害怕失去自我是正當的感受，因為那是害怕不能再與自己談話。如果必須保持沉默，一語不發，則不只悲傷、憂慮，還有喜樂、快意，以及其他種種情緒，全都會變得難以忍受。

不過這問題還有另一個面向。蘇格拉底與柏拉圖式對於思考過程的描述，我覺得非常重要，因為它暗示著——雖然只是順便一提——人是以複數而不是單數存在，居住在這世界的是眾生，而非一個人（Man）。即使我們都是獨立存在的，當我們說出、或實現出這種獨處狀態，我們就會發現我們有伴，有自己的陪伴。寂寞，如我們所知，即使身處人群當中這種噩夢也能壓垮我們，寂寞就正是這種沒有他人陪伴時又被自己遺棄、暫時無法變成所謂二合一的情況。從這角度看，我之對待他人的方式，會取決於我對待自己的方式，確實如此。只是這裡不涉及特定的內容、特別的責任或義務，沒有任何事情，只是純粹思考與記憶的能力，或喪失此能力。

最後讓我提醒各位，第三帝國的那些謀殺者，不只過著一種無可挑剔的家庭生活，閒暇時間會閱讀賀德林、聽巴哈，這證明（好像這種情形的證明過去一直都缺乏似的）知識份子也可能像任何人一樣，輕易就走向犯罪。但敏銳，一種對於所謂生命中更高事物的感受，不就是心靈的能力嗎？當然是，但這種欣賞能力和思考沒有任何關係，而我們必須記住，思考是一種**活動**，不是被動的欣賞、享受。由於思考是活動，它就可以轉化為成品，變成詩或音樂或繪畫。這些事物實際上全都是思考的事物（thought-things），而傢俱或我們的日常用品，我們可以正確地稱之為為用之物（use-objects）：一者是受思考的啟發，另外一種是受用途、受人類需求的啟發。但在這些具有高文化水準的謀殺者當中，沒有一個人寫了一首值得記憶的詩，一首值得聆聽的樂曲，或畫過一幅會有人想將它掛上牆壁欣賞的畫。寫一首好詩，或一闕好音樂，或畫一幅畫，需要的不只是縝密思考——你需要特別的天賦。但沒有一種天賦能抵擋住完整性的喪失，當你失去這最普通的思考與記憶的能力，就會失去這完整性。

# 三

道德關係到每個獨特的個體。是非的判準，以及我應該怎麼做的答案，歸根究底，既不在於我和周遭人共有的習慣和風俗，也不在於來自神或來自人的命令，而是取決於我針對自己所做的決定。換言之，有些事情我不能做，因為做了之後我就無法再與自己同在。這種與自己同在不只是意識，也不只是我在做任何事情、或處於任何狀態時，伴隨著我的自覺。與自己同在，靠自己做判斷，是在思考的過程中表示出來，並化為現實，而每個思考過程都是一個活動：我告訴自己我正好在關心的任何事情。我與自我這種無聲的對話所呈現的存在模式，我現在稱之為**孤獨**（solitude）。因此，孤獨多於也不同於其他獨處模式，其中特別重要的是寂寞（loneliness）和孤立（isolation）。

孤獨意味著，雖然獨自一人，我卻和某個人（也就是自我）同在。這意思是，我乃二合一，而寂寞及孤立並不識此種分割，這種使我可以自問自答的內在的二分。孤獨以及與之相應的活動，也就是思考，可以因為某人對我說話而中斷，或者像任何活動一樣，因為做別的事情或僅因為精疲力竭而中止。發生任何類似狀況，則我進行思考時的兩者，會再度變為**一者**。現在若有人對我說話，我就必須跟他說話，而不是對自己說話，而在與他談話時，我就改變了。我變成了一者，當然擁有自覺，也就是意識，但不再是以充分而清晰道說的方式擁有自己。如果只有一個人對我說話，而如果，有時候是這樣，我開始以對話的形式，談論著我們兩人處於孤獨時都還一直關心的同一件事情，那麼這就像我是和另外一個自己說話。這個他我，allos authos，亞里斯多德正確地將之定義為朋友。但是，如果我孤獨的思考過程因為某個原因而中止，我也變為一者。因為我現在所是的這一者沒有同伴，我可能會去找人、找書、或找音樂為伴，但如果這些都令我失望，或如果我無法同他們建立起聯繫，我就被無聊和寂寞所包圍。落入這番境地，並不需要獨自一人：我可能在人群之中還是感到非常無聊，非常寂寞，但在真正的孤獨裡，也就是我與自己為伴、或者和一個被視同另一個我的朋友在一起的狀況下，就不會這樣了。這就是為什麼，在人群當中忍受寂寞，要比在孤獨當中困難多了——埃克哈特大師[19]就做過這樣的評論。

最後一種獨處的模式，我稱之為孤立，發生在下述狀況：我既不與自己同在、亦無他人為伴，但是關心著世上的事情。孤立可能是各種工作都會有的自然狀態，我非常專注於手邊的事情，以至於別人的出現，包括自我，都只會打擾到我。這類工作可能是生產性的，實際動手製造新的東西，但也不必然如此：學習，即便是讀一本書，也需要某種程度的孤立，免於因他人的在場而受干擾。孤立也可以作為一種負面的現象而出現：和我同樣對世界懷有某種關懷的他人，可能會棄離我。政治生活中經常出現這種狀況：政治人物遭到貶謫，或者應該說是一個公民失去了和其他公民的接觸。後者這種孤立，只有當它轉化為孤獨時才可能忍受。熟悉拉丁文學的人都會知道，羅馬人——不同於希臘人——在貶謫、不得參與公共事務而被迫清閒度日時，發現了孤獨，也隨之發現了以哲學當作一種生活方式。當你從與同儕共事之行動生活（active life）的觀點來發現孤獨，你便會達到嘉圖[20]所說的：「我從未比一事不為時更加有行動力，也從未比獨自一人時更不感到寂寞。」我認為，你依然可以在這些話語中聽到有行動力的人——本非獨處，也非一事不為——對於孤獨之樂與二合一的思考活動所懷有的驚喜。

但如果你是從寂寞的噩夢中發現到孤獨，就會了解何以一位哲學家，尼采，在詩中（《超越善惡》結尾的〈來自高山〉〔Aus Hohen Bergen〕）表露他對這問題的想法時，會讚頌生命的正午時分，此時，寂寞對於朋伴的無比渴望結束了，因為「正午一到，一化為二」——一變成了二。（更早之前還有一則短喻，談到在詩中表達思考，尼采這樣寫道：「詩人將他的思路呈現在韻文的馬車上：往往是因為它們無法行走」，見《人啊，

19 譯注：Meister Eckhart（一二六〇—一三二七），德國新教教義的先驅，宗教神祕主義第一人，歷任德國多處地區主教，其神學描繪心靈對上帝的超越而無所求為最高境界，晚年被控為異端。

20 譯注：Cato（公元前二三四—一四九），古羅馬政治家、演說家、第一位拉丁散文作家。

人》189。你會想請教，當哲學家也如此時，那是怎麼回事？）

我提到這些不同的獨處形式，或者人類的獨一性（singularity）表達或實現自身的方式，不只是因為我們很容易將之搞混，對這差別漫不經心或不在意，也由於它們總是在幾乎無法察覺的情況下彼此互換。對自我的關懷作為道德行為的最後標準，當然只存在於孤獨狀態。其可被證明的有效性，見於一則普遍的公式：「寧受不義而不作惡」，如同我們看到的，這有賴於一個深刻觀念，即是「寧可與世人不和，也不願同自身傾軋」——雖千萬人吾往矣。因此，只有當人作為一個思考的存有，需要自我為伴才能進行思考過程，對這種人來說，此有效性才能成立。對於寂寞和孤立，我們說過的都無效。

我們說，思考和記憶都是人類扎根的方式，在一個我們都以陌生人的身分來到的世界中立足。我們常稱的人或人格，實際上都是從這種扎根的思考過程中成長出來的，不同於只是人類或無名小卒。先前說過，道德人格的說法幾乎是贅詞；一個人的性子當然有好有壞，他可能慷慨或吝嗇，可能好鬥或溫順、坦率或神秘；他可能無惡不作，如同他可能生來就聰明或愚蠢，美麗或醜陋，友善或刻薄。這些都和我們在此討論的問題幾乎無所相關。如果他是一個思考的存有，扎根在他的思想與記憶，因而知曉他必須與自己同在，那麼，他能允許自己去做的事情就會有限了；這些限制不會是從外頭硬加在他身上的，而會是由他自身所設定。這些限制可能會因人、因國家、因時代而改變，程度很大、令人不適；然而自己生長出來的根會自動地對可能性設下限制，只有在這種根完全不存在的地方，無所限制的、極端的惡才有可能出現。當人只是滑過事件的表面，允許自己被牽引，而未曾穿透到他所可能觸及的深度，那限制是闕如的。當然這深度還是因人、因時代而改變其特有性質和面向。蘇格拉底相信，藉由教導人們**如何**思考，如何與自己對話——不同於雄辯者如何說服人的藝術，也不同於智者欲教導他人思考**什麼**與如何學習的抱負——他便可以使其公民同胞變得更好；但如果我們接受這個假設，然後問他，是什麼允許那逃過上帝的眼睛、也避開人們耳目的滔天大罪發生，他大約也只能這樣回答：是因為該種能力的喪失，是孤獨的喪失，還有，我方才試著說明的，隨之而來的創造力的喪失——換言之，失去構成人格的自我。

既然道德哲學畢竟是哲學的產物，而如果失去自我、失去孤獨，哲學家就不能存活，我們聽到下述說法也就可能不再那麼訝異了：對待他人之行為的終極標準總是自我，不僅在嚴格哲學思想中如此，在宗教思想中亦然。因此我們在古撒的尼古拉[21]的思想中，看到相當典型的前基督教思想和基督教思想的混合，古撒的尼古拉（在他的《上

21 譯注：Nicholas of Cusa（一四〇一？—一四六四），亦作 Nicolaus Cusanus，德國人道主義者、科學家、哲學家、政治家，自一四四八年起任羅馬天主教會主教，其著作及研究為文藝復興的數學、天文學及神秘主義開風氣之先。

帝視界》[7]）讓上帝對人說話，所說的話就像特爾菲神諭「認識你自己」：Sis tu tuus et ego ero tuus.（「如果你是你自己的，我〔上帝〕就將是你的。」）他說，所有行為的基礎就是「我選擇做我自己」（ut ego eligam mei ipsis esse），而人是自由的，因為上帝讓他自由地做自己，如果他如此渴求的話（ut sim, si volam, mei ipsius）。對此我們還得補充道，這標準雖然可以在經驗及思考的根本條件中加以檢證，卻無法以具體的誡律和行為法則詳加說明。所以，數世紀以來幾乎一致同意的道德哲學假設，和我們當前的信念有著奇特的矛盾，我們認為國家律法就闡述了所有人都同意的基本道德律，不論是因為上帝如此告訴我們，還是因為道德律可能就是從人的本質衍生出來的。

我們現在稱為道德的東西，其實是關涉到處於獨一性的人，但蘇格拉底相信它也會使得一個作為公民的人變得更好，既然如此，去思考當時所提出、而今天也依然可以提出的政治反對意見，是很恰當的。雅典公民質疑蘇格拉底所宣稱的，即他是在使公民更加優越，反而聲稱他敗壞雅典的年輕人，說他侵蝕了道德行為所倚賴的傳統信念。容我引用或改寫諸位會在《蘇格拉底答辯辭》當中讀到的東西，來闡釋反對意見。蘇格拉底花了一輩子的時間在檢視自己和他人，教導人們以及自己思考的方式，因此不得不質疑所有既存的衡量標準。他根本不是使其他人變得更「道德」，反而破壞道德，動搖了無所質疑的信仰和無所質疑的服從。或許指控他想引進新神乃為錯誤，但也只因為他做的事情更糟：「既沒有教人，也沒有主張要教人任何知識。」尤有甚者，如他自己所承認的，他內心的召喚引領他過著一種私密的生活，避免與人們往來，也就是避開公眾生活。他幾乎證明了雅典的輿論是多麼正確，他們說哲學只是給尚未成為公民的年輕人，而即使在這階段，雖然哲學教育是必要的，卻應該小心進行，因為它引發精神的柔弱（malakia）。最後，也是最嚴重的，而且蘇格拉底自己也承認，當涉及實際行為時，他所能展現給自己的只有一個發自自我的「聲音」，那聲音會使他不去做他原本想做的事情，但永遠不會驅策他去行動。

這些反對意見沒有一個可以當即加以駁斥。思考意味著檢視和質疑；總是涉及推翻偶像，那是尼采最喜歡的。當蘇格拉底徹底質疑之後，就沒有任何可容緊握攀附的東西了——沒有一般人所接受的標準，也沒有辯士所接受的反標準。在孤獨中與自我或與另外一個自己的對話，即使是在市集上進行，也是避開大眾的。當蘇格拉底說，他認為他擾動整個城市，如同牛虻驚醒一隻碩大、健壯但懶怠的馬匹，那是降臨在雅典城中最好的東西，那麼他的意思可能只是，發生在眾人身上最好的事，莫過於將群眾一一打散，使他們再度變成可單獨訴諸其獨一性的個人。如果這是可能的，如果每個人都可以變得自己思考、自己判斷，那麼確實就有可能不需要固定的標準與規定。如果這個可能性受到駁斥——蘇格拉底之後幾乎所有人都不做此想——就很容易理解為什麼城邦會視蘇氏為危險人物了。任何人若只去聽蘇格拉底式的檢查過程而不加思考，沒有進入思想過程本身，當然就會墮落了；也就是，他被剝奪了不加思索即可擁抱的標準。換言之，每個容易墮落的人都嚴重面臨墮落的威脅。尼采曾經暗示過這種曖昧性：同樣的行為會使善者更善而惡者更惡；他抱怨曾為一位女性所誤解：「她說她沒有什麼道德感——但我認為她和我自己一樣，有著更為嚴格的道德感。」[22]這誤解常見，雖然對此特例（盧．安德雷亞．莎樂美）的怨言實在大謬不然。這些都沒錯，只要我們承認，成規，亦即吾人生活中通常會遵守的規則與標準，在受到檢視時並不會顯現得很清楚，而面對緊急情況時如果去依賴這些東西，那就太魯莽了。由此可得，蘇格拉底式的道德只有在危機時刻才有政治重要性，而自我作為道德行為的最終判準，從政治角度而言是一種緊急狀況下的標準。這表示，召喚所謂的道德原則作為日常行為的依據，通常是個騙局；我們幾乎不需要經驗來告訴我們：不斷訴諸高道德原則和固定標準的狹隘的道學家們，通常會最先依附別人提供給他們的任何制式標準，而正派社會，或法國人說的les bien-pensants，比大多數浪蕩的波希米亞族或垮掉的一代[23]更容易變得鄙陋不堪，甚至犯下罪行。此處所言種種，都只有在特殊環境下才變得重要；當這種特殊環境掌控了整個國家，而如何在這樣的環境中處事的問題成為燃眉之急，此一事實就會讓人指責這國家的壞政府，而壞政府還是溫和的說法。但在完全正常情況下訴諸唱高調的道德標準的人，卻非常像那些濫用上帝名義的人。

從「寧可與世人不和，也不願同自身傾軋」的原則當中，我們唯一可以預期的建議永遠都會是全然否定的，考慮及此，則上述道德問題的性質就清楚了，也就是，在政治上它是一個邊界現象。那建議永遠不會告訴你應該做什麼，只是阻止你去做某些事，即使周遭的人都沾手了。不應該忘記的是，思考過程本身與任何其他活動都是不相容的。「**停下來**想一想」這句老話完全正確。每當我們思考時，會停下手邊所做的一切，而只要我們是二合一的，就無法做任何事情，只能思考。

因此，這並非僅是思考和行動的區別。兩種活動之間存在一種內在張力；柏拉圖鄙視庸庸碌碌者，這樣的情緒以各種形式出現在所有真正的哲學家身上。但這張力卻一直被一個觀念所掩飾，這也是所有哲學家珍視的觀念，亦即，思考也是一種行動；就像人們有時所說的，思考是一種「內在行動」（inner action）。這樣的混淆原因很多——

22 柯注：Friedrich Nietzsche, "Draft of a Letter to Paul Rée" (1882), in *The Portable Nietzsche*, selected and translated by Walter Kaufman (New York: Viking Press, 1954), 102。

23 譯注：波希米亞族（bohemian）特指行事風格違反傳統的藝術或文學愛好者，衍生自歐洲脈絡中對於吉普賽人的浪蕩印象。而垮掉的一代（beatnik）一詞則衍生自Beat Generation，美國一九五〇年代若干青年詩人與作家，標舉自由、解放，反對工業文明，對美國文化影響至為關鍵。

有不相干的原因，如哲學家面對來自行動者或公民的指責時所做的自我辯護，也有源自思想之本質的相干原因。思想（thought），和常常被人同思想畫上等號的沉思（contemplation）相悖，它確實是一種**活動**，更是一種具有某種道德後果的活動，也就是，會思考的人將自己建構成有名有姓的人，一個人格。但活動與行動並不相同，思考活動的結果，就活動本身而言，是一種副產品。它不像行動的目標是由行動所設定並意圖達到的。思想和行動的區別往往表示成精神（Spirit）和力量（Power）的對立，而精神自動被等同於無力（Impotence）。這種種表達方式所含確實不只一丁點真理。

從政治上來說，「思想」和「行動」的主要區別在於，在思考時，我是與自我或另一個自己同在，而開始行動時，我有許多人為伴。對並非全能的人類而言，力量只能來自各種形式的人類多數性（plurality），而人類獨一性的所有模式，就定義而言都是無力的。然而，確實，即便在思考過程的獨一性或雙數性（duality）中，只要能夠藉由將一分為二來進行思考，即便我獨自一人，那多數性在最初階段就以某種方式存在了。但這種二合一，若從人類多數性的角度來看，就像同伴的最後一絲痕跡——即使獨自**一人**，我也是二，或可以變成二——只因我們在最不指望多數性出現的地方發現它，它就變得非常重要。不過只要談到與他人同在，它還是必須被視為一個邊緣現象。

這些考量也許可以解釋，為何蘇格拉底式的道德，以及其否定的、邊緣的本質，在邊界狀態下，亦即在緊要危急的時代，才變成唯一有效的道德。當標準不再有效——比如西元前五世紀後面三分之一時間和西元前四世紀的雅典，抑或十九世紀後面三分之一時間及二十世紀的歐洲——則除了蘇格拉底的典範之外一無所剩，蘇氏或許不是最偉大的哲學家，但仍是哲學家中的翹楚。在此我們必不能忘記，對這位不只思考、在許多時人眼中是忒好深思的哲學家而言，思想的道德副產品是次要的。他檢視事情並不是要使自己或他人變得更好。如果他那些多少心存懷疑的公民同胞對他說：「我們會放了你，條件是你要放棄你這種探究，放棄哲學」，得到的回答一定會是蘇格拉底式的回答：「我對您們懷有最高的敬意和愛意……但只要我有一口氣，一絲力氣，我就不會放棄哲學……不會改變我的生活方式。」

容我再度回到良知的問題。良知的存在由於晚近的經驗而變得有疑問。良知應該是一種超越理性和論證的**感受**方式，一種透過情感（sentiment）而分辨是非的方式。我認為有一個事實已經明明白白顯示出來，那便是這種感受確實存在，人們**感到**內疚，感到無辜，但是啊，這些感覺並不是可資信賴的指引，告訴你何是何非，事實上它根本不能指出是非。比如說，光是舊習慣和新命令的矛盾——舊習慣說不能殺人，但新命令要你去殺人——就足以引發內疚感；但是相反的情況也同樣可能引發內疚感：殺人或「新道德」所要求的任何東西一旦變成習慣，被所有人接受，那麼同樣的這個人如果沒有從眾而為，他也會感到內疚。換言之，這些感受所表示的是從眾或不從眾，並不指向道德。前面提到，古代還未識良知之現象；人類發現良知的時候，當它是人內裡的一個器官，它聽見上帝的聲音，之後，世俗哲學也來討論良知，但其正當性堪疑。在宗教經驗領域裡，不可能有良知的衝突。上帝的聲音說得清楚，問題只在於我會不會服從它。但是，世俗意義上的良知衝突，實際上不過是我和自我之間的審議（deliberations）；衝突並非透過感受、而是透過思考來解決。然而，只要良知所指不過是與自我和睦無爭的這種情形（也是思考的先決條件），則良知確是實情；但如我們所知，它只會說我不能，我不願。它是和人的自我相關的，因此無法期待它會有行動的驅力。[24]

最後，讓我們回憶我所提出的幾個暗示，談談惡的問題，由此嚴格哲學的道德角度看究竟如何。從自我以及我與自我的思考交流角度來定義，惡只是形式，沒有內容，如同康德的定言令式，空有形式，屢屢惹惱批評者。康德若說，任何不能變成普世有效法則的格言都是錯誤的，那就像蘇格拉底說，只要是我無法和某項行為的能動者（agent）繼續共處，那就是錯誤的行為。但比較起來，康德的公式顯得比較不徒有其表，也嚴格得多；偷竊及殺人、偽造和作偽證，一視同仁，統統禁止。我是不是寧可和小偷生活也不願和殺人犯共處，是否比較不在意偽造文書者，而無法忍受作偽證的人，等等，這樣的問題連提都沒有提。有此差異的原因也在於，雖然有許多人做出相反的

24 鄂注：鄂蘭在〈基本道德命題〉一文中界定了「四個基本、不斷重複出現的」良知的「片刻」：我的良知是（1）見證者；（2）我分辨是非等的判斷能力；（3）我內心中進行自我判斷的東西；以及（4）我內在的聲音，不同於來自外在聖經裡上帝的聲音。

con-scientia，或syn-eidenai，這個字原本是意識（consciousness），只有德文有不同的字去表示道德良知和意識：con-scientia：我同自己去認識、去知道，或者我知，是當我意識到我知時。syn-eidenai：同我自己一起——emautō或hautois等等，在柏拉圖及亞里斯多德那裡總是或大部分是這個意思。在希臘文裡，此字不是特別用在道德方面，雖然我可能意識到不好的行為，而這意識（在古希臘三大悲劇作家之一的歐里庇得斯那裡用的是synesis）可能是使人非常不愉快的。這意識可以被理解為表示我的存在。只要我意識到我自己，我便知道我在。如果我沒有意識到自我，我就根本不知道我是否存在。在奧古斯丁那裡，現實的問題，包括我自己的問題，被提出了，這後來也出現在笛卡兒。奧古斯丁的回答是，我或許會懷疑到底是不是有東西存在，但我不能懷疑我在懷疑。

這裡已經可以看到二合一，分而合。我能夠證明我自己。我們在西塞羅那裡第一次發現conscientia當作術語用時，就有這個意思（《論義務》3.44）：當我對於所有人都不知道的某件事起誓時，我應當記住還有神是見證者。根據西塞羅，這意思是「我的心是我的見證者」，而「神本身加諸給人的沒有比此更具神性。」（我們在大約西元前一千五百年的埃及，發現一位皇室僕役詳細說明了他的工作內容，並道：「我的心告訴我這些。他是絕佳見證者。」）重點是**為隱藏的東西**見證。因此，在新約〈羅馬書〉（2.14 ff）關於「人的秘密」，保羅談到良知的見證，談到彼此衝突的思想，人的長考，如同在法庭的「彼此控訴和請求寬恕」。在新約的〈哥林多前書〉（1.12），syneidēsis是證詞（testimony）。在塞內加那裡：神聖之靈監督我們的惡行，護衛我們的善行。因此良知在整個中世紀都是密切與上帝相關的，神知道人心中的秘密。（〈馬太福音〉6.4）

中世紀期間，良知作為（1）自我意識，以及（2）根據內在律則分辨是非的能力，通常有明確的區分。

良知的聲音也是很古老的概念，不只因其見諸舊約，裡面上帝經常直接對人說話，當然更主要是因為蘇格拉底的daimon。daimon是一種介於神與凡人之間的東西，每個人都有這樣一個東西為其朋伴。那是從外在來的聲音，無法加以回應，與conscientia非常不同。這聲音從不告訴我們怎麼做，只是阻止我們或警告我們不要做某事。

認定，但康德實際上並沒有對合法性和道德做很清楚的劃分，他希望道德變成法的源頭，其中沒有任何中間階段，而人，不論他去哪裡、做什麼，他就是自己的立法者，一個完全自主的人。在康德的公式中，使人變成小偷或變成殺人犯，是同樣的惡，人性中相同的致命弱點。不依嚴重性加以分等而將各種逾矩行為一併列舉的另一個例子是十誡，當然也是相當沉重的例子，它被認為是國家法律的基礎。

確實，如果只取三條蘇格拉底公式的第一條：「寧受不義而不作惡」，會發現它對於惡之各種可能程度同樣不在乎；但是如果像我們在這裡所做的，加上第二個判準，亦即必須與自己共處，那奇特的漠然便消失了。因為這是純粹的道德原則，不同於法律原則。就能動者而言，他所能說的只有「這個我不能做」，或者如果他做了，他也會說：「我不應該做的」，意思是他或許犯過了，但未造成不幸的後果。在此，逾矩行為之間似乎有所區別：一種如同我們每天面對的那些，我們也知道如何處理，或者如何透過懲罰或原諒而擺脫，另一種是那些我們只能說「這根本不應該發生」的罪行。與此陳述只有一步之遙的結論是，不論是誰做的，這個人根本不該出生。顯然這區別非常類似於拿撒勒的耶穌所做的區分，有些逾矩我應該「一天原諒它七次」，而另外一些罪行，「在犯者脖頸掛上磨石，令他沉入海裡，對他會比較好。」

在我們的脈絡下，這句話饒有意味之處有二。第一，這裡用來指罪行的字 skandalon，原意是為敵人設下的陷阱，用法同希伯來語的 mikhshol 或 zur mikhshol，意為「絆腳石」。單純的逾矩行為和這些致命的絆腳石，其間之分野所暗示的似乎不止於當今對可原諒的小罪與不可饒恕之大罪的區分；而是表示，這些絆腳石無法像單純的逾矩行為一樣，可以從吾人的路途上移開。第二點——與該段文句的解讀若有所扞格，那僅是表面——請注意，若他未曾出生，**對他**會比較好，如此措辭使之讀來好比這罪行的能動者已然毀滅了自我，而罪行的性質本身，我們只能透過暗示得知，是一個無法超越的障礙。

探討惡的本質時，這些少數的陳述是唯一可資憑藉的洞見，但不論我們如何繼續詳談這些陳述的內在後果，有件事不可否認：諸位在此得到的論點是，所有判準都具有強烈的個人性，甚至你可以說，主觀性。這可能是我的考慮中最會引起反對的面向。我將在下一講討論判斷的性質時再回到這一點。今天先容我只提出兩項陳述，就當作自我辯護，這兩項陳述根本上表達出同一想法，即使是出自兩個全然分歧的源頭和全然不同的兩類人；它們或許可以向各位提示我致力表達的東西。第一項陳述來自西塞羅，第二則來自埃克哈特大師，十四世紀偉大的神秘主義者。在《圖斯庫蘭的爭論》中，西塞羅討論哲學家在特定議題上的衝突意見，與我們的脈絡無關。但當他到了要決定何是何非時，突然相當出乎意外的引入一個完全不同的判準。他不談客觀真理的問題，而說道，如果必須在畢達哥拉斯派和柏拉圖之間做選擇，「老天有眼，我寧願與柏拉圖一同走上岔路，也不要和這群人一起持有真確觀點。」他令對話錄中的對談者再次強調重點：他也完全不會在意和這個人一起走上岔路、犯錯。比這陳述更令人吃驚而挑釁的，是埃克哈特的陳述，那簡直就是異端邪說。在一段保留下來的所謂言論中（其實是軼聞），埃克哈特要尋訪最快樂的人，結果找上了一個乞丐。兩人的辯論一來一往，最後乞丐被問到，如果下地獄，他是否還會覺得快樂。乞丐的論點一直是以他對上帝的愛為基礎，並認為他自己一直和他所愛的任何事物同在，至此，乞丐的回答是：噢，當然，「我寧願在地獄有上帝同在，也不要在天堂裡而沒有祂。」重點是，西塞羅和埃克哈特都同意人總會來到一個關鍵點，在那裡，所有客觀標準——真理、來生的報應和懲罰等等——都讓位給「主觀」判準，讓位給我希望是、並與之同在的那種人。

如果將這些說法應用到惡之本質的問題，結果就會是去界定能動者，以及他是如何做，而不是去界定行為本身或其最後結果。你會發現一個移轉，從客觀的某人做的**什麼事**，轉移到主觀的能動者**何人**，此能動者在吾人法律體系中乃是個邊緣項目。如果我們確實因為某人所做的事而將他起訴，那麼同樣確實的是，當謀殺者被赦免時，人們就再也不會去考量謀殺這個行為了。被原諒的並不是謀殺，而是殺人的人，連同各種情節和意向一同出現的他這個人。納粹罪犯的問題就在於，他們自願放棄所有人的特性，好像沒有人會被懲罰或原諒一般。他們一再抗議，說他們從未出於主動做任何事情，也沒任何或好或壞的意向，他們說他們只是服從命令而已。

換言之：天下最大之惡，是無名之人所犯的惡，也就是拒絕為人的人類所做之惡。在這些考量的概念架構下，我們可以說，違法犯罪者是拒絕思考自己所為何事的人，也是拒絕回顧思索，拒絕回到過去並記憶（亦即 teshuvah，悔悟）的人，事實上他們未能將自己建構成有名有姓的人。一意當個無名之人，他們就證明自己不適合與他人交流，這個他人不管是好是壞、或毫不在乎，在最低限度他都是人。

我們到目前為止所發現的每件事都是負面的。我們處理了活動，但沒有討論行動，最終的標準是我們對自我的關係，不是對他人的關係。現在我們要將注意力轉向行動，行動不同於活動；並探討對他人的行為，此類行為不同於人和自己的交流。這兩個項目我們都要限定在道德議題內；我們會針對具有獨一性的人，而不談所有政治議題，比如社群與政府的建構，公民對於國家法律的支持，或者與其他公民的合作行動以展現對於共同事務的支持等。因此，我會討論不發生在公共領域的非政治行動，談與他人的非政治關係——這不是指和其他自我（即朋友）的關係，也不是由某個共同的俗世利益所事先決定。有兩個主要值得我們關注的現象，他們其實是相通的。第一是**意志**（will）的現象，根據吾人之傳統，意志刺激我們行動，第二是善性本質的問題，這完全從正面意義來看待，而不是如何避免惡的負面問題。

我先前提過，古人並未知曉意志的現象。但在確定其歷史源頭——這是很有趣的——之前，我想嘗試簡要分析意志的功能，探討它和其他人類能力的異同。讓我們先來假設，在我們面前有一盤草莓，而我想吃。古代哲學對這想的欲望（desire）當然知之甚詳；欲望總意味著被我們身外的某樣東西所吸引。這是本性，不是很高階，大致說來是屬於人性當中的獸性部分。我是不是要屈服於這欲望，根據古人的說法，這個問題是由理性（reason）所決定。譬如，我會過敏，理性就告訴我不要去取那草莓。然而我會不會去吃，一方面取決於我的欲望大小，另一方面取決於理性相對於欲望的力量大小。我取來草莓下肚，若不是因為我完全缺乏理性，就是因為我的理性比欲望弱。理性與激情的著名對比，加上理性是否為激情之奴，或者激情可為理性所控制的老問題，都呼應著古老的公式化觀念，關於各種層級人類能力的觀念。[25]

就是在此二分法中，嵌入了意志的能力。嵌入，並不表示欲望和理性被取消了，甚至不表示被推到次要的層級；它們依然保有原來的地位。但新的發現是，人本身有某種東西會對理性的訓令說是或說不，因此我之屈服於欲望既不是因為無知，也不是因為懦弱，而是由於我的第三種能力，意志。理性不足，欲望也不夠。因為——簡而言之——「心只有想要被感動時，才會被感動。」（奧古斯丁，《論自由選擇》3.1.2）我可以決定不從理性的慎重建言，如同我可以決定不屈於我所好之物的誘惑，決定我將怎麼做的，是意志，而不是理性或慾（appetite）。因此我可能想要（will）我所不欲的東西，而不要（nill）——有意識地抗拒——理性告訴我是對的東西，而在這行為中，我要或我不要是決定性因素。意志在理性和欲望之間裁奪，因此意志本身是自由的。再者，理性揭露所有人共通的東西，而欲望則顯示所有生物共通的東西，只有意志完全為我所有。[26]

單是這簡短的分析，就不難看出，意志被發現，必定是與自由作為哲學議題、而非作為政治事實，同時被發現的。我們必然會詫異地注意到，自由的問題，特別是意志的自由，在後基督教哲學和宗教思想中扮演如此重大的角色，卻竟在古代哲學中完全不曾出現。[27]然而，一旦我們了解到自由的成分並不可能存在於理性或欲望之中，這

25　鄂注：「理性給定的目標可能和欲望給定的目標相衝突。如果這樣，又是理性作決定。理性是更高的能力，理性給予的目標屬於更高層次。其假設是我會聽從理性，理性主宰或統御意志。理性不會說：汝不應，而是說：你最好不要。」（〈基本道德命題〉）

26　鄂注：確切而言，理性或欲望都不是自由的，這點已經變得清楚。但意志卻是個選擇的能力。此外，理性揭顯所有作為人的人所共通的，欲望則是所有活者的有機體所共通的。只有意志完全為我所有。我透過意志而下決定。這是自由的能力。（〈基本道德命題〉）

27　鄂注：在〈基本道德命題〉中，鄂蘭考慮了是否可能將亞里斯多德之prohairesis理解為一種意志：

對於古代沒有意志概念之陳述，有個但書：《尼科馬克倫理學》中的prohairesis，特別見第三卷第二—三章。

種詫異感便消失了。一方面，理性告訴我們的東西或許有說服力或強制力，另一方面，我的慾是對於來自外在影響我的任何東西的一種渴望反應。

根據古代哲學，自由和「我能」(I-can)密切相連；自由表示一個人能夠做想做的事情。若說失去行動自由的癱瘓者或必須聽命於主人的奴隸是自由的，因為他們也有意志力(willpower)，這聽起來似乎自相矛盾。如果探究斯多噶學派後期的哲學，特別是奴隸哲學家埃皮克泰圖斯(他的著作和第一位基督教作家保羅的著作同時期)，無關乎外在政治環境的內在自由問題，總是一再被提出，你將馬上會看到，這絕非意味著從欲望轉移到意志，或從「我能」轉移到「我要」(I-will)，而只是我的欲望對象的移轉。即使我是個奴隸，為保持自由，我必須控制我的慾，使之只追求我能夠得到的東西，只取決於我自己的東西，因此也是我實際能力所及的東西。在這個詮釋中，癱瘓的人可以像任何人一樣自由，只要他不妄想運用他癱瘓的肢體。[28]

我提出埃皮克特圖斯的例子以避免誤解。這種內化，這種將「我能」從現實的限制變成內在生活領域的限制——後者正因為其非現實所以有無限可能性——和我們討論的問題共通之處甚少。尼采對於基督教的批評，實際上大多只適用於古代哲學的最後這些階段。埃皮克泰圖斯確實可以解釋為是憤懣奴隸心態的典型：當主人告訴他，「你並不自由，因為你這個不能做、那個不能做」，他會回答：「我根本不想做那些事，因此我是自由的。」

前面說過，我的想法同艾瑞克．佛格林[29]，不論我們如何解釋「靈魂」這個字，在柏拉圖之前並無此觀念。同樣的意思，我要說意志的現象及其所有的複雜意含，在保

此字意指著延伸出去、進入未來，事先採取立場或決定。其定義是：bouleutikē orexis tōn eph hēmin，就能力範圍內的事物進行長考的欲望。（1113a10）

亞里斯多德對於此一能力並不確定。他總是試圖將之化約為欲望與理性。譬如，他說慾（appetite）和邏各斯（logos）是prohairesis的起源（《尼科馬克倫理學》1139a31），而prohairesis和dianoia（譯：理性）及orexis（譯：欲求）是相通的。（《動物之運動》700b18-23）在《尼科馬克倫理學》當中最重要的是，他說prohairesis不是為了目標而是為了手段。（1112b11）其對立面是boulēsis tou telous。（1111b27）在此，目標是透過長考而成形的。但在《修辭學》中，我們的指責和讚美是根據prohairesis，而不是根據ergon（譯：工作）或praxis（譯：實作）。所有不好的東西都在於prohairesis。

只有一次，在《形上學》（1013a21），prohairesis是praxis的肇端。其他定義中所沒有的，是向未來的延伸。如果我們從那裡取得線索，就會提出這樣的結論：意志這項延展進入未來的能力，是所有行動的運動。意志的這項功能，本身有長考的成分，也有慾的成分。如果我們將意志的這個面向和其他能力相比較，欲望延伸到如今這般的世界，延伸到現下；記憶延伸到過往。理性則多少嘗試著超越這些時間性的東西。它試圖走入無時間性的空間，在那裡，比如，數字永遠就是那樣。理性因其處理無時間性的東西，變成所有能力當中最偉大者。

28 柯注：值得注意，在《心智生命》的〈意欲〉卷中，鄂蘭的立場相當不同。在該部書中，她也說埃皮克泰圖斯只關注內在自由，但看到他確實有意志的概念，一個充分主動、「全能」、「強大」的意志。（"Willing," 73-83）

29 譯注：Eric Voegelin（一九〇一－一九八五），德國政治哲學家，納粹掌權後流亡美國，於多所院校任教政治哲學。

羅之前無人知曉。而保羅的發現又和耶穌的教誨有相當密切的關係。前面提過「愛你的鄰人，如同愛你自己。」諸位知道，福音書中的這句話其實是出自舊約聖經；其源頭是希伯來宗教，而非基督教。我這麼提，是因為在那裡，何事當為何事不當為，最後判準也是在自我。諸位也記得耶穌說出與這條規則相悖的話：「但我告訴你們，要愛你的敵人，祝福那些詛咒你的人，對恨你的人行善」等等。（〈馬太福音〉5.44）這是在耶穌將所有舊有的訓令和規誡推到極端的時候，他說：「諸位聽過古時人所說，『汝不應通姦』；但我跟諸位說，任何人若看著一個女人而貪戀她，心中就已經與她通姦了。」（〈馬太福音〉5.27–28）而同樣地，這也不會與希伯來的告誡格格不入——反而更加強了。「愛你的敵人」的訓誡，在某種程度上也是如此，我們在〈箴言〉（25.21）中就可以發現類似的語氣：「如果你的敵人餓了，給他麵包吃；如果他渴了，給他水喝」，只是耶穌沒有補充：「汝應以德報怨，上帝便會獎賞你。」（如保羅在〈羅馬書〉12中所說，仍是引自〈箴言〉之文。）耶穌只補充：「汝等可能是你們天上之父的孩子。」這個形式的「愛你的敵人」，就不單只是希伯來訓令的強化了。諸位想想上下文中所說的其他話，這情形就變得很明顯——如「任何人向你要求，就給他們」，以及「拿走你上衣的人，不要禁止他也拿走你的外套。」（〈馬太福音〉5.40）最明顯的，我想，確實莫過於在這些行為的勸說中，自我以及我與自己的交流不再是行為的最終判準。這裡的目標絕不是寧受不義不作惡，而是迥然不同的東西，也就是對他人行善，唯一的判準是他人。

這奇特的無私無我，為了上帝之故或為了我的鄰人之故，刻意泯除自我，確實是所有基督教倫理學的精義，實至名歸。今天我們把善等同於無私無我（由此我們又推論——恐怕是未加思考的推論——說惡就是自私），這遙遠地呼應了某個人的真實經驗，他歡喜行善，如同蘇格拉底喜愛思考的活動。而正如蘇格拉底所深知的，他的愛智（love of wisdom）磐固於一項事實：沒有人可以是有智慧的，我們也在耶穌那裡發現一堅實的信念，亦即他的愛善（love for goodness）奠基於一個事實：沒有人可以是善的：「汝為何稱我為善？沒有人是善的，除了一者，那便是我們天上的父。」如果沒有這種二合一、這種自我被實現並道出的分裂過程，任何思考過程都無法想像，相對來說，如果連行善時我都有所覺察，就沒有一種行善是有可能的。此處只有一個條件重要：「不要讓你的左手知道右手做了什麼」，甚至「不要在人前施捨而被人看見」（〈馬太福音〉6.2）也不夠；可以說，我必須從我自己這裡缺席，不要被我看見。就這方面，以及我先前說到孤獨時的意思，好行善之人是開始了人所可能擁有的最寂寞的生涯，除非他剛好相信上帝，有上帝為伴，為見證。行善而不只滿足於避惡的所有正面嘗試中，皆有這種真實寂寞的成分，即便是康德，他雖小心翼翼要從其道德哲學中除去上帝以及所有宗教訓示，卻也祈求上帝見證那若非如此便無法探索也無法查知的善之意志的存在了。

我簡短討論了蘇格拉底的陳述相當弔詭的本質，以及我們如何在習慣和傳統中失去對它的敏感。古希伯來訓令在耶穌教義中的極端化，也是同樣的情形，甚至更為強調。他給予門徒的要求必定超過負荷，我們對此若沒有感覺，那是因為我們幾乎不把它當一回事。這些教義所賦予的壓力，感受最強的或許莫過於突然皈依之後的保羅。

經常有人說基督宗教的創始者不是拿撒勒的耶穌，而是人數的保羅。保羅確實是基督教哲學的創始者，他獨樹一幟地強調自由的議題以及自由意志的問題。決定性的段落出現在〈給羅馬人的書信〉[30]，很長一段時間，可以說整個中世紀，它都一直是討論的焦點。著名的第七章從法律的討論開始，以人需要透過神的恩典而獲得拯救作結。法律的引入預設了意志。每個「汝應」（Thou Shalt）的回答都是「我要」（I will）。諸位記得，法律使人有可能分辨是非，「因為沒有法律的地方，就沒有逾矩」（〈羅馬書〉4.15），因此「法律是關於罪的知識。」（〈羅馬書〉3.20）不過，清楚道出是非的法律依然未達成其目的，這是接下來的推論的預設；反而如保羅引自〈詩篇〉所說：「無人理解，無人追求上帝……無人行善，不，一個人都沒有。」（〈羅馬書〉3.11–12）這怎麼可能？保羅以自身為例來說明：他**知道**，「他同意（symphemi）善的法律」，尤有甚者，他渴望據法而行，但還是「做了我本不要做的事。」「我要做的事沒做；但我不喜的事，卻做了。」於是，「我想行的善，我沒做，我不想做的惡，卻做了。」（〈羅馬書〉7.19）由此他只能斷定：「意志我有；但**如何**為善（我們可加上：也是我要做）之事，我找不到方法。」保羅相信人不能為之的原因在於肉體之人（carnal man）和精神之人（spiritual man）的二分，而「我的器官依循另一種法則，與我心靈的法則相衝突」，但他仍然可以相信「以此心，我本人為上帝的律法服務，以此肉體，我為罪的法則服務。」

我認為我們應該嚴肅看待這一段文字，這樣就會很清楚，意志，這個理當給予行動所有動力的強力工具，是在其無能為力的狀態下被發現的，那種無能為力的經驗是，即使我知道**並且**也不同意我的欲望，在那種處境當中我依然必須說出「我不能」。因此，關於意志，我們所知的第一件事是一種「我要但我不能」（I-will-but-cannot）。但這「我要」絕不會被「我不能」所壓制，還是會繼續「想要」（willing），可以這麼說；而它想要的愈多，其不足就顯得愈清楚。意志在這裡表現為一**仲裁者**，即**自由選擇**（liberum arbitrium），立於能夠認識的心智和有欲望的肉體之間。在仲裁者的角色中，意志是自由的；亦即它出於自發性而做決定。與阿奎納學說對立的十三世紀哲學家鄧斯．司各脫，堅信意志高於其他所有的人類能力。以他的話來說：「唯意志是意志中所有意願（volition）的總因。」但意志雖自由，肉體的人雖然保有這自由的能力，卻完全不是自由的。他並非強

30 譯注：新約聖經「保羅書信」中的一篇，以下簡稱〈羅馬書〉。

悍到能夠做他要做的事；他的所有罪和逾矩行為可以被理解為是懦弱，是可贖、可原諒的小罪，除了那不可饒恕的表示贊同之罪——那是對精神所犯下的罪。鄧斯．司各脫反對哲學家之說，又補充道，精神之人也是不自由的。如果唯「我能」是自由的，那兩者都不自由。如果肉體之人的「不能」是受欲望之迫，那知性之人不能作惡，是因為被真理所逼。因此，每個「我能」都預設著一種「我不可以」。

從這對意志現象的第一次認識，我們應當記住這「我要但我不能」的情形，並注意到，意志在我之中造成的這**第一道分裂**，是全然不同於發生在思想中的分裂。意志中的這分裂遠非平和的——它所顯示的不是我和自我之間的對話，而是一場至死方休的無情掙扎。我們也會注意到**意志的無能為力**，或許還在這裡獲得一個問題的提示，也就是為什麼意志，所有人類能力中最渴望權力的意志，在這整個潮流最後一個、或許也是最有力的闡釋者，也就是尼采那裡，能夠與權力意志（will-to-power）畫上等號。我們或可用奧古斯丁的兩段文字為這個階段的問題下結論：其一來自《懺悔錄》，另一則來自他的書信。保羅清楚表示的是：首先，「要如何與能如何並不相同」（《懺悔錄》8.8）；其次，「若無意志，法律亦不能令之；如果意志足夠，神恩也幫不上忙。」（《書信集》177.5）

我們問題的第二階段是在奧古斯丁的哲學中發展出來。他超越保羅的闡述而踏出決定性的一步，他發現意志所落入的陷阱，不是來自於人的雙面性，即肉體面和精神面。意志本身是心靈能力，而對身體而言，意志有絕對的權力：「心靈命令肉體，肉體立即遵從；心靈命令自己，就遭到抗拒。」因此，正是針對那些保羅表示絕望無助的肉體現象，奧古斯丁相當確定意志具有的權力：「你無法想像出我們所擁有的比這更有力的東西，當我們要行動的時候，我們就行動了。因此，在我們的能力中，沒有什麼能及得上意志自身。」（《檢討》1.8.3以及《論自由選擇》3.2.7）然而，由於意志對於自身的這種抗拒，保羅認識到了他所說的現象。那是在於意志的性質，「部分要，部分不要」，因為若意志沒有遭到自身的抗拒，它就不需下命令和要求服從了。但是「它不完全要；因此命令得不徹底。命令執行得到的程度，就是意志要它做到的程度；命令執行做不到的程度，是因為意志不要做到那個程度……。因它若是完整的，就根本也不會下令要如何，不然它早就是完整的了。部分要、部分不要，並非什麼怪事……（因為）有兩個意志。」（《懺悔錄》8.9）換言之，意志本身一分為二，且不只是我一部分要善，一部分要惡，兩個對立的原則在我內心競爭，而我是那戰場。同樣的事發生在「兩個意志都要惡」的時候，譬如有個人部分想要上劇院，部分要去看馬戲，第三還要打劫行搶，第四要與人通姦，而他只有現在有機會做這些事。最後這個例子，諸位應當已注意到奧古斯丁帶入了同時運作的四個意志，而我們很快會指出這個例子和更多其他情形都非常接近長考（deliberation），而長考和意志並不相同。然而，如果從意志至上的假設來看所有心靈能力，如同奧古斯丁在《懺悔錄》第八書所做，那麼長考會以一種意欲（willing）的形式出現：「任何人在長考時，便有一個在彼此衝突的意志間起伏的靈魂。」很顯然，這些起伏中，意志現在被分成三部分、四部分或更多部分，因而癱瘓了。[31]

下一講我們會再深入探討這個問題，但現在讓我們只記住：我們發現了另外一種分裂為二的人類能力，不是因為它和一種完全不同的人類本性相對立，而是因為這能力的本質只以二合一的方式存在。然而，意志本身的這種分裂是競爭而非對話的情形。因為如果相反，意志是一，那它就會是多餘的，因為它會沒有任何人可以命令。因而

31 鄂注：問題出現了：意志對誰發號施令？對欲望嗎？非也，它命令自己去控制欲望。因此，意志本身就是分裂的，一個發令，一個服從。意志「不完全發號施令，因此其所令者，並未做成。」問題的重點在於：「要的是我，不要的也是我，**我，就是我自己**（ego, ego eram）。我不是全部要，也不是全部不要，因此是被拆成好幾部分的。」（《懺悔錄》8.10）這「我，就是我自己」應會令你想起蘇格拉底的「寧可與世人不和，也不願同自身傾軋，因為我是一體的。」但即使「我即是我」，卻有「兩個意志」，一者意欲並發號施令，另一者抗拒並有相反的意志，因此「半要半不要，並非什麼怪事。」這或許不怪，也不是對立原則之間的競爭——好似我們「有兩個心靈，一善，一惡。」只有當意志開始運作之時，而非之前，衝突才出現。那存在於意志的本質中。但那是一種衝突，不是與自我的無聲交流。再一次，我成為二合一，但這回不論我做什麼，不論我行為是善是惡，都有衝突。其證明在於，當「兩個意志都是惡」的時候，同樣的事情也會發生。問題總在於，如何以「全部的意志」去要——當我「說，我幾乎做了。我幾乎做了，但是沒做。」我們現在

有四個意志，都同時運作，彼此癱瘓對方，「懸而未果」。問題在這點上出現了：上帝為什麼給我意志？我們來看《論自由選擇》。問題是雙重的：如果走出自己造成的困境，需要的是恩典，那為什麼要給予人們意志？既然有自由意志就可能犯過、招罪，那為何要給予人們自由意志？只有第二個問題是明白問出來的。答案是沒有自由意志，就不能正確生活。另一個問題出現：為什麼沒有賦予其他的能力，像正義，這種沒有人能錯誤使用的能力？（2.18）答案是：除了藉由意志的自由選擇外，不可能有正確的行動。換個方式說，只有意志是完全在我們的掌握中，只有透過意志力量（willpower），我們才是我們自己。或者（1.12），意志是如此的大善，因為只要你意欲（to will），就可以擁有它：velle solum opus est ut habeatur。或者，我們值得過幸福的日子或不幸福的日子，都是因為意志。由此可得，如果有人意欲以正確的方式去意欲，就會非常輕易獲得如此偉大的東西，那就是，只要事實上他意欲此事，便獲得了其意欲之事。但如果意志本身就是分裂的，那麼是不是有可能意志的本質內就會產生這種朝向惡的運動，如果是這樣，我們不是本性使然、必然，會有罪嗎？答案也許是肯定的，但你如何解釋我們事實上又會指責與讚美？心靈之所以成為欲望之奴，正是由於它自己的意志；它不是因為欲望或軟弱而成為欲望之奴。最後一個問題：如果我們的壞行為是自發的，那怎是符合上帝之預知？答案：上帝不是其所知之一切的造物者。根據祂的預知，祂不強迫我們。

從3.5到3.17，對話變成獨白。困局變得如此之大，奧古斯丁覺得他有必要說：再怎麼有罪的靈魂也絕不應促使你說出，這些人不應該存在，或他們的存在應該不像現在這般。（回想耶穌所說的的可恥罪孽skandalon，〈路加福音〉17.2：對於弱者——即那些受你掌控之人——的背叛與罪行。）對奧古斯丁而言，這就等於是你意欲如此。他的答案是，存在是如此美好的事，你不能要它不存在；你不能思考無物。對話者在第十七章再度回來：「我在找意志的起因。」但，此問題不是無止境的嗎？「如果你找到了，你不會再去找該起因的起因嗎？」問題本身就是錯的。意志是唯一不可能有先於它之起因的東西。先於意志之意志的起因是什麼？意志要不是其自身的起因，就是它根本不是意志。我們在此面對一個簡單的事實。於此，奧古斯丁來到了〈羅馬書〉第七節和〈加拉太書〉第五節。哲學的詰談便結束了。（《基本道德命題》）

意志最重要的展現就是下令。但現在變成，意志若要被服從，它同時必須同意，或意欲服從，因此這分裂不是兩個同等者的分裂，如在對話之中的一分為二，它是分裂成發號施令者和遵命者。既然無人喜歡遵命，而只在本身之中分裂的意志，並無外在於自身或在自身之上的力量去執行命令，於是想當然它會總是抗拒到底。最後，心智在思考活動中分而為二，而對話似乎是最適當的形式，但對意志而言就完全是另外一回事。意志理當推動我們去行動，為此之故我們就特別必須是一者（One）。換言之，分裂而反對自己的那個意志，比較不夠格擔負行動的任務，不若在自身中分裂的心智，變得比較適合擔負長考的任務。若意志如此，它可有何用？若沒有意志作用，我如何竟會起而行動？

## 四

對於蘇格拉底式的道德，我們的討論只產生否定的結果，不過是告訴我們什麼條件會避免我們為非作歹：這條件是不與我們自己不和，即使這可能代表著與整個世界齟齬。蘇格拉底的公式乃基於理性；這種理性既非可適用於手邊任何情況的純智性，也不是沉思，即那種以心眼觀看某個被揭示或展露之真理的能力，而是基於一種作為思想活動的理性。在這些活動中，沒有任何東西顯示會從中產生作為的衝動（impulse for doing）。由此我們推論，這公式的重要性——我們從未懷疑過——它的正當性與實際意義，是清楚展現在緊急狀況中，也可以說是在危機時刻，當我們覺得被逼到了牆角，走投無路時。我們談到邊緣現象或臨界點型的訓令，不是因為我們相信思考本身是這般，而是因為我們認為，思考的道德面向對於思考過程本身的重要性是次要的，思考未能對我們在眾人中如何行為產生任何正面指示，因為它是在孤獨中進行的。

因此我們轉向另一項能力，意志，自從它在宗教脈絡中被發現之後，就無比光榮地宣稱包含了所有行動的種子，並有能力決定要做什麼，而不只是不要做什麼。我們注意到，奠基於思考活動的蘇氏道德，主要考量避惡的問題，但以意志能力為基礎的基督教倫理，則把重點完全放在表現，放在行善。我們也注意到，蘇氏道德強調的克制而不作惡，其最終判準在於自我，以及我與自我之間的交流——換言之，就是我們的邏輯所依據的互不相悖之公理（axiom of noncontradiction），而這在康德非基督教的、世俗的道德中，依然扮演吃重的角色。另一方面我們又發現，正面為善的最終判準，在於無私無我，在於失去對你自己的興趣。我們發現這驚人的移轉的原因之一，可能不只是這種「愛鄰人，即使他與你為敵」，更在於一個簡單的事實：沒有人可以既為善，又知道自己在做什麼。「不要讓你的左手知道右手做了什麼。」因此，在思考活動中出現的一分為二、二合一的狀況，在此是不被允許的。說得更極端一點：如果我希望為善，我必不能想我在做什麼。為了將這個問題從它首先被表述出來的宗教脈絡抽離，容我為各位引述尼采一段相當美麗而典型的文段，它聽來就如這些話語的最後一聲反響。尼采說（《超越善惡》40）：

有行為之性質微妙纖細若是，最好粗暴加以摧毀，使其不可辨識；有大愛與寬宏大量的行為，對此最佳做法便是拿起竹棒，痛擊所有證人：為的是讓他們失去記憶。有些人知道如何讓自己失去記憶，他們虐待記憶，有如對其行為的唯一目擊者施以報復。羞恥心很巧妙。我們最感羞恥的不是我們最壞的行為……我可以想像有珍貴無價的東西要隱藏的人，會碌碌一生，質樸圓滑如一只綠色老酒桶。

此外，諸般思慮之後，容我提醒諸位，要依據蘇格拉底的教導及耶穌一生的訓誨及身教，找出惡的定義，這嘗試或許過早。蘇格拉底認為，不義之事，是做了之後我自己會無法忍受的任何事情，而作惡者會是不適合與人交流的人，特別是他與其自我之間的思考交流。在尼采常被人引述的一則格言中可以找到相同的立場：「我的記憶告訴我：我做了這事。我的驕傲告訴我：我不可能做這事。驕傲堅不退讓。最後記憶讓步了。」（《超越善惡》68）本文在此暫不考慮這個舊有立場在當代重現的樣態，以及壓抑此一對古代靈魂來說完全未知的理由，到了當代如何成了絕妙的療方。如同先前所言，關鍵之處在於記憶的能力是為了防範作惡。我們看到這裡的判準極其主觀：一方面是，對於自己做了且又不失為人的完整性的種種事情，我可以忍受它可能會因人、因國家、因時代而異。主觀的另一方面是，這議題最後來到我希望與誰共處的問題，而不是關於「客觀」標準和原則。我為各位引述過西塞羅與埃克哈特大師的陳述，兩人的陳述皆奇特，但也奇特地相通。西塞羅說他情願和柏拉圖一同誤入歧途，也不想與某些江湖郎中共有真理，而埃克哈特說他寧可和上帝一起在地獄裡，也不願上天堂卻沒有上帝同在。在通俗的層次，羅馬諺語「宙斯可以做的，牛不能做」（Quod licet Jovi non licet bovi）有同樣的態度。換言之，因人異事，有些人可以做的事，其他人並不允許去做，由此推論，許多事情或許牛可以做，但宙斯卻做不得。

惡被耶穌界定成「絆腳石」，skandalon，人力無法搬移之，以至於真正的作惡者成了根本不應該出生的人——「在犯者脖頸掛上磨石，令他沉入海裡，對他會比較好。」此處標準不再是自我，以及自我可以忍受或無法忍受與之共處的事，而是整體作為的表現及其後果。絆腳石般的罪孽非吾人所能補救，不論透過原諒或懲罰，因此，它會持續阻礙所有進一步的表現或作為。而能動者不是柏拉圖所理解的那樣，可以透過懲罰而洗心革面，或者，如果他無可救藥，也還可以透過承受苦難而給予世人警惕；這能動者違反了世界秩序本身。以耶穌所用的另外一個隱喻，他就像雜草，是「田裡的稗子」，你只能將之摧毀，一把火燒掉。耶穌從未明說這人神皆無法原諒的惡所指為何，而對於「絆腳石」，這對聖靈所造之孽的詮釋，亦沒有給我們更多說明，除了那是我全心贊成的惡，是我自願犯下的惡。我覺得這個詮釋難以和福音書中所說的相符，自由意志的問題在福音書中尚未提及。但這裡所強調而無疑的，是對於社群所造成的傷害以及帶給所有人的危險。

我認為顯而易見的是，這是一個行動人（man of action）的立場，不同於以思考為主要關懷、且念念不忘於此的人。耶穌在惡之問題上的基進，就我所知，從未被任何碰觸過這個問題的哲學家所接受——他的基進立場更教人銘記於心之處，在於它如此密切地與最大可能的寬宏大量相結合，包容所有的惡人，包括通姦者、賣淫者、小偷及稅吏。只要想想史賓諾莎，我們所稱的惡，對他而言，不過是一切事物無可置疑的善在人類眼中所呈現的一個面向；或想想黑格爾，他認為作為負項的惡是強大的力量，推動著生成的辯證過程，在黑格爾的哲學中，惡人遠非麥田裡的稗子，甚而可能是肥料。以悖德和不幸的雙重意義來替惡辯解，一直是形上學中令人費解的部分。傳統意義中的哲學面對存有整體的問題，總覺得必須肯定一切存在的事物，並為之找尋一個恰當的位置。我將回到尼采，以便對問題的這個部分做個總結：他說（《權力意志》293）：「被拒斥、被驅逐之行為（verwerfliche Handlung）這樣的概念，會造成問題。事情一旦發生，無一可被排拒；不應想著毀滅它，因為萬物皆息息相關，排斥一事等於排斥全部。一個遭棄的行為，意味著一個遭棄的世界。」尼采此處所道出的觀念，可以說是對於特定事或特定人無條件的否定，其意如同「這不應該發生過，他不應該出生」，這確實是所有哲學家厭惡的想法。當他宣稱「悖德者與不幸的人更能發現某些部分的真實」（《超越善惡》39），他是牢繫在這傳統中，只是他將前人相當抽象的概念轉化成非常具體的語彙；這樣的陳述在他聽來或許是異端邪說——他畢竟還是個新教牧師的兒子——但這是另外一回事。不過，當他在同樣一篇格言中提到「快樂的惡德者——道學家會從他身旁默默走過的一個人種」，他確實超越了那個傳統。此一觀察或許不是特別深刻，而尼采似乎也不曾再回到這裡，但這確實命中整個問題的核心，至少是以傳統方式所提出的那個問題。

我在上一講中說到，根據傳統哲學，是意志激發人去行動的，而不是理性或欲望，這種說法只說對了一半。確實，如我們所見，對意志的認識，多以之為諸多欲望間的仲裁者，或理性和欲望之間的仲裁者，如此，它就必定不受制於理性或欲望。如同我們先前所指出，自奧古斯丁和鄧斯．司各脫以來，自康德和尼采以來，意志若非自由，就是不存在；它必定是「本身即全因」（鄧斯．司各脫），若要為之賦予一個因，你馬上就會發現陷入一個因因相循、無止境的後退中，不斷追問，這個因的因又是什麼？奧古斯丁在《論自由選擇》（3.17）就指出這點。這是一種心靈能力，由保羅發現，奧古斯丁加以闡述，而此後不斷被詮釋、再詮釋，無其他人類能力所遇若此。不過對於意志之實際存在的問題，也一直有所辯論，程度之深超過對於理性、欲望或其他人類能力的討論。簡言之，這弔詭如下：只有當發現意志包藏著人類自由時，人們才會想到他有可能是不自由的，即使他們並未受到自然力或命運或同類的脅迫。不諱言，人可能是其欲望的奴隸，而節制和自制是自由人的象徵，人們對此一直有所知。不知如何控制自己的人，我們判斷他是奴性之人，如同戰敗者讓自己變成囚徒，販而為奴，而不是自殺明志。若是懦夫或愚人，就會不斷改變立場。我們看到，不管外在情況，當發現我要和我能並不相同之時，問題就來了。此外，「我要但我不能」並不同於四肢癱瘓者說：「我想動動四肢但沒辦法」，這情形是身體抗拒了心之所想。相反地，只有在心智告訴自己做什麼時，意志的複雜錯節才變得明顯。我們說這是意志的支離，同時要又不要。於是問題在於，如果我做我不要做的事，我可以說自己是自由的，不受他人或必然性的強制嗎？或者相反，如果我完成了我定要做的事，我就是自由的嗎？現在，人開始行動之時是否為自由的這個問題，並無法以示範證明的方式加以解決，因為行為本身總是落實在一連串事件當中，在這脈絡裡，該行為由其他事件所引發——亦即，它落在因果的脈絡。另一方面，我們一再聽人講到，不論是道德或宗教性質的訓令，若無人類自由的假定，都不可能有意義，此言誠然真切，也顯而易見；但這只是假設。最多只能用尼采的話來說：有兩個假設，科學的假設說，沒有意志存在；常識的假設說，意志是自由的。後者是「支配性的感覺，吾人無法自此中解放，即便科學的假設獲得了證實。」（《權力意志》667）換言之，我們一開始行動，就假定自己是自由的，不論事情真相如何。假如我們單純只是行動的人，這似乎可說是個又好又充足的證明。但問題是我們不是，一旦停止行動，開始思考我們對他人做了什麼，甚至思考這具體的行動如何嵌入吾人整個生命的肌理，事情就又變得高度可疑了。回顧時，每件事似乎都可以因果、前例或情節條件來解釋，以至於我們必須承認，兩個假設的合理性，各在其經驗領域中有效。

哲學傳統用來跳脫此困境的設計，實際上很簡單，雖然在某些情況中可能顯得複雜。困難在於，有某種東西不由任何事物所決定，但也不是任意的；仲裁者並不任意仲裁。意志這仲裁者——在眾欲望之間或理性和欲望之間的仲裁者——它的背後是omnes homines beatus esse volunt（所有人都趨向快樂），可以說是受快樂所牽引。此處刻意用牽引（gravitate）一詞，以強調它意味著不只欲望、力求、渴欲等等而已，這些都只能零星地予以滿足，但仍然使作為一個整體的人（從其生命整體來看）「不快樂」。因此在這詮釋中，意志雖不是由特定原因所決定，卻樹立於這種引力的基礎之上，它理應為眾人所共有。直言之：不只是像人在生命的每個片刻都希望自己可以說：「我快樂，我快樂，我快樂」；而更像是人在生命的末期，希望自己可以說：「我過得快樂。」道德學家說，應該只有不作惡者才有可能如此，但是，這不過只是假說罷了。如果我們回到古老蘇格拉底式的判準，幸福意味著與自己和平相處，便可以說為惡者已失去提出問題並加以回答的能力，他們與自我不和，失去在思想對話中變為二合一的能力。這論證在奧古斯丁那裡以不同形式出現，他斷言：「人若知道什麼是對的而沒有做，就失去認識對的事物的能力；有能力去做對的事情卻不想做，就失去做他想做的事情的能力。」（《論自由選擇》3.19.53）換言之，行動若抗拒朝向幸福的引力，這人就失去快樂或不快樂的能力。究竟幸福是否確實是一個人整體存在的重心，這主張並不容易維持，況且不論我們覺得這個論證是否言之成理，真相是，此論證已喪失其大部分的可信度，甚至全部，原因很簡單，以各式各樣方法提出這個論證的人——從柏拉圖到基督教倫理學家，一直到十八世紀末的革命政治家——都相信有必要以來生絕大的「不快樂」來恐嚇「惡人」；而後者確實也將理論上的道德學家常常略而不談的「人種」視為理所當然。

因此我們將略過這個關於幸福的棘手問題。惡人做惡事的快樂，一直是比較令人不安卻無可爭辯的事實，通過解釋將之消除，不會有什麼好處。吾人只需喚起互補的看法：人行善或為人正直，是因為他們想要快樂。因此之故，也由於這件事情上的所有原因（再引尼采的話）：「如果有人告訴我們，他需要有理由才能保持正直，我們就幾乎不會再信賴這個人；當然，我們會避免和他一道。」——畢竟，他不能改變心意嗎？此處，我們回到那純粹自發性的能力，這能力促使我們行動，並且在諸多理由中做出裁奪，而不會受制於這些理由。到目前為止，對於意志的兩項功能，刺激及仲裁的功能，我們一直是混合著談。我們從保羅和奧古斯丁那裡所汲取的關於意志的兩重分裂——保羅的「我要但我不能」、奧古斯丁的「我要又不要」——只有當意志刺激行動的時候才適用，但不適用於意志的仲裁功能。後面這項功能，事實上就如同判斷力；意志被召來在不同且對立的命題之間作判斷，這判斷力，人心中最神秘的能力，究竟應稱為意志或理性，或可能是第三種心靈能力，至少是一個懸而未決的問題。

就意志的第一種能力——刺激力——而言，我們在尼采那裡發現兩則奇特的描述，互不相干，而且我們會看到這兩則描述也彼此矛盾。容我從依循傳統的、也就是奧古斯丁式的理解開始。「意志不同於欲望、力求或想望：它與這三者有別，乃透過號令（Command）的成分。……某事是依令而來，它內存於意欲之中。」（《權力意志》668）在另一文脈中，他說：

有所意欲者，下令給他心裡的某個東西，而他又從命而行。……我們稱為意志（Will）的這多重現象，最奇怪的地方是，我們只有一個字來稱呼它，特別是唯有一個字稱呼這現象：在任何情況下，我們都同時是發號施令及服從命令的人；只要我們從命，就會經歷強制、催促、逼迫、抗拒的感覺，這些感覺通常在意欲的行為之後立即開始顯現；然而，只要……我們有權下令……就會感受到一種快感，由於吾人習常透過我（the I）、自我（the Ego）去克服這二分，快感就更強烈，以至於我們將內心的服從視為理所當然，因此把意志和實現、意志和行動視為同一了。（《超越善惡》19）

這個詮釋是傳統的，在於它堅持意志的分裂性，根據基督教或保羅的教義，意志內在的麻痺只能透過神恩來治癒。而它明確偏離傳統之詮釋的地方，則只在於它相信在意志的內在居所當中發現一種狡獪的設計，透過這設計，我們得以與發號施令的一方認同，並忽視那不愉快的、產生麻痺效果的受強制感覺，受強制，因而被召喚來進行抵抗。尼采自己稱這過程為一種自我欺騙，雖然是有益的自我欺騙。透過認同發號施令的一方，我們經驗到由行使權力而來的優越感覺。假如意欲能夠只在單純的意欲行為中窮盡自身，而不需走到行為表現的部分，一般人會認為這種描述是精確的。我們看到，意志的分裂性在涉及行為表現的時候變得明顯，而只要我不被要求將善實踐出來、一種極快樂的自我欺騙便會加以壓制的那種感覺，在發現「我要」和「我能」不同的時候，便消失了。或者以尼采的話來說：「意志想當自己的主人」，並且明白了如果心給自己下達命令，而不只是對身體下令（若果如此，奧古斯丁告訴過我們，身體會馬上遵命），這便意味著我役使我自己——我可以說是將本質為否定自由的主奴關係，拖進到我在我與自我之間建立的交流與關聯中。因此，著名的自由庇護者，變成了所有自由的毀滅者。[32]

然而這裡的討論出現一個之前不曾提過的元素，即快感（pleasure），尼采認為這元素內存於對他人握有權力的感覺。因此尼采的哲學是奠基於意志與權力意志（will-to-power）的等同；他並不否認意志的一分為二，他稱之為「在是和否之間的擺盪」（《權力意志》693），在每個意志的行為中，快感與不快同時出現，但他將這些被強制與抗拒的負面感覺列為必要的阻礙，若無這些阻礙，意志將不識自身的權力。顯然，這精確地描述了快感原則；單是無痛無苦不足以造成快感，而意志若未壓倒抗拒力，則無法喚起愉快的感覺。尼采有意地追隨古代享樂派哲學家，他們的哲學多少已被現代的感覺主

32 鄂注：因而，自由是將意志白願拋棄。（《基本道德命題》）

義重新形構，特別是邊沁的「苦與樂的計算」；尼采對於快感的描述，取決於從苦中解脫的經驗，而非在於無痛苦感或單是快感的存在。這感覺的強度毋庸置疑；在強度上，只有痛苦本身的感覺差堪比擬，這感覺總是比任何與痛苦無關的快感所可能的程度還要強烈。毫無疑問，飲下美酒佳釀的喜悅，在程度上是無法和渴飲甘泉的喜悅相比擬的。但此自我詮釋有缺點，即使是根據尼采自己的描述。根據他的說法，快感的源頭在於感到「意志和行動是多多少少相結合的」（《超越善惡》19），也就是，快感之源在於「我要而我也能」，不依賴負面感覺——痛苦以及自痛苦解放——就像享用佳釀美酒的喜悅與得飲甘泉消止渴意的感受，乃彼此獨立，互不相干。

因此，我們在尼采那裡找到對意志的另外一種分析，以快感為母題，但是以不同的方式進行。意志和權力意志相等時，其中權力絕對不是那意志所渴望或一定要的東西，那不是它的目標，也不是它的內容！意志與權力，或權力的感覺，是相同的。（《權力意志》692）意志的目標是去要（to will），如同生命的目標是去活（to live）。權力感（powerfulness）是內在於意志的，不論其對象或目標可能為何。因此，以謙卑為目標的意志，並不比以統御他人為目標的意志更弱。這種權力感，意欲行為的純粹力量，尼采解釋為是一種充裕（abundance）的現象，暗示著一種力量（strength），超過回應日常生活要求所需之力。「『意志的自由』（freedom of will）幾個字，所表示的便是這種力量有餘的感覺。」

關於快感原則，尚有一個微弱的類比：如同你只有在不渴的情況下才能享受一杯美酒——口渴時，任何液體都可以解渴——意志的能力同樣只在萬事皆備、生存無虞的情況下，才會產生。這種力量的充溢，尼采將之等同於創造的衝動；是所有生產力的根源。果真如此（我認為所有的經驗資料都會肯定這樣的詮釋），便能解釋何以意志會被看成刺激行動之自發性的源頭——而將意志理解為透過其辯證的本質而顯現人類最終的無能，只可能導致所有力道的全然癱瘓，除非有神助，如同在所有嚴格的基督教倫理學中所為者。當然也是這種力量的充裕、這種豐饒大度或「揮霍的意志」，促使有想望和有愛的人去行善。（《權力意志》794）我們所知那些將一生奉獻於「行善」的少數人，如耶穌和聖方濟，最顯而易見之處肯定不在逆來順受，而是那滿溢的力量，這力量或許不是展現在性格上，而是在他們的本質。

很重要的是我們要了解，力量有餘而產生的「意志揮霍」並不指向任何特定目標。尼采在以下的句子中強調了這一點（《歡愉的科學》360）：我們必須「區別行動的原因，以及以如此這般的方式、如此這般的方向、為達成如此這般目標而行動的原因。第一種原因是力量大有餘裕，只待被用罄，不論以何形式，以何內容。第二種原因，（目標或內容）與釋放出如此量的力量來源相比，通常只是小事一樁，是微不足道的——有如小巫見大巫。」此說無疑嚴重低估了這些所謂次級的原因，它畢竟包含了具有道德決定性的問題，即行動的意志會轉向為善或為惡。這種低估，在尼采的哲學架構中是可以理解的——如果質疑和問題的驚人累積，以及對此反覆實驗、而絕不留下一個明確結論的探究方式可以稱為哲學的話。

但我們這裡不討論尼采哲學，而只論關於意志能力的一些發現。感謝他至少對兩種元素做出區分，而在傳統或現代關於意志的討論中，這兩元素都是混合著講，亦即，意志的號令功能與作為仲裁者的功能，意志被喚來，對衝突的主張進行裁決，其假定是它知道如何分辨是非對錯。在此傳統中，你發現自由意志的整個問題，這問題通常是在自由選擇（liberum arbitrium）的名義下被討論，以至於道德議題的討論中，強調的重點從行動的起因整個轉移到追尋何種目標與做何決定的問題。換言之，（在保羅和奧古斯丁心中引發如此困難的）意志的號令功能，消失到背景中，而判斷的功能（說它可以自由地明辨是非對錯）則被突顯。原因不難猜測。當基督教逐漸體制化，發號施令的「汝應」或「汝不應」，愈來愈成為只是來自外在的聲音，不論是上帝直接對人說話的聲音，或負責佈達上帝之聲於信眾之間的教會權威的聲音。問題愈來愈變成只是人自己內心當中是否擁有一種器官，可以對衝突的聲音加以區辨。根據拉丁字 liberum arbitrium 的原意，此器官的特色有如我們在法律審判程序中要求審判者的利益中立（disinterestedness），若對其審判權限中的事物有利益糾葛，這法官或陪審團就是不合格的。仲裁者原意是以不相干的旁觀者、見證者身分，接近（adbitere）一事件的人，由於這種無關心（unconcern），他被認為有能力進行無私的審判。因此，作為liberum arbitrium之意志的自由，意指其公正無私——這並非指刺激行動產生的這無法解釋的自發性源頭。[33]

但這是歷史的問題，現在我們要將注意力轉回到判斷的問題，是非、美醜、真假的真正仲裁者。這裡只關心我們如何分辨是非的問題，但很奇特的是，康德雖然對藝

33 鄂注：我們完全沒看到的是做為仲裁者的意志，那自由選擇者。自由選擇意味著不受欲望的影響。欲望介入之處，選擇就是預先判斷的（prejudged）。仲裁者原指以無關之旁觀者的角度處理某個狀況的人。他是見證者，因此不承擔義務。因為他的無關心，他被認為能夠行使公正無私的判斷。因此，作為「自由選擇」（liberum arbitrium）的意志自由，從未開啟新的事物，它總是面對事物之本然。這就是判斷能力。

但若真如此，判斷怎容許存在我的意欲能力之中？答案：（1）如果我們假設，理性認定意志之最終目標就是至高之善，那麼（在阿奎納那裡）我們只有在選擇手段的時候是自由的。而這選擇的動作因此是「自由選擇」的運作結果。然而，正是在意欲著手段的時候，意志是不自由的。每個目標都隱含著要達成該目標的手段。這些是預先判斷過的；只有較好或較壞、較適當或較不適當的手段之別。是長考的問題，不是意欲如何的問題。只有在很邊緣的狀況中，我可以說，為了達成這個目標我必須採用很壞的手段，所以最好不要去達成這個目標——這時才涉及意欲能力的問題。（2）有另一個可能性：意志不只伸向未來，也是我們能夠藉以肯定與否定的能力。就這方面，所有的判斷當中確實都有意欲的成分。我可以對實然的事情說是或說不。奧古斯丁：「我愛：我要你存在。」（Amo: volo ut sis.）我對於人或物之存在的肯定，使我和那東西關聯起來，不管它是什麼，如同我的否定使我與之疏離。在這意義上，世界是那些樂在世界的人（dilectores mundi）。即：對世界的愛構成之於我的世界，使我與世界相適應。（《基本道德命題》）

術不是特別敏感，他卻以如下的提問探討這個問題：我如何分辨美醜？他原本將他的《判斷力批判》當作是品味的批判（Critique of Taste）。康德認為這樣的問題對於「真」和「對」並不存在，因為他相信，就像人類理性的理論能力（theoretical faculty）自己就會認識何為真，而不需假其他心智能力之助，同樣一個理性的實踐能力（practical faculty）亦然，自己就認識了「他內心的道德法則」。他將判斷力定義為每當我們遇上具體事物時就會開始運作的能力；判斷力決定殊性與通性之間的關係，不論這通性是通則或標準或理想或其他種類的衡準。在所有理性與知識的事例中，判斷力將殊性包攝在與其相稱的通則之下。即便這看來簡單的運作也有其困難，由於如何包攝並無規則，因此必須自由地決定。因而「判斷力的欠缺就是一般所稱的愚蠢，而且這種失敗是無可救藥的。遲鈍而偏狹的人……或可透過學習加以訓練，甚而變得有學問。但這種人一般欠缺判斷力，也常看見有學問的人……洩露出那原初的欠缺，那是永遠無法彌補的。」（《純粹理性批判》B172–173）而當必須做出的判斷沒有固定規則和標準可以適用，比如品味的判斷，而因此「通性」必須被視為包含在殊性當中時，事態就更惡化了些。沒有人可以定義美；當我說這朵鬱金香很美，我的意思並非所有的鬱金香都很美，所以這一朵也美，亦非援用一套適用於所有對象的美的概念。「美」——某種通性的指稱——是什麼，我知道，是因為我看到了，而面對這具體對象的時候我如此陳述出來。對此類判斷，我如何知道、又為何宣稱它有某種有效性？簡單說來，這些就是《判斷力批判》中的主導問題。

但更廣泛而言，我們或可說欠缺判斷力表現在所有領域：我們稱之為智能（認知）方面的愚昧，美學議題上欠缺品味，談到行為則是道德懵然或錯亂。凡此具體缺點的反面，即判斷力每次運用時發源的基礎，根據康德的說法，就是常識（common sense）。康德本人主要是分析美學判斷，因為他認為只有在這個領域中我們才不藉通則而進行判斷，此處所說的通則若不是可證為真，就是不證自明，可資依憑。因此，如果我現在要以康德的理論結果套用在道德領域，我就是假定人類交流與行為的領域以及我們在其中遭遇的現象，性質多少類似。為說明其正當性，我將提醒各位我們在第一階段的討論，我解釋了引發凡此種種考量的那段不很愉快的實際經驗背景。

前面提到人的道德與宗教標準的全然崩潰，這些人表面看來總是對自己非常自信，我也提到不可否認的事實，即少數能不被捲入漩渦的人，絕非「道德學家」，那些一逕高舉正確行為規範的人；相反的，他們經常是那些在大崩盤之前就已深信這些標準本身之客觀無效性（objective non-validity）的人。因此，理論上，我們今天的處境，就如同十八世紀人在純粹品味判斷方面的處境。康德大為憤慨的是，關於美的問題居然是任意決定的，de gustibus non disputandum est（品味問題無可爭辯）的態度，而不可能進行辯論和彼此同意。即使在大災難遙不可見的環境中，我們也往往發覺自己在討論到道德議題時處於同樣的情況。所以，讓我們回到康德。

常識，對康德而言，並非指吾人共有的認識，嚴格說來是一種使我們適應於與他人共有之生活圈的感覺（sense），使我們成為社群中的一員，能就我們自己的五官（senses）感受到的事物進行溝通。這是透過另外一種能力的協助而進行的，那就是想像的能力（康德認為這是最神秘的能力）。想像（imagination）或再現（representation）——此二者有所別，但此處暫時略過不談——指稱在我心中產生某個未現事物之形象的能力。再現則將不存的東西——比如喬治華盛頓橋——呈現出來。不過，雖然我可以在心目中召喚出那座遠處的橋，實際上我的心中有著兩種想像或再現：一是我經常看見的這座具體的橋，二是橋本身的先驗圖示形象（schematic image），透過這圖示，我可以辨識或指認任何具體的橋是一座橋，包括我提到的這一座。第二種先驗圖示的橋從來不曾出現在我肉眼之前；一旦我將它畫在紙上，它就變成一座具體的橋了，不再只是一個圖示。沒有再現能力，任何知識都不可能，而現在同樣這種再現能力延伸到其他人，出現在知識中的圖示，變成了判斷力所用的範例。藉由此想像能力，常識可令所有實際不在的事物呈現出來。如康德所說，它可以在其他每個人的位置上思考，因此，如果有人判斷說，這個東西很美，他不只是說這東西令他歡喜（好比我喜歡喝雞湯，但別人可能不喜歡），更要求他人的同意，因為在下判斷的過程中，他已將他人想法納入考量，因此希望他的判斷會帶有某種普遍有效性，雖然或許不是普世有效。這有效性可達至整個社群，而我的常識使我成為這社群中的一員——自認為是世界公民的康德，則希望它能及於人類全體的社群。康德稱此為「擴展的心態」（enlarged mentality），意味若無此種同意，人便不適合於文明的對話交流。問題的重點是，我對特定事例的判斷並非只取決於我的感知，而在於我對自己再現某種我未感知到的東西。讓我舉例說明：假定我看著一座貧民宅，在這具體的建物中感知道它所沒有直接呈現出來的普遍概念，貧窮與悲慘的概念。藉由想像如果我生活在此會有何感受，我得到這樣的概念，我試著站在貧民窟居民的立場來想。我所獲得的判斷結果，絕對不必然是居民自己的判斷，時間和無望已經使他們感受不到自身處境的慘酷，但是，它會變成我未來在判斷這類事情時一個突出的例子。此外，我在做判斷時也考慮到他人，並不是說我使自己的判斷與他人一致。我還是用自己的聲音說話，不是數人頭來決定我認為什麼才是對的。但我的判斷也不再是主觀的，只考量自己的觀點而做出我的結論。

不過，我在做判斷時考慮到他人，但這些他人並不包含每個人；康德便明言，這種判斷的有效性只能延伸到「整個判斷主體的社會範圍」，延伸到那些也做判斷的人。換言之，拒絕判斷的人就不能駁斥我的判斷的有效性。我用以判斷的常識，是普遍的感覺，有人問道：「人如何能夠根據常識來判斷，如同根據自己的感覺來思考事物？」康德會這樣回答：人的社群產生常識。常識的有效性來自與他人的交流——如同我們說思想由我與自我的交談所產生。（「思考是與自己交談，因此也是於內在聆聽自己。」《實用角度下之人性學》36）然而，有這些限制，我們可以說我若設想更多人的立場，並在做判斷時納入考量，這判斷就更有**代表性**（representative）。此種判斷的有效性既非客觀普遍的，也非主觀的、只依賴個人一時之興，而是互為主體的（intersubjective）或有代表性的。唯有透過想像過程才可能出現的這種代表性思考，要求做出某些犧牲。康德說：「可以說我們必須為了他人的緣故而聲明放棄自己」——如此對自私性的否定，竟然不是出現在其道德哲學的脈絡中，而僅是在美學判斷的這個文脈裡，真是奇之又奇。理由在於常識。如果常識，我們藉以成為社群成員的那個感覺，是判斷之母，那麼就連一幅畫或一首詩，都無法不藉由默默地召喚或衡量他人的判斷而加以判斷，更遑論道德的議題了，我參考他人的判斷，如同參照橋的圖示來辨識其他的橋一般。康德寫道：「在品味方面，自我本位（egoism）被克服了」——我們考慮周密（considerate）——取此字的原意——我們考慮到他人的存在，而我們必須努力贏得他們的贊同，如康德所言，「爭取他們同意。」但在康德的道德論中，這些都是不必要的：我們作為知性存有而存在，我們所遵循的法則對於所有知性的存有都有效——包括其他星球的居民、天使以及上帝本人。我們並不多方考慮，因為我們不必考慮他人的立場，我們也不考慮行為的後果，行為的後果對於律法或行為所源出的意志之善，是無關緊要的。蘇格拉底說過：「寧可與世人不和，也不願同自身傾軋，因為我是一體的。」而只有涉及品味判斷時，康德才發現到蘇格拉底之言不是全部有效的情況。在此我無法與全世界不和，雖然我或許仍然覺得自己與大部分人意見不同。如果我們不只從否定的角度考量道德——如克制不做壞事，這可能意味著不做任何事——那麼就必須以康德認為只適用於所謂的美學行為的角度，來考量人類行為。而他為什麼在這個看似如此不同的人類生活領域中發現道德的意義，是因為只有在這裡，他才從多數性（plurality）的角度思考人，生活在社群中的人。因此，是在這脈絡中我們遇見了無所偏袒的意志仲裁者，自由選擇（liberum arbitrium）。諸位都知道，「不涉利益的欣賞」是康德所界定的我們面對美時的感覺。因此，「自我本位」不能被道德說教所制伏，道德說教反而總是會將我送回到我自己；但是用康德的話來說，「自我本位只能透過多數性來對抗，複數是一種心靈架構，在這架構中，自我不是被包覆在自我當中，自成世界，而是視自己為世界的公民。」（《人性學》2）

在日常生活行為中，我們根據客觀標準和行為規則而行，未加思考或進行康德所謂的判斷，亦即將殊例涵蓋在普遍準則之下；當我們反思這些客觀標準和行為規則時，問題便出現了：當我們必須決定此是彼非，就像在決定這個美那個醜一樣，是否沒有任何東西可以依憑？答案是，也不是。是──如果我們的意思是普遍被接受的標準，就像每個社群裡面都有的風俗和常規，亦即，道德規範的**習俗**。然而，是非問題的決定並不像餐桌禮儀，唯有可接受的行為才是重要的。確實有些東西，如果到達必須判斷的地步，常識可以也確實約束著我們去遵守，這裡就是個例子。康德說：「模範者（example）是判斷的手推車」（《純粹理性批判》B174），當特例無法被包攝在某個普遍事物之下，此時判斷中出現的「代表性思想」，他也稱為「模範性思想」（exemplary thought）。我們無法掌握什麼普遍的根據，卻有某些殊例作為模範。在某方面，這模範類似我心中懷有的建築圖示，以此我可辨識出所有容納某物或某人的結構為一棟建築。但模範與圖示大相逕庭，在於模範應該給予我們一種質的差異。讓我用道德領域外的一個例子來說明這個差異，我們先問問，桌子是什麼？要回答這問題，你會召喚出你的想像當中所出現的桌子形式或（康德式）圖示，那是任何要叫做桌子的東西都符合的東西。讓我們稱此為**先驗圖示的桌子**（schematic table）（附帶一句，這正如同柏拉圖的「理念的」桌子，桌子的理型）。或者你可以聚集所有種類的桌子，剝除其次性，如顏色、桌腳數目、材質等等，直到到達所有桌子共通的最小質性。讓我們稱此為**抽象的桌子**（abstract table）。你也可以從所有桌子中選一張你所知或所想像中最好的桌子，並說這是桌子應如何建造、外型應該如何的一個**模範**。我們姑且稱之為**模範桌子**（exemplary table）。你所做的是eximere，挑揀某個具體物例，現在它**變成**對於其他具體物例有效了。歷史和政治科學中有許多概念是以這種方式達成的。大多數政治上的美德與惡德是根據模範人物而思考出來的：阿奇里斯代表勇氣，索倫代表見識（智慧）等等。或舉凱撒主義或拿破崙主義：你以拿破崙和凱撒為範例，也就是，以他們這兩個具體人物來展現對其他事例都有效之特質。當然，提到凱撒主義或拿破崙主義時，如果某人不知道凱撒或拿破崙是何人也，他就完全無法了解在討論的東西。因此概念的有效性是受限的，但在這限制當中它還是有效的。

模範確實是所有判斷活動的「手推車」，更特別的，它是所有道德思想的指標。「寧受不義而不作惡」這個曾經非常弔詭的古老陳述，甚得文明人的贊同，主要是因為蘇格拉底以身作則，而變成某種處世方式以及某種判斷是非方法的模範。這主張在尼采那裡又再度總結——我們會想，尼采是最後一位嚴肅思考道德議題的哲學家，因而分析並思索了歷來所有正式的道德主張。他這麼說：「將行為與能動者分開是對道德的去自然化，怨恨與鄙視的對象是「罪」（行為而非行為人），以為行為本身就可以是善或惡……（在每個行為當中）一切都取決於是誰做的，同樣的『罪行』，在某一狀況下可能是最高的特權，在另一狀況又變成（惡的）汙點。事實上，是判斷者的自我相關性

（self-relatedness）從能動者與判斷者之間的類似性或『非親近性』的角度，在詮釋一個行為，或應該說是那個行為者。」（《權力意志》292）我們判斷，分辨是非，是透過在心中所呈現的某個已經跨越時空、成為模範的事件或個人。有很多這類的模範，他們可能是在遙遠的過往，也可能是活在我們當中。模範不必然是歷史上的真實；如同湯瑪斯·傑佛遜所嘗言：「鄧肯被馬克白暗殺是虛構故事，但其惡煞凶行」在我們心中激起的「恐怖，並不下於亨利四世中的真實故事」，而「閱讀《李爾王》給為人子女者留下鮮活而永恆的印象，有效地讓他們知道何謂孝道，勝過歷來枯燥乏味的倫理和教義書冊。」（這正是每位倫理課老師應該說的話。）

好啦，顯然我沒有時間、可能也沒有能力去細談，也就是，回答我自己在這四講中提出的所有問題，即便是用最簡短的方式。我只能希望，對於在這些難解而迫切的問題中我們能如何思考和前進，至少已經有一些清楚的指點。最後，容我再做兩點評論。為什麼我會透過西塞羅與埃克哈特大師來提出我們希望與誰同在的這個問題，我希望從今天關於康德的討論，諸位已有更清楚的理解。我試著說明，吾人關於對錯的決定，取決於我們對同伴的選擇，選擇我們希望終身與之共處的人。這同伴的選擇，又是藉模範的思考而進行，已死或猶生、真實或虛構的模範者，以及過往或現存的模範事件。如果碰到不大可能的情形，比如有人來告訴你他希望與藍鬍子為伴，並以他為模範，我們所能做的也只有遠離這個人。但更可能會有人告訴你他不在乎，有誰為伴都可以，我想這恐怕不在少數。從道德、甚至政治角度而言，這種漠然，儘管普遍，卻是最大的危險。與此相關的是當代另外一個現象，雖然它比較不危險，那就是拒絕下判斷的普遍傾向。由於不願或無法選擇自己的模範和同伴，也由於不願或無法透過判斷與他人發生關係，真正的罪孽出現了——人類能力無法移除的絆腳石，因為那不是由人類或人類所能理解的動機所造成的。這裡有著恐怖，同時，也有著惡的平庸性。

一九六五—六六年

# 第3章

# 集體責任

## Collective Responsibility

有種責任是沒有做過某事，但必須為之承擔的；人可能被要求對沒做過的事情負責。但沒有所謂未曾積極參與其中，卻有罪或有罪惡感這樣的問題。善加分辨此二者，在此時此刻是很重要的；當許多善良的白人自由派人士供認他們對於黑人問題有罪惡感的此時，我們更應大聲而清楚地道出此二者之別。對於這類錯置的感覺，史上前例不知凡幾，但我知道在戰後德國也出現類似的問題，對於希特勒政權施加在猶太人身上的種種，他們說「我們都有罪」，這呼喊乍聽之下是如此高貴而吸引人，事實上只是替那些真正有罪的人大大開脫。大家都有罪，等於沒有人有罪。有罪跟責任不同，罪總是指名道姓；嚴格來說，它是個人性的。罪指涉具體行為，而非意圖或潛能。我們可能會說對於父輩或同胞或人類的罪（sin），也就是我們自己未實際為之的事，**感到**有罪惡感，那只是隱喻的意思，雖然事件的歷程或許使我們必須為之付出代價。既然罪的感覺、mens rea或即壞意識、為惡的知覺，在吾人的法律和道德判斷中都佔有重要地位，那麼，避免這種隱喻性的陳述，也許是明智的作法，如果從字面上來解釋隱喻性的陳述，只會導致一種虛情假意，而把真正的問題給模糊掉了。

看見別人受苦時所產生的感覺，我們稱之為惻隱之心；只有當我們了解，受苦的人終究是他人而不是我，這種感覺才是真實的。但我相信，產生這種情緒，確實「連帶感（solidarity）是個必要條件」；在我們談集體罪惡感時，此話的意思是指，「我們都有罪」的喊話事實上是在宣佈與作惡者有連帶感。

我不知道「集體責任」（collective responsibility）這個詞最早出現在何時，但可以合理肯定，這個詞及其所暗含的問題之所以重要、引起注意，乃緣於政治上的困境，而這政治困境是不同於法律或道德的。法律與道德標準有一個很重要的共同點——總是和人（person）及他所做的事情有關；若此人剛好和一樁多人參與的事情有所牽連，比如有組織的犯罪，審判的對象依然是針對個人，包括個人的參與程度、他的任務角色等等，而不是團體。他屬於該團體一事，只是使得他犯了罪的可能性更高；但這原則上無異於風評不佳或有犯行前科。被告加入黑手黨也好、加入黨衛軍也好，或者其他犯罪或政治組織，他向我們保證他不過是個聽命行事的小齒輪，換了任何人也會做出相同的事情，然而一旦他出庭，他就是以一個人的身分出庭、根據他所作所為接受審判。訴訟程序的權威莊嚴，使得即使一顆小齒輪也再度變成了人。對道德判斷而言，似乎更是如此，此時「我若不這樣做便是自殺」的藉口，並不像它在訴訟程序那樣有約束性。這並不是責任的問題，而是罪的問題。

如果有成千個善泳者在海水浴場弄潮，其中一人溺水了，卻沒有人來救他，則這種情況並不涉及**集體**責任，因為他們本來就沒有集體性；結夥搶銀行的案例也不涉及集體**責任**，因為這裡的過失不是間接的（vicarious）；其中牽涉到的是各種程度的罪。如果像在南北戰爭之後南方的社會系統中，只有「離群索居之人」或「社會棄民」是無辜的，這裡我們則又看到一個明確的罪例；因為其他人的確都做了不是「間接」的事情。[1]

集體責任的構成必須有兩個條件：我承擔的責任必須來自我不曾做過的事情，而我為此負責的理由必須是因為我屬於某團體（一個集體），這團體成員的身分無法透過我自發的行動來解除，亦即這成員身分完全不像商業合作，可以按己意取消合作關係。「有連帶責任之群體過失」[2]的問題必須暫時擱置，因為任何參與都已是非間接的。我

1 柯注：這三個「案例」都是從鄂蘭在研討會中所回應的論文當中擷取出來的。
譯注：該篇論文可能是Joel Feinberg: "Collective Responsibility," *Journal of Philosophy* LXV, no. 21, November 1968。

2 譯注：費柏格（Joel Feinberg）關於集體道德責任（collective moral responsibility）之探討中的「有連帶責任之群

認為，這種責任總是政治的，不論是較老式的，整個社群為其中一位成員所做的任何事情負責任，或者是一個社群被要求對以其名為之的事情負責。後者跟我們比較有關係，因為它不論好壞，適用於所有政治社群，而不只是代議式政府。每個政府都為其前任政府的作為或不當作為負有責任，而每個國家都為過往的作為或不當作為負有責任。即使革命政府也不例外，雖然它可能對於前朝政府與他國訂定的合約協議不願認帳。拿破崙成為法國統治者時，他說：我會對法國所做過的一切負責，從查理曼大帝到羅伯斯比時期的恐怖統治。換言之，他說，只要我是這個國家的成員，並代表這個政治體，這一切就都是以我的名義所為。就此意義，我們都要為父輩的罪愆負責，如同我們受祐於祖上功德；對於他們的不當作為，不論是道德或法律的，我們當然無罪可言，而我們也不能把他們的作為說成是我們的功績。

要擺脫此政治責任，或嚴格而言是集體責任，只能離開這個社群，但這不過是從一個社群換到另一個社群，因此也須負起另一種責任。誠然，二十世紀創造出一類人，他們是真正的棄民，不屬於國際所承認的任何社群，他們是難民和無國籍者，事實上無法要求這些人對任何事情負政治責任。就政治角度而言，不論其團體或個別角色，他們是絕對無辜的一群；正是這種絕對的無罪，致令他們被判歸於一個外於人類整體的地位。如果有所謂的集體之罪，也就是間接之罪，則他們的狀況是集體無罪，也就是間接無罪。事實上，他們是唯一一群完全沒有責任的人；雖然我們通常認為責任，特別是集體責任，是個負擔，甚至是一種懲罰，但我想更可以指出，集體無責任（collective nonresponsibility）所需付出的代價更高。

我在這裡企圖指出一條更明確的界線，來區分政治（集體）責任以及道德或／及法律（個人）罪責，而我心裡所想的，主要是道德與政治考量以及道德與政治行為標準發生衝突的常見案例。討論這些問題的主要困難在於文字，我們用以討論這些議題的文字含糊而令人困惑，即是，morality或ethics。[3]此二字原意所指皆不外習慣及風俗，然後又演變成較高層次的意思，指最合乎公民地位的習慣和風俗。從亞里斯多德《尼科馬克倫理學》到西塞羅，倫理學都是政治學的一部分，這部分討論的不是體制而是公民，而在希臘或羅馬，所有德行絕對都是與政治有關的德行。問題從來不在於一個

體過失」(contributory group fault）範疇，又細分為「集體而可分散的」(collective and distributive)、「集體但不可分散的」(collective but not distributive)。前者，群體責任是所有個體成員責任的加總；後者，無法將任何責任或道德過失歸給任何個體成員，而群體的道德責任不等於成員責任的加總，過失在於群體，但無法明確指出某個個人是應該受到懲處的。鄂蘭應是針對此區分指出其問題。

3 譯注：此二字的中文譯法或有分別譯為道德、倫理者，但源自希臘文的ethics和源自拉丁文的morality，所指其實皆不外乎倫理規範或風俗習慣，譯者暫時保留原字，順著本文究此字之發源脈絡，而適時譯出。參見第二章注13。

個體是否是善的，而是他的行為對於他所生活其中的世界是不是善的。中心旨趣在於世界，不是自我。我們談到道德問題時，包括良知的問題，所指的是完全不同的東西，事實上，對這個東西我們並沒有現成的字可用。但是，既然我們用這些古老的字來討論問題，那麼字義當中相當古老又迴異的內蘊是隨時存在的。古典文本中有一處例外，可以找到我們所講的道德考量，即是蘇格拉底的命題：「寧受不義而不作惡」，我稍後會討論這部分。在此之前，我想談一談來自相反面的另一個困難，也就是從宗教面來談。道德問題涉及靈魂之安而非世界之福，這點當然是希伯萊—基督教傳統不可切割的部分。假如——舉一個最常見的古希臘神話的例子——在埃斯庫羅斯[4]的悲劇中，奧瑞斯忒斯奉阿波羅之嚴命而弒其母，之後卻被復仇女神伊倫妮厄絲所追，世界秩序因此被擾動了兩次，必須恢復。奧瑞斯忒斯為報殺父之仇而弒母，這是對的；但他依然有罪，因為他觸犯了另一項我們今天所說的「禁忌」。這悲劇在於，惟有惡行才能對最初之罪進行報復，而解決方式，如我們所知，是由雅典娜帶來的，或者應該說是因為建造了一座法庭，從今而後，這法庭將負責維持公正秩序，並解除必須靠著冤冤相報、無止境的惡行鎖鍊來維持世界秩序的詛咒。這是希臘版的基督教見解，即對世間所發生之惡行的每一次抵抗，都必然包含邪惡，以及對於個人困境的解決。

隨著基督教興起，強調重點完全從對於世界的關懷及與之相關的義務，轉移為對靈魂的關懷及其救贖。早先幾個世紀中，兩者的極化是絕對的；新約使徒書中充滿著避開公眾及政治參與的建議，要人只管自己私人之事，關照自己的靈魂——德爾圖良以一句話總結他的態度：nec ulla magis res aliena quam publica——「沒有什麼比與公眾相關的事情與我們更為疏遠。」甚至今天我們所理解的道德標準與訓令，都帶有這種基督教的背景。現今對於這些事物的想法中，道德事物顯然有最嚴格的標準，習慣與風俗最不嚴格，而法律規範則大約在兩者之間。此處的重點是，道德在吾人的「價值」層級排序中有如此高的地位，是因為它源自宗教；而這規定人類行為律則的神之律法，是直接揭顯於十誡之中，還是間接表現在自然法的觀念，在這裡並不重要。重點是，這律則因其神性的起源而是**絕對的**，其獎懲包含在「未來的獎勵與懲罰」。對於其起源喪失信仰之後，特別是失去了超越的獎懲，這些最初根植於宗教的行為律則是否猶能倖存，實是令人懷疑。(約翰．亞當斯以猶如先知般的奇特方式，預言了這種喪失會「使得謀殺像獵殺禽鳥一般使人無動於衷，而滅絕羅希拉民族就像在小塊乳酪上面咬幾口一樣無罪。」)就我所見，如今十誡中就只有兩項我們仍然覺得在道德上受其約束，一是「汝不應殺人」，一是「汝不應作偽證」；而這兩項最近都已有效地受到挑戰，分別是

4 譯注：Aeschylus，西元前四世紀古希臘三大悲劇作家之一，重要作品《阿加曼儂》（*Agamemnon*）。

希特勒和史達林的挑戰。

人類行為之道德考量的核心是自我；其政治考量的核心則是世界。如果吾人剝除道德命令的宗教意涵及起源，就剩下蘇格拉底的命題：「寧受不義而不作惡」，以及此命題之下奇特的實質蘊含：「我寧可與世人不和，也不願同自身傾軋，因為我是一體的。」不論我們如何詮釋他這樣在道德議題中召喚出無矛盾性的公理——此處所說的無矛盾性的公理，就像邏輯學和倫理學中的同一則令式「汝不應自相矛盾」之具有公理性一樣（順帶一提，這也是康德談定言令式的主要論證）——有一件事似乎很清楚：亦即它的前提是我不只和他人共同生活，也和我的自我一同生活，而這種同在性（togetherness）可以說優先於其他一切。從政治角度對蘇格拉底命題的回答會是：「重要的是，要讓這世間無不義之事存在；而承受不義或自為不義，都一樣壞。」不論承受不義者何人；你的責任是阻止它。或者，為求扼要，我再提另外一則著名的說法，這次是馬基維利，他正是因為這個緣故希望教導君王「如何不善」：他談到敢於違抗教宗的佛羅倫斯愛國者，稱讚他們展現了「他們是多麼重視他們的城市，勝過重視自己的靈魂。」宗教語言談的是靈魂，但世俗語言說的是自我。

政治行為與道德行為可能發生衝突的方式有很多，政治理論對此的處理方式，通常和國家理性的學說以及所謂道德的雙重標準有關。此處關注的只有一個特別的情況，即集體責任與間接責任——一個社群的成員被要求對他沒有參與但以其名為之的事情負責。這種不參與可以有許多原因：也許是這國家的政體如此，使其住民或大半階層的人根本無法進入公共領域，因此不參與乃不得不然，無可選擇。或者相反，在自由國家中，有某群公民或許不想參與，不想和政治有關係，但不是因為道德之故，只是因為他們選擇利用自己擁有的自由，這項自由因為太被視為理所當然了，我們在計數人所擁有的自由時通常不會提到，那就是免於參與政治的自由。古代並沒有提到這項自由，而在許多二十世紀的獨裁政體中，當然特別是極權政府，這項自由相當有效地被廢除了。在專制政體與其他暴政統治形式中，不參與乃當然之事，不是自己可以選擇的；相對於這些，我們所討論的這種情況是，參與為當然之事，而不參與是出於決定，而我們知道參與可能意味著成為犯罪行動的共犯。最後，在所謂自由國家，不參與事實上是一種反抗形式——比如在越戰期間拒絕受徵召入伍。這種抗拒通常被解釋為是出於道德；但只要有結社的自由，而希望以拒絕參與的方式所進行的反抗可以帶來政策上的改變，它在本質上就是政治的。種種考量的核心不是自我——我不去，不是因為我不想弄髒我的手，雖然這也可能是有效的理由——而是一個國族的命運及這個國族對世上其他國族的作為。

不參與世界的政治事務，一向有可能被批評是不負責任，是逃避一個人與他人共同分擔的對世界的義務。若是以道德理由解釋這種不參與，上述的指責絕無法有效加以反駁。由晚近的經驗得知，對於惡政府所發動的積極、有時是英雄式的反抗，乃是來自於參與其中的男男女女，而非來自置身其外、沒有任何罪責的人。雖有例外，一般而言德國人對於希特勒的抵抗即是如此，而反抗共產黨政權的少數例子更是如此。匈牙利和捷克斯洛伐克就是適例。奧圖．克爾什海默[5]（在其著作《政治正義》）從法律觀點談這些問題，他恰當地強調，談到法律或道德方面無罪的問題，亦即未參與政權體制的犯罪，「積極抵抗」將是一個「錯覺的衡量標準，從有意義的公共生活參與中撤退、……自願消失於遺忘」，而無名「是審判者或可恰當加之於上的標準。」（頁三三一注）雖然如此，他以同樣的理由多少替某類被告辯解，他們稱其責任感不允許他們選擇退出、他們會去服務是為了阻止更糟的事情發生等等——當然這些論點在希特勒政權的案例中聽起來相當荒謬，確實這些往往不過是積極追求個人生涯成就者虛偽的合理化說詞，不過這是另外一回事。實際上，不參與者並非反抗者，也不認為他們的態度會有任何政治影響力。

我以蘇格拉底論證的形式所提出的道德論點，實際上就是說：若我去做現在我為了參與而必須付出的代價，不論是單純地從眾，或甚至是讓反抗有最後取得成功的唯一機會，我就再也不能安心自在；我會覺得我的生命不再有價值。因此，我寧可現在承受不義，甚至如果我被迫參與，若不從必須付出被判死刑的代價，我也不願作惡卻必須和這樣一個作惡的自我共處。如果是要去殺人，我的理由就不會是：如果沒有殺戮之事，世界會比較好；而是因為不願與一個變成謀殺者的我共處。我覺得即便從最嚴格的政治角度來看，這個論點都難以反駁，但它顯然是只有在極端狀況，也就是邊緣狀況中，才有效的理由。通常是這類情況，最適合清楚闡明在其他情境中顯得相當費解而模棱兩可的問題。這種邊緣狀況即是無能為力——這樣的邊緣狀況中，道德命題會在政治領域中變得絕對有效。此種無力感總是預設著孤立，它是無所行動的有效藉口。但問題當然在於，這個論點是全然主觀的；是否為真，只能藉由甘願受苦來證明。如同在法律訴訟，並沒有通則可以適用，也不會對所有狀況都有效。但恐怕，這將是所有未受宗教規誡所支持或衍生的道德判斷的剋星。我們知道，蘇格拉底一直未能證明他的命題；唯有康德的定言令式可與之爭輝，成為非宗教、非政治的道德規範，但它也無法證明。此論點更深一層的問題在於，它只適用於總是明確與自己共處的那些人，其實意思就是，其有效性只及於那些有良知的人；而法學的偏見經常在困惑時訴諸良知，以為所有神智清明的人都應該擁有良知。證據顯示確有相當多的人有之，

5 譯注：Otto Kirchheimer（一九〇五—一九六五），生於德國、後移居美國的政治學暨法學家，學說富有社會主義色彩。

但絕不是全部的人，而那些有良知的人可以在社會各階層中找到，更確切言之，是任何教育程度的人，包括未受教育者。沒有任何社會或教育位階的客觀指標可以保證其存在或不存在。

呼應這些**世俗的**道德命題、並使其有效的的唯一活動，是思考的活動，若從最廣義、完全非專業指涉的角度來定義思考活動，可以說它如同柏拉圖所設想的，我與自我的無聲對話。如果應用到行為事物，這種思想需要大量運用想像的能力，亦即，再現（represent）的能力，對我自己呈現那猶未存在的東西——任何被思索的行為。此一於孤獨當中運作的思想能力，在多大程度上延伸到嚴格的政治領域，即我總與他人同在的領域，是另外一個問題。我們希望政治哲學會回答這問題，但不論這個問題的回答為何，都可能變成：沒有任何道德上的行為標準，包括個體及私人的，能夠使我們從集體責任開脫。對於我們沒做的事情負有的這種間接責任，也就是，對於我們沒有直接犯下的罪，將後果攬到自己身上，讓自己去承擔——這是我們必須付出的代價，因為我們不是只和自己生活而已，而是同其他人一起，而行動能力畢竟是所有政治能力的極致，只有在各式各樣的人類社群，這種能力才能實現。

一九六八年

# 第4章

## 思考與道德思量——致W・H・奧登

## Thinking and Moral Considerations

要談思考（thinking）似乎有點突然，我覺得應當給諸位說說這道理究竟何在。幾年前，我在報導耶路撒冷艾希曼案的審理過程時，談到「惡的平庸性」，這既非理論用語，也非教條，而是十分具體的東西，大規模犯下的惡行，其根源無法追溯到作惡者身上任何敗德、病理現象或意識形態信念的殊性（particularity），而作惡者唯一的人格特質可能是一種超乎尋常的淺薄。不論行為多麼殘暴駭人，這作惡者既非凶神亦非惡煞，其過往的行為、以及受審時與受審之前警察問訊時的行為，唯一表現出來的具體特徵，是完全負面的：不是愚蠢，而是一種奇怪、又相當真實的「思考無能」（inability to think）。他以重大戰犯之姿，功能運作如常，和他在納粹政府任職時一樣；他接受一套完全不同的規則，絲毫沒有困難。他知道他曾經視為職責的東西，現在稱為罪行，他也接受這套新的判斷準則，猶如這只不過是另一種語言的規則。在他相當有限的固定詞庫中，他納入幾個新詞，只有當碰到沒有任何詞彙可以派上用場的情況時，他才感到全然無助，比如一個相當詭異的情境：他必須在絞刑架下發言。他不得不求助於喪禮演說詞中所慣用的陳腔濫調，但那些話在他的情況是完完全全不適用，因為他不是生者，而是要上絞刑台的人。[1] 試想被判處死刑——他一直都預期自己會被判死刑——最後應該講什麼話，他並沒有想到這簡單的事實，就像受審時的訊問與交叉訊問中，他的說詞前後矛盾、明顯牴觸，他卻一點不覺困惑，不受干擾。陳腔濫調、固定用語、墨守約定俗成而標準化的表達與行為規約，都有一種社會所認可的功能，即保護我們不必去面對現實，就是說，讓我們的注意力不必滿足得思考所有事件與事實的要求，只因為它們存在。如果我們隨時都在回應這種思考的要求，很快就會精疲力竭；艾希曼的不同只在於，他一點也沒察覺到有這種要求。

這種全然欠缺思考力的情形，令我感興趣。不只欠缺「基本動機」（如法律中所言），而是根本毫無動機、無任何具體利益或意願在背後推動，在這樣的情況下，作惡——不光是遺漏之罪（sin of omission），而是執行之罪（sin of commission）——有可能嗎？不論我們如何定義，所謂的悖德（wickedness），這種「使壞的決心」，難道**不是**作惡的必要條件嗎？我們的判斷能力，即分辨是非、美醜的能力，是取決於我們思想的能力嗎？無能思考，以及我們通常稱為良知的東西徹底失靈，是同時發生的嗎？不得不問的問題是，思考活動本身，即不論具體內容也不管事件結果，只單純檢視與反思恰好發生之事的習慣，這種活動的性質有可能「限制」人們不去作惡嗎？（不論如何，良知con-science一字，只要它意味著「與自己一起、且由自己來認識」，就是指向這個方向，一種在每個思考過程中實現的知識。）最後，這些問題之所以如此迫切，咄咄逼人，不就是因為只有好人才會有壞意識來干擾，會意識到惡，而這在真正犯罪者身上卻很少見？這現象大家都知道，也令人相當警覺。好的意識並不存在，除非它是一種壞意識的欠缺。

這些是問題所在。換個方式用康德的話來說，在醒悟到一個現象——就是事實問題（quaestio facti）——它不管我願不願意，「使我擁有了一個概念」（惡之平庸性）之後，我便不得不提出法理問題（quaestio juris），自問：「我憑什麼擁有這個概念並利用它。」[2]

## 一

提出「何為思考？」「何為惡？」的問題有其困難。這些名詞是屬於哲學或形上學，

1 鄂注：見我所寫的《艾希曼在耶路撒冷》（*Eichmann in Jerusalem*, 2nd edition, 252）。

2 鄂注：引言取自康德去世後出版的《形上學講座疏注》（*Akademie Ausgabe*, vol. 18, no. 5636）。

指稱一個早已惡名昭彰的研究領域。如果這問題只是由於實證主義或新實證主義的抨擊，我們或許不需要擔心。[3]我們之所以難以提出「思考」與「惡」的問題，比較不是由於這種問題對他們反正「沒有意義」的人，而是因為那些受到衝擊的人。如同宗教的危機，是在神學家（而非本來就不信神的那群人）開始談論「上帝已死」的命題時，危機才達於巔峰，而哲學和形上學危機的公開，是在哲學家自己開始宣稱哲學與形上學的終結時。這可能有好處；我相信會有好處，只要大家了解這些「終結」所指實為何意。不是說上帝「死了」——不論從哪個方面來看，此言顯然荒謬——而是數千年來談論上帝的方式不再有說服力：不是地球自有人類以來就同時出現的古老問題變得「無意義」，而是問題被提出與回答的方式不再言之成理。

終結的是感覺（the sensual）與超感覺（the supersensual）的基本區別，以及至少和帕門尼德斯一樣古老的觀念，即任何不是由感官所接收的東西——上帝或存有（Being）或第一因（archai）或理型——都比表象的東西更實在、更真、更有意義，那不只是**超越**感官認知，更是在感官世界**之上**。「已死」的東西不只是這種「永恆真理」的定位，更是這區分本身。同時，少數形上學的辯護者以逐漸高亢的聲音警告我們，此種發展所蘊含的虛無主義的危險；他們自己雖然很少提出，但有一個論證是有利於他們的：確實一旦超感覺的領域被拋棄，其對立面，也就是數世紀以來所理解的表象世界，也等於毀滅了。仍為實證主義者所理解的感覺面，在超感覺死亡之後也將不存。沒有人比尼采更清楚，他在《查拉圖斯特拉如是說》當中以詩意而形上學的方式描述上帝之死，也因而在這個問題上引發無比的困惑。在《諸神的黃昏》一個重要段落中，尼采闡釋《查》書中「上帝」一詞的意思。那不過是形上學所理解之超感覺領域的一個象徵；如今他以「真實世界」一詞取代「上帝」，並說：「我們解消了真實世界。留下的是什麼？也許是可見的世界？喔不！廢除真實世界後，我們也連帶廢除了可見世界。」[4]

3 鄂注：卡納普說形上學已不比詩更「有意義」，這確實和形上學者的說法產生衝突；但如卡納普自己的評估，這可能因為詩被人低估了。卡納普獨挑海德格來批評，海德格反駁（雖不是明白道出），說思（denken）與詩（dichten）是密切相關的，兩者非完全等同，但根源相同。而亞里斯多德的看法亦同（且至今沒有人指責他「只」寫詩），他認為哲學與詩在某方面是相屬的；具有同等重量。（《詩學》，1451b5）另一方面，卻有維根斯坦著名的智語：「凡不可說者，必須保持緘默。」（《邏輯哲學論》最後一句。）嚴格而言，它所適用的不止於超越感官經驗的東西，相反地，適用於所有感覺對象。我們所見、所聽、所觸之物，無一可以言語適當描繪。我們說：「水是冷的」，不論說「水」或說「冷」，都不是如其所給予感官者。語言是我們用以思考的媒介，而表象世界是我們生活其中的媒介——不正就是這種語言與表象世界的落差，催生了哲學和形上學嗎？除了在最開始——帕門尼德斯與赫拉克利特——認為是思考應該達至真正的存有，不論這思考是叡智（nous）或邏各斯（logos），但後來，強調的重點從言說轉移到表象，再到感官知覺，以及我們可以用來延伸身體感官、使之更敏銳的工具。若強調言說，將歧視表象，而強調感覺，則歧視思考，這似乎是自然的。

4 鄂注：似乎值得注意的是，在我們援用「感覺」與「超感覺」這兩個世界的概念來思考之初，我們就在這個思路顯而易見的簡化當中得到與尼采相同的見解。德謨克利特斯揭示了一段心靈（mind）——超感官的器官

上帝之「死」、形上學之死、哲學之死，以及連帶暗示的實證主義之死，這些現代說法可能是具有重大意義的事件，但畢竟都是思想事件，雖然與我們的思考方式最為密切相關，卻不涉及吾人的思考能力，即人是思考的存有這個單純的事實。我的意思是，除非被更急迫的生存需求所迫，人都會有一種傾向，甚至需求（康德的「理性需求」），要思考超越知識極限的東西，要去運用知性能力，運用腦力，而不只用它們來當求知和做事的工具而已。吾人的求知欲，無論是來自實際必要性、理論的困惑，或純粹的好奇，可以透過達到欲想的目標而實現；雖然吾人對知識的飢渴或許會因為未知事物如此廣袤無涯而無法獲得止息，每個知識領域都會開啟另一個可知領域，然而這活動本身累積留下不斷增長的知識寶藏，為每個文明所保留、儲存，成為其世界的一部分。認識的活動不下於建造房屋，都是開創一個世界的活動。相反的，思考的傾向或需求，即便不是由任何由來已久、無法回答的形上學「終極問題」所喚起，它也不會留下如此實在的東西，也無法因為「智者」給予所謂明確洞見而終結平息。思的需求只能透過思考來滿足，我昨天所擁有的思想若能滿足我今天的這個需求，那是因為我將它們重新思考一番。

我們必須感謝康德對於思（thinking）與知（knowing）、理性（reason）與知性（intelligence）的區別——理性的衝動是去思考與理解，知性是欲求而且有能力獲得確定、可證實的知識。康德自己相信，超越知識極限之思考的需求，只是由古老的形上學問題如上帝、自由、不朽性所引發，他也「覺得有必要拒絕知識而為信仰留下空間」；如此，他已奠定了一種未來「系統性形上學」的基礎，作為「給後代的遺贈」。[5]但這只顯示康德猶受限於形上學傳統，未曾完全了解他所做的，而他「給後代的遺贈」，反而毀滅了形上學體系所有可能的基礎。思的能力與需求絕不受限於任何具體主題，比如理性所引起、但知道永遠無法被回答的問題。康德沒有「拒絕知識」，而是將知與思分離，他並不是為信仰留下空間，而是為思想留下空間。他確實如其嘗言，「消除了理性阻礙其自身的障礙。」[6]

知與思的區別對我們這裡的討論很重要。如果分辨是非的能力與思考能力有任何

——與感官的小小對話。感官知覺是虛幻的，他說；感官會根據我們的身體狀況而改變；甜味、苦味、顏色等等，只是nomō（名）的存在，即根據人與人之間約定俗成的成規，而非physei（實）的存在，那是根據表象之後的真正性質——心靈如是說。感官便這般回答：「可憐的心靈啊！你是不是推翻我們，又拿我們當你的證據（pisteis，你所相信的一切）？我們被推翻，也就是你的沒落啊。」（殘篇B125，B9）換言之，一旦兩個世界岌岌可危的平衡不存，不論是「真實世界」取消「表象世界」或反之，所有的參考架構，吾人的思考賴以定位的東西，就崩潰了。如此，就再也沒有任何東西有意義了。

5 鄂注：*Critique of Pure Reason*, B30。

6 鄂注：*Akademie Ausgabe*, vol. 18, no. 4849。

關係，那麼，我們必須能「要求」每個有理智的人加以運用，不論他多麼博學或多麼無知，多聰明或多愚蠢。有個常見的想法令康德感到困擾，即哲學只是屬於少數人的，他更感困擾的是此想法的道德意涵，在這方面，康德幾乎是唯一有此困擾的哲學家。他曾經評道：「愚蠢是由悖德之心所引起的」，[7]此陳述在這樣的形式當中並不真確。無思考能力並非愚蠢；在極端聰明的人身上也可能出現無思考能力的情形，而悖德幾乎不是原因所在，即使僅因為缺乏思考能力及愚蠢都比悖德還常見。問題在於，引發巨大之惡並不必然需要悖德之心——悖德之心相對地罕見。因此，以康德的話來說，人需要以哲學，即作為思想能力的理性之運用，防惡於先。

這是很大的要求，即便我們假定並歡迎如哲學和形上學等學門的衰落——這些學門壟斷了思考能力長達好幾個世紀。因為思考的主要特徵是它阻斷所有動作、所有日常活動，無論進行中的是哪種活動或動作。不論兩個世界的理論謬誤為何，都是衍生自真實經驗。確實，一旦開始思考，不論思考的問題為何，我們就會放下其他的事，而這其他的事，不管為何，也都會打斷思考過程；有如切換至另一世界。做事與生活——取它最廣泛的意義，inter homines esse（存在於眾人之中），那是拉丁文等同於「活著」的意思——都會主動地防止思考。梵樂希嘗如是說：我時而存在，時而思考。

與此狀況相關的事實是，思考總是處理不在場（absent）的對象，不為感官直接感知的東西。思想的對象總是再現物（re-presentation），亦即實際上不在場的人事物，只出現在心中，經由想像使它成為意象而出現在心靈中。[8]換言之，在思考時，我脫離了表象世界，即使我的思考處理的只是感官交予的日常物件，而非不可見的概念、觀念之類，形上學思考的固有領域。若要思及某人，則此人必須不在你的感官接收範圍內；只要和那人在一起，就不會去想他——雖然我們或許會同時收集印象，使之隨後成為思想的養分；想起某個在場的人，意味著偷偷將自己抽離，有若那人已不在該處。

以上的說明或可指出何以思考、對意義的追求——而非科學家為知識而知識的渴

7 鄂注：*Akademie Ausgabe*, vol. 16, no. 6900。

8 鄂注：《論三位一體》的第十一部，奧古斯丁生動描繪了感官所體驗之對象若要變成適於思想的對象所須歷經的轉化。感官知覺——「可感知的形體構成感覺時的外部視覺」——由「內在的類似視覺」所取代，這個意象的任務是以再現呈現出「不在場的形體」。這意象，某種不在場事物的再現，儲存於記憶之中而變成思想物件，一旦被刻意記起，就變成「思想中的視覺」，因此確定了「留在記憶中之物」——那就是再現物——是「一回事，而當我們記起來時，出現的東西是另一回事。」(第二章）因此，「隱藏保留於記憶的是一回事，它在記起的思想之中所烙印下來之物，又是另一回事。」(第八章）奧古斯丁很了解思考「事實上走得更遠」，超越所有可能想像的領域，「如同當我們的理性宣稱，數目的無窮盡是思考任何具體事物時的任何視覺都尚無法掌握的」，或者當理性「告訴我們，連最微細的物體都還可以無窮盡地切割。」(第十八章）奧古斯丁似乎暗示理性可以觸及完全不在場的東西，只因為，藉由想像及其再現物，心靈知道如何呈現不在場的東西，以及如何在記憶中，亦即在思想中，處理這種不在場。

索——會令人感覺「不自然」，好像當人開始思考時，就是從事某種與人類境況相反的活動。如此的思考，就像海德格曾形容的，是「不合常序」(out of order)，[9]不只是對非常事件或現象或古老形上學問題的思考，也是每一種不為知識服務、也不為實用目的所引導的反思——無論是哪一種狀況，思考就是知識的僕婢、是為達其他目的所採用的工具。當然，奇特的是，總有人會選擇思考的生活(bios theōrētikos)作為其生活方式，但這論點不能反駁此類活動「不合常序」之說。哲學史對於思考之對象著墨甚多，對於思考活動本身卻說得很少，而整個哲學史則被人的常識與人之思考能力兩者的鬩牆之爭所穿割——前者是人類最高的感官，第六感，將五種感官統合到一個共同世界，使我們能於其中辨識方向，而後者使人能隨意將自己抽離出這世界。

這種能力對於一般事件過程「無有大用」，其結果也不確定、不可證實；不只如此，它也有自我毀滅的傾向。康德在身後出版的筆記中寫道：「純粹理性的運用若證明了某事，之後就不應該受到懷疑，需被當作充分的公理——這條規則我不贊同」；以及「以下這個意見我也不同意……即一旦確信某事之後，就不應再懷疑。在純粹哲學中這是不可能的。**吾人之心對此有天生的反感**。」[10]（黑體為我所加）由此似乎可得，思想活動如同潘妮洛普的紗巾：每天早上都將前一晚完成的部分拆解。

容我總結三個主要命題，以便重申問題所在，即思考能力之有無與惡之問題的內在關聯。

**首先**，若此關聯真存在，則有別於對知識之渴望的思考能力，必須是人人皆有之；不可能是少數人的特權。

**其次**，如果康德是對的，思想的能力對於把自己思考的結果當作「充分公理」有「天生的反感」，那我們就無法期待思考活動會產生任何道德命題或誡律，更無對於善惡的新定義或所謂最終的定義。

第三，如果思考真是處理不可見事物，則思考是不合常序的，因為我們通常是在表象的世界中移動，其中最極端的**去除**表象（*disappearance*）的經驗就是死亡。一般認為處理未顯形事物的天賦，有其代價——這代價是使思想者或詩人不復得見有形世界。試想荷馬，諸神給予他神性天賦，卻令他失明；試想柏拉圖《費多篇》，從事哲學的人對於那些不從事哲學的多數而言，彷彿是追逐死亡的人。試想斯多噶學派的建立者芝諾，他求問神諭，應該如何才能得到最佳的生命，得到的回答是：「呈現死者的形色。」[11]

9 鄂注：*Introduction to Metaphysics*, New York, 1961, 11。
10 鄂注：*Akademie Ausgabe*, vol. 18, nos. 5019 and 5036。
11 鄂注：*Phaedo* 64, and *Diogenes Laertius* 7.21。

問題因此不可避免：與我們居住其間的世界相關之事，何以會出自如此一樁毫無成果的工作？答案，如果有的話，只能來自思考活動，來自活動的進行，意指我們必須探查經驗而非學理。去哪裡找這些經驗呢？我們要求其思考的「凡夫俗子」並不寫書；他們有更重要的事要關照。而少數康德曾稱的「專業思考者」，從未特別急於書寫這經驗本身，或許因為他們知道，思考就其本質而言是無成果可言的工作。他們討論學理教條的書，不可避免有部分是著眼於那多數人而寫就的，他們希望看到結論，而不在乎區別知與思、真理和意義。「專業思考者」的學說構成哲學與形上學的傳統，但我們不知道其中多少人曾懷疑過他們提出之學說結果的有效性，甚至懷疑他們得出的結果是不是有意義。我們只知道柏拉圖（《第七封信》）以極莊嚴的方式否認別人聲稱是他的學說的東西：

與我相關的題目，沒有人會知道什麼，因為沒有關於此的書寫，未來也不會存在這種東西。書寫這類事的人一無所知；他們甚至不認識自己。這類東西不可能如同對於可以學習的事物那樣，化為文字。因此，任何擁有思考能力（nous）、因而知道文字弱點的人，絕不會冒險著述思想，遑論將之放入像書信這樣沒有彈性的形式。[12]

## 二

問題是很少思想家會告訴我們，令他們思考的是什麼東西，而更少人會費心描述並檢視他們的思考經驗。我們不願意信賴自己的經驗、害怕落入獨斷的明顯危險，基於這個困難，我提議尋求一個範型，一個榜樣，他不像「專業」思考者，而或可代表我們「凡夫俗子」，這個人不認為自己是多數，也不是少數——這個區別至少同畢達哥拉斯一樣古老；他不想成為城市統治者，也不宣稱知道如何改善或照顧公民的靈魂；他不相信人可以有智慧，也不忌妒諸神擁有神性智慧，如果祂們有的話；因此他從未試圖形構可以傳授與學習的理論。簡言之，我想用一個人當範型，一個思考、但沒有成為哲學家的人，一個公民中的公民，甚至在他眼中公民應該做的事、有權宣稱的事，他也不做，無所宣稱。諸位或許猜到我想談的是蘇格拉底，我也希望沒有人會駁斥我的這個選擇具有歷史正當性。

但我必須敬告諸位：關於歷史上的蘇格拉底爭議很多，他在多大程度上以及如何

12　鄂注：這段文字改寫自《第七封信》（*Seventh Letter* 341b–343a）。

和柏拉圖區分，色諾芬[13]的蘇格拉底又要賦予多少重要性，等等，這些學術爭論雖然是吸引人的題目，我在此卻要完全擱置。不過，利用，或者應該說轉化，一個歷史人物，將之變成一個範型，並賦予他確定的再現功能，卻有必要做些說明。艾提安．吉爾森在其大作《但丁與哲學》中，說明《神曲》裡「一個角色所包含的歷史真實性，就如同但丁賦予他的再現功能所需要的那麼多。」[14]這種處理歷史人物、現實資料的自由，似乎只能授予詩人，如果不是詩人卻做此嘗試，學者就會斥之為放肆，或者更糟。不過，不論有或沒有正當性，一般廣泛接受的建構「理想型」的作法，正是如此；理想型的大用正在於，他不是擬人化後的抽象事物，帶著被派定的某種寓言意義，而是被人從過往或現時的芸芸眾生當中擷選出來，因為他擁有現實中的代表性，只需稍加純化就能顯現全部的意義。吉爾森在討論《神曲》中但丁賦予湯瑪斯．阿奎納的角色時，就同時解釋了這純化過程是如何運作的。在神曲〈天堂〉的第十篇，阿奎納讚美因信奉異教而遭譴的布拉邦特的席格，而「真實歷史中的阿奎納絕對不會像但丁要他稱頌席格那樣地對席格加以稱頌」，因為他會拒絕「傳佈哲學與神學的區分，竟至於……將兩者徹底分離，如同但丁所意圖的。」對但丁而言，阿奎納會因此而「喪失在《神曲》中象徵多明尼克教派之信仰智慧的權利」，而在其他敘述中，他都可以宣稱阿奎納擁有這項權利。吉爾森精彩的陳述顯示，正是「他的那個部分，（阿奎納）在進入〈天堂〉之前必須留在天堂門口。」[15]色諾芬的蘇格拉底也有許多特質，雖然其歷史真實性不需懷疑，但如果但丁要用他之前，可能必須留在天堂門口。

柏拉圖的蘇格拉底式對話，最先令吾人吃驚的是其一律為詰難式。辯論若不是沒有結果，就是不斷繞圈圈。要知道何謂正義，你必須知道何謂知識，要知道知的過程，必須事先對於知識有個未受檢視的概念。（《帖艾提多篇》與《卡爾米得斯篇》即是。）因此，「人無法嘗試發現不管是他知道或他不知道的東西。若是知道，就無須探索；若是不知道，……他連自己要尋找什麼都不知道。」（《門諾篇》80）又比如在《尤西弗羅篇》：若想要敬神，你必須知道什麼是敬神。敬神是讓諸神高興的事；但，因為使諸神高興，所以是敬神的，抑或因為它是敬神的，所以令諸神高興？沒有任何論證（logoi）是停固的；它不斷移動，因為蘇格拉底追問他不知道答案的問題，而令論證不斷移動。一旦陳述繞完一人圈，通常是蘇格拉底興致勃勃地建議重頭再開始，探問著何謂正義、或敬神、或知識、或幸福等等。

這些早期的對話錄都處理非常簡單、日常的概念，人每天一張嘴開始說話就會出

13 譯注：Xenophon，西元前四到三世紀，古希臘將領、史家、蘇格拉底的學生，著有《回憶蘇格拉底》等書。

14 鄂注：*Dante and Philosophy* (New York, 1949, 1963), 267。

15 鄂注：同上書，頁二七三。對於整段的討論，見頁二七〇以下。

現的問題。當然，有幸福的人，正義的行為，勇敢的人，美麗的東西可看、可仰慕，大家都知道；但問題始自我們對名詞的運用——這應該是衍生自我們用來形容**出現**在眼前之特定狀況的形容詞（我們**看到**幸福的人，**察覺**勇敢的行為或公正的決定），也就是，問題來自「幸福」、「勇敢」、「正義」等名詞，這些我們現在稱之為概念，而索倫則稱之為「未顯現的衡準」（aphanēs metron）、「最難以為心靈所領會，卻包含著所有事物的境界」[16]——而柏拉圖隨後稱之為只有心眼可以察見的理型。這些字詞常將可見、明顯的特質或事件集結在一起，但又指向某種不可見事物，是每日言談中不可或缺的部分，但我們仍然無以說明；試著加以定義時，它們就溜走了；要討論其意時，則再無一個是固定不動的。所以與其重複我們從亞里斯多德得知的事，即蘇格拉底是發現「概念」的人，我們應自問，蘇格拉底在發現概念時究竟做了什麼。因為在他強迫雅典人以及他自己，解釋他們或他自己在說出這些詞語時所指為何之前，這些詞語必然已是古希臘語言的一部分，他知道沒有這些字，言談就不可能。

這信念已變得可疑。我們對所謂原始語言的認識告訴我們，將諸多殊例（particular）集結成一個共通的名詞，絕非當然之事，這些語言的詞彙通常比我們現在所用的還豐富，但缺少前述那種抽象名詞，即便是指涉明顯可見的對象。為求簡潔說明，讓我們舉個聽起來不再那麼抽象的名詞。我們可以用「房屋」指稱許許多多的東西——像是部落裡的泥屋、國王的宮殿、城市居民的鄉間別墅、村舍或城中住家——但幾乎不能用之指稱某些游牧民族的帳篷。房屋本身（auto kath'auto），那使我們以此字指稱所有這些特定但不同的建築的東西，從未被看到過，不管是肉眼或心眼；每一座想像出來的房屋，即便它抽象到僅堪辨識，也已經是某一座特殊的房屋了。所謂房屋，我們必定先有一個概念才會去辨識某個特定的建築為房屋，而這個詞在哲學史上已經被人以不同方式解釋過，也以不同的名詞稱喚過；這不是我們此處所關心的，雖然給它下定義可能不像定義「幸福」或「正義」這些詞那麼困難。此處重點在於，它蘊含著某種比眼睛感知到的建築本身還更為無法觸知的東西。它蘊含著「給予人居」或「為人所居」，而帳篷則今日搭明日拆，不能給人當作居所。房屋這個詞，索倫的「未被看到的衡準」，「包含」與居住相關的「所有事物的界限」；要讓這個詞得以存在，我們得先預設對於被居住、定居、有家等的想像。房屋這個詞，是所有這些東西的略表，若無此略表，則思考以及其特有的速捷性——如荷馬嘗言的「速捷如思想」——將不可能。**「房屋」這個詞就好像是凍結的思想，要透過思考來解凍**，每當思考想要找出其原始意義時，就像是除霜過程。在中世紀哲學中，這種思考稱為冥想（meditation），這個字應該理解為不同於沉

16 鄂注：Diehl, frag. 16。

思（contemplation），甚至與之對立。[17]無論如何，這種默想反思並不產生定義，甚且完全沒有結果；也許那些不論何種原因已思考過「房屋」這個詞的意義的人，會使他們的公寓看起來好一點——但也不必然如此，當然他們也未意識到如同因果關係一般可證實的東西。冥想不同於長考（deliberation），長考最終應該是要達到有形的結果；冥想意不在長考，雖然有時（並非常常）會變成如此。

不過，一般人認為蘇格拉底相信美德是可以教的，而他似乎也認為討論並思考敬神、正義、勇氣等等，可能使人變得更虔誠敬神、更合乎正義、更勇敢，即使不給他們定義或「價值」來引導其進一步的行為。對這些事，蘇格拉底真正的想法可以用他形容自己的一個比喻來說明。他自稱是牛虻和產婆，根據柏拉圖所言，他還被人稱為「電鰩」，這種魚一旦接觸就會使對方不能動彈，而蘇格拉底覺得這個比喻還算合適，條件是牠須是「唯有透過先使自己不得動彈，才使對方不能動彈的電鰩。不是因為我自己知道答案，而讓別人迷惑。事實是，我以我自己也感受到的迷惑感染了別人。」[18]這段話簡單明瞭地總結了思考如何可以被教導——只不過蘇格拉底，如他一再說的，什麼也沒教，只因為他沒什麼可以教；他像希臘的產婆一樣「不孕」，因為已經過了生育的年齡。（他無可教，沒有真理可給，所以被指控從未表達自己的觀點，gnōmē——我們從色諾芬那裡得知此事，他替蘇格拉底辯護，反駁這項指控。）[19]蘇格拉底不像專業的哲學家，似乎有衝動要問問同儕，是否有和他一樣的疑惑——這和為謎題尋找答案、並向他人說明的衝動相當不同。

我們來看看這三個比喻。**第一**，蘇格拉底是牛虻：他知道如何刺激雅典公民，沒有他，他們會「不受攪擾安睡一輩子」，除非有人再度喚醒他們。那他為什麼喚醒他們？為了思考、探查事物，他認為如果沒有這個活動，這輩子就不只沒有價值，而且是沒有充分活過。[20]

**第二**，蘇格拉底是產婆：此比喻有三重意涵——一是前面提過的「不孕」，二是為人的思想接生，也就是導出人們意見中所暗含的意義，以及最後，希臘產婆的一個功能，即決定孩子適不適合生存，以蘇氏語言來說就是，決定它是不是一個「無精卵」，

17 譯注：從字源來看，冥想，meditation，拉丁文原為meditatio，對主題的討論、想事情，中世以來開始意指專注於某個主題的持續思考。沉思，contemplation，拉丁字根com是密集的，templum是切割、分離，合起來有將某事、某空間從其周遭環境中分離出來以作為仔細凝視、觀察對象的意思。參考Online Etymology Dictionary。

18 鄂注：*Meno* 80。

19 鄂注：Xenophon, *Memorabilia* 4.6.15, 4.4.9。

20 鄂注：在此及其他方面，蘇格拉底於其《答辯辭》當中說了和柏拉圖令他在《費多篇》中所說的幾乎完全相反的內容。前者，蘇氏解釋他為什麼應該活，順便也說到他為什麼不怕死，雖然生命對他「至為珍貴」；後者，整個強調重點都在生是多麼沉重的負擔，而他又是多麼樂於就死。

如果是，就必須從受孕者身體中清洗掉。在此只有最後這兩項意涵是重要的。看看蘇格拉底的對話錄，與他對話的人，沒有一個提出的想法不是無精卵。他所做的毋寧是柏拉圖眼中的辯士所為——他這麼說當然也是想到蘇格拉底：蘇格拉底暗示，我們知道哪些是我們不知道、也無法知道的東西，藉此為他人清除「意見」，亦即清除妨礙思考的那些未受檢視、先入為主的判斷；他幫助人們——如柏拉圖所說——去除不好的部分，也就是他們的意見，卻也沒有使他們更好，或給他們真理。[21]

**第三**，知道我們無所知，卻仍不願意放手，蘇格拉底堅持自己的疑惑，如電鰩，使任何與他接觸的人無法動彈。電鰩乍看之下似乎和牛虻相反，電鰩使人無法動彈，牛虻則刺激對方。固然，從外界、從人類事務的一般進程來看，此事與無法動彈貌似相同，然而它卻令人感覺是生命的最高狀態。雖然欠缺思考經驗的紀錄證明，千百年來卻存在著一些思想家的相關陳述。蘇格拉底自己相當了解，思考乃處理不可見者，思考本身也看不到，欠缺其他活動那種外在的顯現，他似乎曾用風的比喻來表示：「風不可見，而是向我們顯現，我們也可感覺風的臨近。」[22]（恰巧海德格用過同樣的比喻，他也談到「思想的風暴」。）

色諾芬提到過這個比喻——他總是急於替他的老師辯護，反駁那些以粗俗的論證所做的粗俗指控——但在那個脈絡裡，這比喻並沒有太多意義。不過他仍然暗示不可見的思想之風的顯現，就是蘇格拉底在其檢視中所處理的那些概念、美德和「價值」。問題是，同樣這股風揚起的時候，就有一種奇怪特性，將其自身先前的顯現廢除；也是這個原因，同樣一個人會被視為也自視為既是牛虻又是電鰩。它的本性可以說是，將語言這思考的媒介所凝結的思想，揭開、解凍——那思想即詞語（概念、文句、定義、學說），其「弱點」與無彈性，柏拉圖在《第七封信》中有精采的批判。此一奇怪的特性使得思考不可避免地會刨根毀基，破壞所有既有衡準、價值、善惡的尺度，簡言之所有我們在道德倫理當中討論的那些習慣與行為規則。蘇格拉底似乎在說，這些凍結的思想來得易如反掌，連睡夢中都可以用；但如果思想之風——我現在要在諸位中喚起的——將你從睡夢中喚醒，使你清醒、使你活起來，你會發現掌中一無所有，只有疑惑，我們能做的頂多是與人分享這份疑惑。

因此，思想使人無法動彈，有兩重意思：**停下來**思考，中斷所有其他活動，在這裡，無法動彈是內在的，而從這活動出來後，這段經驗可能令你驚愕、動彈不得，對於那些在未加思考而從事任何事情時似乎毫無疑問的東西，你再也不確定。如果你的

21 鄂注：*Sophist* 258。
22 鄂注：Xenophon, op. cit. 4.3.14。

行動需要將行為通則應用到日常生活的特定個例，那麼你會發現自己不知如何反應，因為沒有任何規則能夠抵擋思想的風。再一次以「房屋」（house）這個字暗含的凍結思想為例，一旦思考到暗含的意義——定居、有家可歸、避風港——你就不太可能任憑當時的建築風尚來決定你家的樣子；但這絕不保證你可以為自己居家（housing）的問題找到可接受的答案。你可能動彈不得。

這將導向此危險而無解事業的最後一個危險，也許甚至是最大的危險。蘇格拉底周圍的人當中，有像阿西比亞德斯和克里提亞斯那樣的人——天知道，他們絕不是所謂蘇格拉底門徒當中最糟糕的——他們變成城邦的真正的威脅，不過不是因為被電鰩觸到而無法動彈，而是因為被牛虻所刺激。受刺激的結果，變成放肆而憤世嫉俗。他們不滿足於只學到思考卻沒有學到教條，而把蘇格拉底式思考檢視的非結論（nonresult），變成負面的結論：如果你不能定義何為敬神，那就讓我們褻瀆吧——這和蘇格拉底希望藉由談論敬神而達到的情形是完全相反的。

對意義的追尋，無情破壞所有被接受的教條與規則，重新加以檢視，這過程隨時可能變成反對自身，將舊價值一舉翻轉，並宣稱翻轉的結果才是「新價值」。這在某種程度上是尼采之所為，尼采將柏拉圖主義翻轉，但忘了翻轉後的柏拉圖還是柏拉圖，馬克思也是，當他將黑格爾顛倒翻轉，創造出來的也正是嚴格的黑格爾式歷史體系。

思考的這種負面結果，之後就會像舊價值那樣被人糊裡糊塗地運用，成為無需思考的例行公事；一旦運用到人類事務領域，就會像從未經歷過思考過程一般。對於虛無主義，我們容易從歷史角度追溯其起源、從政治角度加以譴責，並套到那些敢於思考「危險思想」的思想家頭上；事實上，我們一般稱為虛無主義的東西，是內在於思考活動本身的。沒有所謂危險的思想；思考本身是危險的，但虛無主義不是其產物。虛無主義不過是因循成規的另一面；其信條包含對於當前的、所謂實證價值的否定，但它和這實證價值的關係依然密切。所有批判的檢視都必須經歷一個階段，即至少假設性地否定既有想法與「價值」，找出其言外之意及未言明的預設，而在此意義上，虛無主義或許可以被視為始終存在的思考的危險。但這危險不是起於蘇格拉底的信念，即未受過檢視的生命不值得一活；相反地，危險是來自於渴望尋找結果，這個結果讓人不必做更多的思考。對於所有教條而言，思考都是危險的，思考本身也不會提出任何新的教條。

不過，雖然非思考（nonthinking）對於政治或道德事務似乎很有用，但它也有它的危險。它保護人們不必面對檢視所帶來的危險，教人遵循任何社會任何時刻所給定的任何行為規則。於是人們所習慣的，並不是規則的內容——仔細檢視這些內容總會使人陷入疑惑；人們習慣的是要有一套規則來包攝特例。換言之，人們習慣於從不自己做決定。如果有一個人，不管出於何種原因或目的，希望打破舊有「價值」或美德，他會發現很容易，只要能提出新的規範，他將不需使用外力或說服——不須證明新價值優於舊價值——就可以樹立這套規範。人對舊規矩愈是固守，就愈希望自己能吸收新的規範；此種翻轉在某些狀況下如此容易發生，這表示當它發生的時候，每個人都在睡覺。本世紀給了我們一些這方面的例子：極權統治者輕輕鬆鬆就能翻轉西方道德價值中的基本誡律——在希特勒的德國是「汝不應殺人」，在史達林的俄國是「汝不應作偽證，傷害你的鄰人」。

回到蘇格拉底。雅典人告訴他思考是顛覆性的，思想之風是一場狂風，掃除了人們藉以辨識方向的既定標誌；使城市混亂失序，讓公民迷惑，特別是年輕人。而蘇格拉底雖然否認思考使人腐化，卻也沒有佯稱思考會使人更好，他雖然宣稱，他所帶給這個城邦的，是「比這城邦所曾受惠的任何東西都更加偉大的善」，卻也沒有佯稱他最初以哲學家作為志業，是為了變成如此偉大的恩主。如果「未受檢視的生命不值得一活」，[23]那麼當思考關注於正義、幸福、節制、喜樂，關注於表達不可見事物的詞語——語言提供我們這些詞語去表達在生命之中的任何事，表達當我們活著時發生在我們身上的一切——那麼思考是伴隨著生活的。

蘇格拉底稱這種對意義的追尋為erōs，是一種愛。這愛最初是一種需求，需求其所無者，而這種愛，是蘇格拉底唯一自命為專家的東西。[24]人愛智，並從事哲學（philosophein），因為他們沒有智慧，就像人愛美，或說「追求美」（philokalein——如柏里克利斯所稱），[25]是因為人不美。愛，藉由慾求不在那裡的東西，而建立起與這東西的關係。為了將這關係公開，使之出現，人們談論它，如同愛人談論他所愛的對象。[26]既然這追求是一種愛與慾，思想的對象只可能是可愛的東西——美、智慧、正義等等。醜與惡，就定義而言，就被排除在思考的關懷之外，雖然它們或許有時候會以欠缺的方式出現，如美的欠缺、不義，而惡（kakia）是善的欠缺。這表示它們沒有自己的根，沒有思考可以攀握的本質。人們說，惡不可能是人自願犯下的，原因在於它的「存有論地位」——用我們今天的話來講；它存在於欠缺，存在於某種不在的東西。如果思考將正常、正面的概念分解成其原始意義，那麼同樣的過程就將這些負面「概念」分解成其原始的無意義，變成無物。這恰好不只是蘇格拉底的看法；幾乎所有思想家都異口同聲認為，

23 鄂注：*Apology* 30, 38。
24 鄂注：*Lysis* 204b–c。
25 鄂注：取自修斯提底斯悼辭（Thucydides 2.40）。
26 鄂注：*Symposium* 177。

惡僅是缺乏、否定，或規則的例外。[27]（這個命題——和柏拉圖一樣古老的命題——「沒有人是主動犯惡的」，最昭彰而危險的謬誤，在於其隱含的結論：「人人皆欲行善。」令人悲哀的真相是，大部分的惡都出自於從來沒有決意要為善或為惡的人。）

針對我們的問題——無能或拒絕思考，以及為惡的能力——我們得到什麼？我們獲得的結論是，只有充滿這種愛，erōs，這種渴望智慧、美和正義之愛的人，才有能力思考——也就是，我們所得到的結論，是柏拉圖的「高貴本性」作為思考的前提要件。然而這「高貴本性」正是我們原先提問時所不要尋求的，我們問道，思考活動，思考的動作本身——不同於一個人的本性、靈魂可能擁有的任何特質，也不論這些特質為何——是否會限制一個人，使之無能犯惡。

## 三

蘇格拉底這個喜愛困惑的人，很少做正面陳述，但他有兩則彼此密切相關的命題，討論到我們的問題。兩個命題都出現在《果加斯篇》，關於修辭學的對話錄，討論在眾人前演說並說服聽眾的技藝。《果加斯篇》不屬於早期的蘇格拉底對話錄；而是在柏拉圖開辦學院之前不久所寫。此外，該篇主題似乎在處理一種論談形式——而這種論談若是出以詰難的方式，就會沒有意義。然而該篇對話錄內容仍然是詰難式的；只有晚期的柏拉圖對話錄才完全無此特性；而晚期對話錄中，蘇格拉底若不是消失不見，就是不再是討論活動的核心。如同《國家篇》，《果加斯篇》以一個柏拉圖式的神話作結，那是關於善惡獎懲各有其報的來生，這神話看來解決了所有困難，真是諷刺。這些神話的嚴肅性全然是政治面的；主要在於神話必須對人批群眾道出。這些神話當然不屬於蘇格拉底，它們之所以重要，是因為包含了柏拉圖的供認——雖然不是以哲學形式出現——即人可以、也確實主動犯惡，更重要的，這還隱含著他承認他並不比蘇格拉底更明白該如何從哲學角度面對這個擾人的事實。我們或許不知道蘇格拉底是否相信無知會招惡，而善可以傳授；但我們確實知道，柏拉圖認為比較聰明的辦法是靠威脅。

這兩則正面的蘇格拉底命題如下：第一：「寧受不義而不作惡」——對此，該篇中的對話者卡里克利斯，以所有希臘人會有的反應回答道：「人根本不該承受不義，那是奴隸的一部分，對奴隸來說，死比活著好，對於那些受冤屈卻不能幫助自己、而對自己所關心的人受冤屈後無法伸出援手的人也一樣，死比活著好。」（474）第二：「寧願

27　鄂注：我在此只引德謨克利特斯的觀點，因為他和蘇格拉底是同時代人。他認為邏各斯（logos），言說，是行動的「影子」，而影子是為了區分真實物和相似物；因此他說「人必須避免談論惡行」，這樣會剝除其影子、其表象。（見殘篇 145, 190）而忽視惡，就會令之變成只不過是相似物。

是我的琴或我指揮的合唱團走了音、刺耳不諧，眾人皆與我相異，也不要是我，**作為一體**，和自己合不了音，自相**矛盾**。」這話使得卡里克利斯對著蘇格拉底說他「善辯，但瘋了」，放棄哲學，對他或對其他人都會比較好。（482）

我們會看到他有他的道理。確實是哲學，或說思考的經驗，導致蘇格拉底作出如此陳述——雖然他之所以從事哲學，並不是為了要得出這些陳述。如果將之理解為細加思索道德所得出的結果，我想，會是嚴重的錯誤；那當然是洞見，但此洞見乃出於經驗，就思考過程本身而言，那至多是偶然的副產品。

我們不容易了解，第一則陳述在最初剛提出時，聽起來有多麼弔詭；幾千年的傳用與誤用之後，今天它聽來就像廉價的道德說教。而現代心靈要理解第二則陳述的力量，更是困難重重，此可證諸一個事實：**作為一體**，我寧可與世人不和，也不願同自身傾軋，這句話中的關鍵字「作為一體」(being one)，經常未被翻譯出來。第一則是主觀的陳述，意思是，**對我而言**，寧受不義而不作惡，用來反擊它的則是對立的、同樣主觀的陳述，而那則陳述，當然了，聽起來有道理得多。然而如果我們從世人的觀點、而不是這兩位先生的觀點，來看這些陳述，我們會說重點在於不義已然造成，作惡者或受不義者哪個比較不吃虧，並不重要。作為公民，我們必須防止不公不義的發生，因為是我們，作惡者、受不義者及旁觀者，都共同存在的這個世界，受到威脅了：城邦受害了。（因此我們的法規區分了罪行crime和逾矩transgression，前者要強制起訴，後者只有受害的個人可以決定是否要提訴。若是罪行的話，相關人等的主觀心理狀態並沒有關係——受不義者或許願意原諒，而作惡者也許根本不可能再犯——因為社群整體遭到侵犯了。）

換言之，蘇格拉底在此不是以公民的身分說話，這公民理論上應該更關心世事而不是自我。他更像是在對卡里克利斯說：若你像我一樣，愛智慧，也需要不斷檢視，若世界竟如同你所描述的——分成強者與弱者，「強者為所欲為，而弱者承受其所必須承受」（修斯提底斯）——除了作惡或受害，我們別無他途，那麼你就會同意我的話，受害勝過為惡。其前提是如果你在思考，如果你同意「未受檢視的生命不值得一活」。

就我所知，希臘文獻中只有另外一段文字，道出和蘇格拉底所說幾乎一模一樣的話。德謨克利特斯留下的少數斷簡中說：「比受害者更不幸的（kakodaimonesteros）是作惡者。」（B45）德氏乃帕門尼德斯的偉大對手，或許正因此，柏拉圖從未提過他。這巧合似乎值得一提，因為德謨克利特斯不同於蘇格拉底，對人事並不特別感興趣，反倒似乎很熱中於思考的經驗。他說，「心智」（即邏各斯logos）使得禁慾容易，「因為它習慣從自身取得喜悅（auton ex heautou）。」（B146）我們容易以為是純粹道德命題的東西，其實似乎是來自思考經驗本身。

這將我們帶到第二則命題，這是第一則命題的先決條件，本身也充滿弔詭。蘇格拉底說，作為一體，他**因此**無法冒險讓自己與自己不和諧。不過完全同一的東西，絕對而真正的**一者**，比如A就是A，既不可能與自己相合也不可能不合；至少要有兩聲，才能發出合諧音。當然，當我出現在人前，我一定是一者，否則我無法被辨識。只要我與他人同在一起，而幾乎未意識到自己，我就是別人看到的樣子。我也對我自己而存在，雖然我幾乎不出現在自己面前——這奇特的事實我們稱為**意識**（consciousness，字面上的意思是「與自己一起去認識」，know with myself）。不過，這表示蘇格拉底的「作為一體」並不是表面看起來那樣沒有問題；我不只對他人也對我自己而存在，就後者而言，顯然我不只是一者。一種差異性進入了我的一體性（Oneness）。

我們在其他方面是認識這個差異性的。存在於複數事物中的每件事物，都非僅是其所是，是其本體（identity），它更是不同於其他事物；這差異乃其本性。當吾人試圖從思想來加以掌握之，加以定義，就必須將這他者性（alteritas）或差異性納入考量。當我們說一個東西是什麼，也就說了它不是什麼；每個決定，如史賓諾莎所言，都是否定過程。只與自己相關的，是同（auto〔即hekaston〕heautō tauton：「每一者對其自身而言是同」），[28]對此純粹同一本體，我們能說的只有：「一朵玫瑰是一朵玫瑰是一朵玫瑰（A rose is a rose is a rose）。」[29]但如果同一本體的我（「作為一者」）與我自己相關連，情形就完全不是如此。我是、我存在（I am），這樁奇特之事並無需多數性來建立差異；當它說「我是我」的時候，自身中就帶有這差異。只要我有意識，即意識到自我，那麼我只對他人而言是與自我同一，對這個他者，我顯現為單一且相同的人。就我自己而言，道出這種「意識到我自己」的情形時，我便不可避免地是二合一——這正巧解釋了，當前流行的追尋認同，為什麼是徒勞無功的，而現代的認同危機，為何只能藉由喪失意識來解決了。人類意識暗示著差異性與他者性，也正是人的自我存在的條件——表象世界給予人在多樣性事物中存在的居地，而差異性與他者性正是這表象世界十分突出的特徵。自我——我是我——恰恰在它不與表象事物相關連、僅與自身相關連的時候，體驗到同一當中的差異。柏拉圖後來把此最初的分裂用在他對思考的定義中，即思考是我與自我無聲的對話（eme emautō）；若無此最初的分裂，則蘇格拉底在其關於與自我和諧之陳述所預設的二合一使不可能。[30]意識不同於思考；但若無意識，思考便不可能。思考在其過程中所實現的，是意識中既有的差異性。

28 鄂注：*Sophist* 254—see Martin Heidegger, *Identity and Difference* (New York, 1969), 23–41。
29 譯注：引自美國作家葛楚・史坦（Gertrude Stein）一九一三年的一首詩〈神聖艾蜜莉〉（Sacred Emily），收於一九二二年出版《地理與劇本》（*Geography and Plays*）。
30 鄂注：*Theaetetus* 189e ff. and *Sophist* 263e。

對蘇格拉底來說，這二合一單純表示，如果要思考，你必須注意進行思考對話的兩人皆狀況良好，並且是朋友。對你而言，承受不義勝過為非作惡，因為如此你仍然是受害者的朋友；因為誰願意當殺人犯的朋友，或者與之同處？連殺人犯自己都不願意。你能和他進行什麼樣的對話？那就像莎士比亞讓犯下許多謀殺罪行的理查三世與自己所進行的對話：

我害怕什麼？我自己？沒有其他人在。
理查愛理查：對，我就是我。
有殺人犯在這？不。有，就是我：
那快逃吧。啥，逃離我自己？什麼冠冕堂皇的理由——
免得我報復。什麼，自己對自己報復？
喔不！欸，我恨我自己
幹下這可恨之事。
我是惡棍。我說謊，我不是。
蠢蛋，說自己的好話。蠢蛋，別張狂。

同樣這種我與自我的遭逢，可以在蘇格拉底一篇頗受爭議的對話錄中發現，相較之下並不具戲劇性、溫和，且幾乎是無害的：《大希皮亞斯篇》（雖然不是由柏拉圖所寫，但仍可照見原真的蘇格拉底）。該篇對話錄的結尾，希皮亞斯已經確定是個腦袋空無一物的對話者，蘇格拉底對他說，他和自己比起來是「多麼有福氣」。每當自己回到家，總有個討厭鬼在等他，「是個同處一個屋簷下的近親，老愛反覆質問。」聽到蘇格拉底陳述希皮亞斯的意見，這傢伙會問他：「談論美的生活方式，但詰問的過程卻暴露你連『美』這個字的意義都不知道時，自己會不會覺得羞愧。」（304）換言之，希皮亞斯回家後，他還是一人；他當然沒有喪失意識，但也不會想辦法實現自己當中的差異性。就這方面，蘇格拉底或理查三世面對的狀況並非如此。他們不只與他人對話，也與自己對話。此處的重點是，一個人稱為「另一個傢伙」、另一個人稱為「良知」的東西，只有在獨處的時候才會出現。當子夜已過，明朝再起，理查再度被友朋環繞時，

良知不過是懦夫的字眼，
為了使強者敬畏在先。

即便十分喜愛街市的蘇格拉底，也必須回家，一個他可以獨處的地方，才能與另外這

個人面對面。

我選擇《理查三世》中的一段，因為雖然莎士比亞用了「良知」一字，卻並非以一般習用的方式來用它。「意識」與「良知」這兩個字，在語言當中經過了很長一段時間才分離，但在某些語言，比如法文，這種分離從未發生。如同我們在道德或法律問題中的用法，良知應當如同意識，總是存在吾人之中。而這良知也應告訴我們要做什麼事，而什麼事又該懺悔；那是上帝的聲音，後來又變成自然之光（lumen naturale），或康德的實踐理性。但蘇格拉底所說的那個人，不同於良知，是留在家裡的；他害怕他，如同《理查三世》中的殺人者害怕其良知——那不在場的東西。良知是事後的想法，那想法若不是因罪行而起（如理查的狀況），就是由未受檢視的意見所引發（如蘇格拉底），或者是因為預期到這事後想法所造成的恐懼（如《理查三世》中受雇的殺人者）。這良知不像我們心中上帝的聲音或自然之光，並沒有給予正面的指示——即使蘇格拉底的daimonion，神的聲音，也只告訴他**不要**做什麼；用莎士比亞的話來說，「將障礙注滿一個人。」人會害怕其良知，是因為預料證人將出現，這證人**只有**當他回到家的時候才會等在那裡。莎士比亞劇中的謀殺者說：「每個想要日子好過的人都希望……沒有它在。」要做到不難，只消永遠不要開始進行無聲的孤獨對話，即我們所謂的思考，永遠不要回家進行內省。這不是悖德或良善的問題，也不是聰明或愚蠢的問題。不識我與自我之交流者（我們在這交流中檢視自己的言行），並不會在意是否與自己衝突，而這意味著他永遠不能也不願陳述其所言所為；犯了罪他也不會在意，因為下一個片刻這罪行保證就會被忘記了。

思考作為一種人類生活自然的需求，無關認知、沒有專門意義，是意識內既有之差異性的現實化——這種意義下的思考不是少數人的特權，而是人人都有的能力；同樣的，無能思考也並非那些欠缺腦力者的「特權」，而是人人身上都存在的可能性，不排除科學家、學者，以及其他從事心智活動的專家，人人都可能逃避與自我的交流，而最先發現這可能性及重要性的人就是蘇格拉底。這裡我們討論的不是悖德，這問題宗教和文學都已試圖處理過了，我們談的是惡；不是罪、不是文學中反面英雄的壞人，其行動乃出於忌妒和憤懣。重點是無悖德之性、沒有特別動機的凡人，正因此，他們有能力行**無盡**之惡；不像所謂的惡人，他們從未曾與其子夜的煞星遭逢。

對進行思考的自我及其經驗而言，那「將障礙注滿一個人」的良知，是個附加的作用。對社會整體而言也一直無足輕重，除非是在緊急狀況。這種思考對社會無大益處，更不及對知識的渴望，在那渴望中，思考被當作追求其他目的的工具。它並不創造價值，不會一勞永逸地發現什麼是「善」，它不服膺為眾人接受的行為規則，而是將之破壞。其政治與道德意義，歷史上只有在很罕見的時刻才出現：當「事物解體；中心離分；／唯混亂紛降於世」，當「最佳者無所信，而最差者／激情洋溢」。[31]

在這些時刻，思考不再是政治狀況中的邊緣事件。當眾人皆未加思索，伏拜於其他人所為所信，思考者便會被人從隱匿之處推出來，因為他們的拒絕參與太明顯了，這因此就變成了一種行動。思考中淨化的元素，即蘇格拉底的產婆之喻，帶出未受檢視之意見所隱含的意思，並藉此摧毀價值、教條、理論，甚至信念；這樣的過程是有政治意義的。這摧毀的工夫，對另一種人類能力有解放之效，這能力即判斷力。或許可以大大方方地說，判斷力是人類心智能力中最具政治意義的。這個能力使人判斷**特定個例**、無需將之統攝到普遍規則之下，普遍規則可以教、可以學，直到變成習慣，而那也可以被另一套習慣與規矩所取代。

判斷特定殊例的能力（如康德所發現者），即說出「這是錯的」、「這是美的」等等的能力，並不同於思考能力。思考處理不可見事物，不在場者的再現；判斷總是關心特定事物及當下的問題。但二者有內在關聯，如同意識與良知彼此關聯。如果思考，即無聲對話的二合一過程，將吾人於意識裡既有之同一本體中的差性實現出來，並因此另外帶動良知的產生，那麼判斷，這思考解放效果的附帶產物，便是將思考實現，使之顯現於表象世界；在表象世界裡，我從來沒有獨處的時候，總是太忙而無法思考。思想之風的顯現不是知識，而是辨別是非、美醜的能力。而這在緊要關頭確實可能阻止災難的發生，至少對我而言如此。

一九七一年

31 譯注：引自英國詩人葉慈詩〈基督復臨〉（The Second Coming）。

II

# 第二部

# 判斷

JUDGMENT

第5章

# 小岩城事件的反思

# Reflections on Little Rock

## 導言

本篇反思的出發點是報上刊登的一張照片：一個黑人女孩從剛剛實行黑白同校的學校中走出來要回家，一群白人男生緊追糾纏，而她被她父親的一位白人朋友保護著，女生臉上的表情充分顯露，她並不快樂。這張圖扼要道出整個狀況，因為出現在照片中的正是直接受到聯邦法院判決影響的人：那些孩子們。[1]我的第一個問題是，假如我是一個黑

1 譯注：聯邦法院判決指的是一九五四年「布朗訴教育局案」的判例，判定公立高中黑白分校的隔離作法是違法的。此判決確定之後，阿肯色州小岩城的學校根據這項判決，決定主動取消隔離。

一九五七年，取消隔離正式實施，第一批黑人學生共九人得於小岩城中央高中就學。但就在九月二日開學前晚，阿肯色州長法伯斯卻指派國民衛隊封鎖小岩城高中入口，企圖阻擋九人進入學校，聲稱此行動是要保護黑人學生並維持該市公共秩序。當日九名學生在支持人士的保護下透過各種方式進入高中，卻

人母親，我會怎麼做？答案是：我絕對不要把我的孩子暴露於那樣的境況，好像得拼命努力，奮力擠入一個並不想接納她的群體。在心理上，這種被討厭的情形（典型的社交困境）比直接的迫害（政治困境）更加難以忍受，因為牽涉到個人尊嚴。我所說的尊嚴（pride），不是「以身為黑人為傲」，或身為猶太人、身為盎格魯薩克遜新教徒的白人等等為傲的意思，而是天生的、不需教導的認同感，認同我生來即有的不管是甚麼的身分。尊嚴並不比較，也不知有所謂的優越情結或自卑情結，尊嚴對於個人的完整性是不可或缺的，而尊嚴的喪失，與其說來自迫害，不如說是因為必須突破奮力擠入——或被迫要奮力擠入——走出一個群體而進入另一個群體。如果我是一個南方的黑人母親，我會覺得最高法院的判決，雖然無意，但卻不可避免地讓我的孩子陷入一種比以往更加羞辱的處境。

再者，假如我是一個黑人，我會覺得以取消黑白分校分教來嘗試去除種族隔離，等於將責任由成人的肩上轉移到孩子的身上，是非常不公平的做法。此外我也會認為，這整個規畫似乎是在逃避真正的問題。真正的問題是法律之前人人平等，而破壞平等的是種族隔離的法律，也就是強制隔離的法律，而不是社會習慣以及教育小孩的方式。如果這只是讓我的小孩可以接受同樣好的教育的問題，為了給她們同等的機會，那麼為什麼我不是去爭取改善黑人小孩的學校，爭取立即設立特教班，給成績優異、有資格進入白人學校的小孩就讀？我不是在打一場明確的仗，爭取我不容置疑的權利——譬如有權投票並在這方面受到保護的權利，和我想要的人結婚並也在這方面受到保護的權利（雖然當然也不是意圖變成任何人的妻舅），[2]或者獲得平等機會的權利——相反，我會覺得自己是在鑽營社會地位；如果選擇這種方式來改善我自己的生活，我當然寧願自己來，而不依靠政府機關的協助。當然，即使是對別人出暗招，可能也不完全取決於我的傾向。我可能是為了過得體的生活或提高家人的生活水準而被迫如此。生活或許很辛苦，但不論為何所逼——它當然沒有逼我以金錢購買遷入隔離住宅區的機會——我都可以保有個人的完整性，而這正因為我是被迫行動，並出於某種生活的

受到國民衛隊的阻擋及憤怒群眾的圍擾。

小岩城市長巫卓．曼不滿州長作為，致電當時的總統艾森豪，要求派遣聯邦軍隊到小岩城。九月二十日聯邦法院命令國民衛隊撤退，九月二十三日，九名學生在警察的保護下從側門進到學校教室，引發憤怒群眾的暴動。經過十幾天與法伯斯的溝通失敗，艾森豪決定將國民衛隊聯邦化，並派遣聯邦部隊保護黑人學生，九月二十五日，學生在軍隊保護下進入高中。

雖然九名黑人學生各有保護者，在學的第一年仍不斷受到白人學生騷擾。而即使中央高中已取消隔離，但反對聲浪不斷，法伯斯於是在一九五八年九月下令關閉小岩城所有高中，隔年因聯邦法院判決此作法違憲而重新開課。小岩城事件始末參考「非裔美國人歷史」（African American History）網站：www.afroamhistory.about.com。

2 柯注：「妻舅」影射某位批評者誤解鄂蘭對於反種族通婚法律的見解而提出的批評，鄂蘭認為反種族通婚的法律是違憲的，應該被最高法院推翻。

必要性，而不只是為了社會地位的緣故。

我第二個問題是：如果我是一位南方的白人母親，我會怎麼做？首先，我會努力不讓我的孩子被捲入校園裡的政治爭鬥。此外，我會覺得任何此類激烈的改變都要有我的同意，不論我當下的意見為何。我同意政府有理由關心我的小孩的教育，畢竟他們是國家未來的主人翁，但我不認為政府有任何權利告訴我，我的小孩要和誰一起受教學習。在小孩長大成人以前，家長有權為其子女做這類決定，只有獨裁體制會去挑戰這種權利。

然而，假如我深信南方的狀況可以因黑白同校、取消隔離的教育而獲得實質改善，我會努力為白人與黑人小孩籌組共同的新學校，或許透過教徒或其他有志一同的公民團體的協助，並以此學校當作領航計畫，說服其他白人家長改變心態。誠然，這也是置我的小孩於一個本質上為政治爭鬥的狀況，但至少我可以確定學生之所以在那裡，是有家長的同意和協助；家庭與學校之間不會有衝突，雖然這些家庭、學校，與其他社會大眾可能出現衝突。現在讓我們假設，在進行這計畫的過程中，反對取消隔離教育的南方公民也會組織起來，甚至成功說服州政府阻止這所學校建立和運作。在我看來，這正是聯邦政府應該被要求介入的時機。因為這裡我們會再度看到明顯由政府權威所強制實行的隔離案例。

現在，就來到我的第三個問題。我自問：就膚色問題而言，所謂的南方生活方式和美國的生活方式到底差異何在？答案當然只是：雖然歧視與隔離的狀況全國通見，但只有在南方各州是透過立法強制執行的。因此，不論誰希望改變南方這狀況，都幾乎不能不廢除相關婚姻法律並施行自由的選舉權。這絕不是學術性的問題。一部分是憲法原則的問題，就定義而言，憲法原則是超越多數決及實際性（practicality）的；當然也涉及公民的權利，比如，德州二十五位黑人的權利——這些人在服役時與歐洲女子結婚，因此不得回家，因為根據德州法律，他們犯了黑白通婚的罪。

美國自由派不願意碰觸婚姻法的問題，他們隨時準備提出實際性的考慮，堅稱黑人自己對這問題不關心，而將論題基點轉移；當人們向他們提及這世人皆知、整個西半球最令人髮指的立法時，他們只能感到尷尬——這些情況都讓我們想起共和國創立者，他們在最初就不願聽從傑佛遜的建議，廢除奴隸制度這項罪行。傑佛遜也因實際問題而屈服，但他至少仍有足夠的政治敏感，在戰鬥失敗之後說道：「當我思及上帝是公平的，我遂顫抖。」他之所以顫抖不是因為黑人，甚至不是因為白人，而是因為共和國的命運，因為他知道，共和國的主要原則之一，從一開始就遭到違犯了。使這國家歷史的原罪不斷延長的，不是歧視也非隔離——不論形式為何——而是種族主義的立法。

最後再談一下教育與政治。以未來的精神教育下一代，並希望藉此改變世界，這想法自古以來就是政治烏托邦的特徵之一。這個想法的問題始終相同：只有當孩子真正與父母脫離，而在國家機構中養成，或者在學校裡被灌輸思想、使其能反抗父母，這樣才有可能成功。專制政體統治之下的狀況便是如此。但假如公家單位不願因自己模糊的期待與假設而自食其果，那麼整個教育實驗，從好的方面來看會是沒有結果，最壞的狀況則會激怒家長與小孩，使其產生對抗心，他們會覺得被剝奪了某些基本的權利。最高法院的判決確立之後，政府便決定為了教育及公立學校，打一場公民權利之戰，但隨後南方發生的一連串事件，只讓人覺得一切徒勞無功，平添不必要的痛苦，相關各方似乎都深知，表面上聲稱已有作為，其實一無所成。

## 一

小岩城事件竟然會造成國際輿論軒然大波，[3]進而變成美國對外政策的一大絆腳石，是一件不幸甚至不公平的事情（雖然很難說它沒道理）。美國對於國內黑人的態度，根源無它，就在於美國自身的傳統；它不同於二次世界大戰結束後即糾纏這個國家的其他內政問題（對安全的歇斯底里、飛漲的繁榮景象，同時由豐饒經濟轉變成某種市場，一味產出過剩、無用之物，嚴重排擠了必需品與生產性工具的製造），也不同於長久以來的大眾文化和大眾教育的問題——兩者皆為現代社會普遍的狀況，非美國獨有。種族膚色的問題是由美國歷史上一個巨大的罪行所構成，也必須要在這共和國的政治歷史架構中才能解決。就美國歷史與政治而言，這個問題同時變成了國際事務中的重要議題，不過是巧合；國際政治中的種族膚色問題，起自歐洲國家的殖民主義與帝國主義——而這巨大的罪行是美國從未參與的。可悲的是，美國國內未解決的種族膚色問題，將可能使美國這世界強權原本可能享有的優勢喪失殆盡。

出於歷史及其他原因，我們習慣將黑人問題等同於美國南方，但黑人就生活在我們之中，而與黑人相關問題的未解決，當然牽涉到整個國家，不獨南方。這問題如同其他種族問題，特別容易吸引暴民，也是讓暴民意識形態得以具體化而暴民組織得以成形的關鍵點。有一天，這個局勢在北方都會中心可能會變得比在較為傳統的南方更具爆炸性，特別是如果南方城市的黑人數量持續減少、而非南方城市中的黑人人口以近幾年的速度繼續成長的話。美國不是歐洲意義中的民族國家，從來不是。其政治結構的原則，自始以來就無關乎同質性的人口或共同的過往。不過南方較不是如此，它

3 譯注：小岩城事件引發世界關注，艾森豪總統於一九五七年九月二十四日曾針對此事件在電視中對全美民眾發表談話，指出美國對外正面臨嚴峻情況，因為共產黨對於一個以人權立國的政府懷有恨意，而這個敵人正利用此事件的機會要來打擊美國。艾森豪指美國會因為這個事件而被描繪成違反聯合國憲章價值的國家。

的人口同質性較高，也比其他地方更深植於過往傳統。威廉．福克納最近宣稱，當南方與華盛頓發生衝突，他最終還是必須以一個密西西比州公民的身分來回應，此時，他更像歐洲民族國家的成員，而不是共和國的公民。南北差異雖然鮮明，但隨著南方各州工業化，差異終將消失，今天在部分地區甚至無足輕重。在全國各地，各種族裔之人麇聚的東岸及北方，一如在較為同質的南方，黑人都因為他們的「能見度」而特別突出。他們並非唯一「可見的少數」，但卻是最明顯的一群。由此觀之，他們多少如同新移民，一再成為所有少數族群中「聽聞度」最高的，因此總也最可能激起排外情緒。雖然這種「聽聞度」是暫時現象，很少延續超過一代，黑人的能見度卻無法改變，永遠持續。此事非同小可。在公共領域中，不能被看到和聽到的就不重要，因此能見度與聽聞度就成為最重要的東西。如果辯說這些不過是外在表象，那便是預設了結論。因為，正是表象才會「出現」在公眾面前，而內在特質、知性與感性之類的天賦，只有當擁有者希望將之暴露於公眾面前、成為日常世界的焦點時，才具有政治性。

美國以全民平等奠定國基，而法律之前人人平等雖然已成所有現代立憲政府不可剝奪的原則，但平等的重要性，在共和國的政治生活中大過在其他任何政府體制。因此，受到威脅的不是只有黑人的福祉，而是共和國的生存，至少從長遠來看是如此。托克維爾在百年前就將機會與條件的平等，一如權利的平等，皆視為構成美國民主的基本「法」，也預言平等原則中內在的困境與複雜性，有一天可能變成對美國式生活最危險的挑戰。在這無所不包的典型美國方式中，平等性包含著巨大的平等化力量，將性質及起源本為相異者一律平等看待——只有這股力量，才讓國家面對一波波不斷淹沒其岸的移民潮，得以保有其根本的同一性。但即使是美國式的平等，平等的原則也非全能；它無法將自然、有形的特徵，一概平等化。只有當經濟與教育條件的不平等解決後，才會達到此一極限，但在這關鍵時刻總會出現一個危機點，研究歷史者幾乎沒有人不知道：人在每個方面變得愈平等，且平等性愈是遍及整體社會結構，差異就愈會受到憎惡，而那些天生可見特徵不同於其他人的人，就變得愈突出。

因此，黑人在社會、經濟以及教育平等方面都達成後，反而很有可能激化這個國家的種族問題，而不是減輕。這當然不一定會發生，不過如果發生了，也是很自然的，沒有發生反而令人訝異。我們還未達到那危機點，但在可見的未來就會達到，某些發展也清楚指出這個方向。察覺未來的問題，並不會讓人提倡要扭轉近十五年來的趨勢，而這趨勢可喜的是對黑人有利。但這種察覺卻會使人要求政府以審慎而溫和的方式介入，而不是沒有耐性地推行一些考慮欠周的措施。自從最高法院決定要在公立學校強制施行去隔離化的合校教育，南方的一般狀況卻惡化了。最近的事件指出，要完全避免聯邦政府在南方強制執行黑人民權是不可能的，但是情勢卻使這樣的介入必須限制在少數狀況，即國家法律及共和國原則遭到威脅的地方。因此問題在於，這情形在哪裡是普遍的，以及是不是特別出現在公共教育領域。

政府的黑人民權計畫包含兩個完全不同的重點。一是重新確認黑人民眾的公民權，這在北方是當然的，在南方卻完全不是如此。另一則是開始面對隔離的問題，隔離的情形全國皆然，而在南方各州則事關歧視性的立法。南方現存的巨大反抗，原因在於強制施行去除隔離政策，而不是因為合法施行黑人投票權。維吉尼亞州民意調查的結果顯示狀況的嚴重：百分之九十二的公民完全反對學校取消隔離，百分之六十五在這種狀況下願意放棄讓子女上公立學校，而百分之七十九的人則否認最高法院的這項判決具有約束力。令人震驚的並不是百分之九十二的人反對黑白同校，因為南方之一分為二，從來不是贊同隔離者與反對隔離者兩造的分別——實際上反對方並不存在——令人震驚的是寧取暴民之治、不在乎公民守法原則的人所佔的比例。南方所謂的自由派與中庸者，就只是那些願意守法的人，而這些人的數量已遽減到百分之二十一的少數。

要揭露這項訊息，並不需要任何民調，小岩城事件就已經很具啟發作用了；任何人想將這樁混亂事件完全歸咎於法伯斯州長胡作非為，只要看看兩位阿肯色州自由派參議員如何噤不做聲，就知道問題何在。悲哀的是，這城市的守法公民將街頭拱手讓給暴民，而不管是白人或黑人公民都不覺得他們有責任讓黑人小孩可以安全上學去。

也就是說，甚至在聯邦軍隊抵達之前，守法的南方人就已斷定，執行法律防止暴民之治以及保護學生不受成人暴民的侵擾，都只是他人瓦上霜，事不關己。換言之，軍隊的抵達只不過是將被動的抗拒化為大舉的抗拒。

有人說，我想又是福克納先生，強制取消隔離與強制執行隔離是半斤八兩，確實如此。最高法院當初得以介入種族隔離問題的唯一理由，是種族隔離在南方各州好幾個世代以來都是一個法律問題，而不單是社會問題。特別要注意一個關鍵點，違憲的不是種族隔離的社會習慣，而是**強制執行法律**。取消這項立法具有顯而易見的絕大重要性，而民權法案[4]涉及投票權的那部分，事實上南方沒有一州敢於提出強烈反對。確實，談到違憲立法，民權法案走得並不遠，因為它沒有觸及南方各州最為令人髮指的法律——即黑白通婚屬於刑事犯罪的規定。自由娶嫁的權利，是很基本的一項人權，與之相比，「不論任何種族、膚色的學生，皆有就讀取消隔離的學校的權利，搭乘巴士自由入座的權利，自由進出任何旅館或休閒娛樂場所的權利」等等，確實都算是小事。即連政治權利，比如選舉權，以及憲法中所列舉的所有權利，和獨立宣言中所宣稱的

4 譯注：美國一九六四年民權法案確定，不管在任何情況下，凡基於種族、膚色、宗教、性別或源出國家的區隔歧視，皆為違法。此法最初是為了非裔美人的權利，在通過之前卻修正擴大保護範圍，成為維護所有人的公民權。

不可剝奪的人權如「生命權、自由權及追求幸福的權利」相比，都算是次要的；而擁有居所、自由娶嫁的權利，毫無疑問都屬於後面這個範疇。假如這部分的權利遭到侵犯而引起最高法院的關注，會是更為重要的；但即使最高法院判決反對黑白通婚的法律是違憲的，它卻幾乎不覺有必要鼓勵黑白通婚，遑論強制執行。

然而，整件事最驚人的部分就是聯邦政府決定開始實行融合政策時，在所有的場所當中選了公立學校。不必太多想像力就可以明白，這作法是將成人好幾世代都自承無法解決的問題，讓孩子們去承擔，不論是黑人還是白人小孩。我想沒有人會忘記那張在全國報刊雜誌上一再刊出的照片：一個黑人女生在父親的一位白人朋友保護下走出學校，而被一群嘲弄作怪的男生緊追不捨，貼近糾纏。顯然，這個女生被要求當個英雄——也就是，她那不在場的父親以及同樣不在場的全國有色人種促進會代表們，未被要求扮演的那個角色。對白人男生來說，至少對後來成長了、不再如現在一般殘暴的男生來說，這張無情暴露其少年不端之舉的照片將難以抹滅。在我看來這照片是對進步教育的絕佳諷刺縮影，這種進步教育思想取消成人的權威，卻隱隱否定了成人將孩子生到世界上而對世界負有的責任，也拒絕了引導孩子進入世界的義務。我們是否已經來到了要孩子去改變或改善世界的地步？我們是否要讓這場政治的戰爭在校園裡開打？

種族隔離是由法律所強制執行的歧視，但去除種族隔離只是取消執行歧視的法律；它無法取消歧視本身，並強制施行社會面的平等，但它可以，也必須，在政治體內實施平等。因為平等即源自於政治體，不但如此，平等的有效性也清楚地侷限於政治領域。只有在那裡，我們都是平等的。現代情境中，平等最重要的體現就在於選舉權，根據這項權利，最高地位公民的判斷與意見和目不識丁者的判斷與意見是等價的。被選舉權，獲選擔任公職的權利，也是每個公民不可分割的一項權利；但在此，平等已然受限，雖然在選舉中，個人特出性的必要條件來自數目的平等性，也就是一人一票，每票等值，但選票上的勝出，重要的是與眾不同的特質，而非單純的平等。

贏得選票所需要的政治特質，不同於其他的差異（比如專業、職業資格，或在社會地位與知識上高人一等），而是密切關乎在一群平等的人當中做一個平等的人，或許可以說，那些特質根本不在專業或專長，而在於所有選民皆仰望、渴求的特徵——不一定是作為一個人，卻是作為公民、作為政治人而得到仰望。如此一來，在民主體制中，官員的特質總是受到選民特質的影響。因此，被選舉權是選舉權的必然結果；意味著每個人都有機會在那些從一開始就人人平等的事情上凸顯自己。嚴格來說，公職選舉權與被選舉權是唯二的政治權利，現代民主政治中它們便是公民權的精髓。此二者不同於其他所有權利，不論它們是人權或民權，都不能賦予居留的外僑。

在政治制度，平等是其核心，但在社會，重點為區隔。[5]社會是個奇特的混合體，多少介於政治與私人的混雜領域，自現代之始，大多數人大半的時間都生活在這領域中。每當我們離開自宅遮風擋雨的四壁，穿過門檻進入公眾世界，我們首先進入的不是以平等為主的政治範圍，而是社會領域。我們基於維生的需要、或為了追求事業成就、或為了結伴的歡樂，而進入這個領域，一旦進入後，就變成俗話說的「物以類聚」，這道理以各式各樣的團體與結社控制整個社會領域。在這裡，重要的不是個人特出處而是差異，人因其差異而隸屬於某些團體；為了使團體具有可辨識性，他們必須和同樣領域中的其他團體區隔。在美國社會，人們結為團體，並因而藉著職業、收入以及族群起源等等彼此區隔；而在歐洲，區隔的界線乃沿著階級起源、教育，以及生活方式等。從人本身的角度看，這些區隔的作法無一有意義可言；但作為個人的人究竟是否曾出現在社會領域，是值得懷疑的。不論如何，沒有某種區隔，社會就不再存在，而自由結社、形成團體的這些非常重要的可能性也將消失。

群眾社會對上述所言的社會是一種危險，對人的完整性卻不是，群眾社會模糊了區隔的線，弭平團體的差別，但個人認同乃源於社會領域之外的地方。然而，從眾並不單是大眾社會的特色，而是每個社會都可以有的特色，端視社會團體所接納的個體是否一定要具有某些特徵，也就是使該團體得以凝聚的一般差異性。在美國，人口組成具高度異質性，所以從眾的危險——幾乎和共和國一樣長久——在於社會從眾性容易變成絕對準則，取代國家同質性。無論如何，區隔是不可少的社會權利，如同平等是一項政治權利。問題不在於如何徹底廢除區隔，而是如何將之限制在社會領域內，在那裡，區隔是正當的；並避免區隔的作法逾越到政治及私人領域，造成破壞。

為了說明政治與社會的區別，我將舉出兩個區隔的實例，其中之一在我看來完全是合理的，也不是政府可以干涉的範圍，另一個例子則令人憤慨、毫不合理，也絕對會對政治領域造成傷害。

美國的度假勝地常常根據族群而有「限制」，已是眾所周知。許多人反對這種作法；但這只是自由結社權的延伸。如果我是個猶太人，希望與同為猶太人的人共同度過假期，我不知道誰可以用什麼理由阻止我這麼做；如同我也不知道為什麼其他度假地不能特意迎合某些希望度假時不要看到猶太人的客群。沒有所謂「進入任何旅館或休閒、娛樂場所的權利」，因為這些地方有許多都屬於純粹的社會範圍，在那裡自由結社的權利——因而也包括區隔的權利——比平等原則有更大的有效性。（這不適用於劇

5 譯注：此處及以下將discrimination譯為區隔，乃此中譯較貼近原字的意義，分隔、分離、區別等，亦較「歧視」——差別看待——的中譯較為中性。而在這幾段，作者正也對此字所代表的特定時空現象做根本之分析。

場及博物館，因為人們去那裡顯然不是為了結社的目的。）進入某個社交場所的「權利」，在多數國家都是默許的，只在美國的民主中變成高度爭議的問題，這不是因為其他國家較寬容，而是，部分因其人口同質性，部分因其階級制度，這制度甚至在經濟基礎消失之後猶仍於社會面運作。同質性與階級攜手，保證了隨便哪個場所，其客群必屬「同類」，那是連在美國的限制與區隔作法都無法達到的。

但當我們說到在巴士上、火車車廂中或車站「自由落座的權利」，以及進入商業區中的旅館或飯店的權利——簡言之，此時我們談的服務業，不論私人或公共所有，事實上是任何人不論在追求事業或維持生活都需要的公共服務。這些服務雖然嚴格而言不在政治領域，卻清楚地落於眾人皆平等的公共領域；南方鐵路和巴士中對乘客加以區隔的作法，就像全國旅館飯店中刻意區隔的作法，同樣醜惡不堪。這情況顯然在南方更嚴重，因為各項公共服務中的種族隔離是依法執行的，大家都看得到。而對南方種族隔離的情況全然忽視長達數十年之後，朝向取消隔離的第一步，竟然不是從最沒有人性、最顯而易見的方面著手，的確是很不幸的。

最後，我們和其他人共處、共同活動的第三個領域——私人領域——既非由平等性、亦非由區隔性，而是由獨特性所主導。我們選擇我們希望與之共同生活的人，朋友以及我們所愛的人；造就我們的選擇的，不是一群人共同分享的同類性或特質——

的確，我們的選擇不是由任何客觀標準或規則所引導——而是雖無法言說、卻準確無誤的領略到一個人獨樹一幟、與眾不同的個人特性。與眾不同之獨特性的規則，始終與社會的標準相衝突，正因為社會區隔牴觸私人生活的原則，也對於私人行為不具有效性。因此每個種族通婚的案例都對社會構成挑戰，意味著這婚姻的雙方都寧取個人幸福而不管社會調節，所以他們是願意承擔被區隔的負擔。這是他們的私事，也應該仍只是私事。每個公民都有權利挑戰社會及普遍習俗，但當他們對習俗的挑戰被解釋為是刑事犯罪，以至於一旦步出社會領域，便發現自己也抵觸了法律，醜聞就從這裡開始。社會標準不是法律標準，如果立法者依從社會偏見，社會就會變成專制。

由於一些太複雜而無法在此討論的理由，我們這個時代的社會力量大於以往，並沒有多少人還知道私人生活的規則，並過著私人的生活。但政治體卻沒有任何藉口將隱私權忘懷，也沒有藉口不知道，只要立法開始強制執行社會區隔，就等於隱私權遭到大舉侵犯了。政府雖沒有權利干涉偏見及歧視的社會行為，但卻不只有權利，也有責任，確保這些行為不是因為執行法律而出現的。

政府必須確保社會區隔不會削減政治平等，政府同樣也必須保護每個人在自家四壁內為其所欲為之事的權利。一旦社會區隔變成是依據法令而強制執行，區隔就成了迫害，而南方許多州便犯了迫害之罪。而一旦社會區隔又經立法加以廢除，社會的自由便遭到侵犯；其危險之處在於，聯邦政府在處理公民權利議題時若沒有多加思考，就會導致這種侵犯。對於社會區隔歧視的情形，政府若未採取任何行動，這是正當的，因為政府只能以平等的名義而作為，但平等又不是一個在社會範圍通行的原則。唯一可以抵抗社會偏見的社會力量是教會，教會可以人皆獨一無二的理由為之，因為宗教（特別是基督宗教）乃奠基於每個人獨一無二的原則上。教會確實是唯一不以貌取人的集體暨公共場所，如果區隔與歧視滲入崇拜之所，那就肯定表示其所奉的宗教失職了。他們就變成了社會機構而不再是宗教機構。

華盛頓首府與南方目前的衝突所涉及的另外一個議題，是各州權利的問題。有一段時間，自由派人士習稱這類議題根本不存在，這不過是南方反動份子現成的託辭，他們可操弄的只有「玄奧的論證和憲政史」。我認為這是危險的錯誤。美國的權力結構與歐洲民族國家的古典原則相對立，在歐洲國家，權力如同主權，是不可分割的，但美國以權力分立的原則立國，並深信政治體乃一整體，並由權力分立而強化。這原則固然體現在政府三個部門彼此制衡的制度設計；但也根植於政府的聯邦制結構，要求聯邦政府的權力與四十八個州的權力之間，保持彼此制衡的關係。如果權力（power）確實不同於實力（force）——我也深信如此——只有在分立的時候才能產生更多權力，那麼，聯邦政府若企圖剝奪各州部分的立法主權，便只能在法律論證與憲政歷史的基礎上才具有合理性。這類論證並非玄奧；它們是根據共和國奠基者心目中最高的原則。

這些都和一個人是自由派或保守派沒有關係，雖然攸關權力本質時，自由派對任何形式的權力都不信任，有其長久而光榮的歷史，以致跟其他問題比起來，他們對這項問題的判斷比較不能被信任。自由派未能了解，權力的本質是：如果這項權力之基礎所在的個別地方，其權力遭到破壞，則潛在於聯合整體的權力也會遭殃。重點在於實力可以集中，也必須集中，才能發揮效力，但是權力無法、也不應如此。如果權力所源出的各種源頭枯竭了，整個結構就會變得無力。美國各州的權利是最真實的權力源頭，不只對於促進地方利益與多樣性，對於共和國整體亦如此。

在爭取黑人權利時，決定從公共教育的領域而非其他領域，來推動廢除種族隔離，這個作法的問題在於，此決定無意間碰觸了一個和我們所談過的每種權利與原則都相關的領域。如同南方人士一再指出的，憲法確實在教育方面是沉默的，而從法律與傳統的角度來看，公共教育的立法是屬於州的權限。相反的論點說，今天所有公立學校都是由聯邦所贊助，但這個論點站不住，因為聯邦政府此項補助是為了補足州政府的挹注，並不等於將學校變成聯邦的機構，如同聯邦地方法院。今天，聯邦政府愈來愈需要對過去單屬各州政府責任的業務提供支援，而如果聯邦政府挾經費補助而指揮地方，迫使州政府同意他們未準備接受或根本不願意採納的立場，就是非常不智的作法。

當我們從政治的、社會的、私人的這三個人類生活領域角度檢視教育的議題，同樣的權利與利益的重疊便益發明顯。孩童首先是家庭的一部分，表示他們是，也應該在一種別具獨特性的氣氛中長大，那獨特性使一個家成為家，堅固而安穩，足以保護孩子不必面對社會的要求，承擔政治領域的責任。父母根據其認為適合的方式養育子女的權利，是一種隱私權，屬於家庭。開始推行義務教育之後，這權利就受到政治體的挑戰與限制，但並未被廢除，政治體的介入是為了讓孩子可以擔負他未來作為公民的義務。政府在這問題有其利害關係是不可否認的，但父母的權利也不可被否認。私立教育的可能性並無法解決這個兩難，因為那會使得特定私人權利的維護受到經濟地位的影響，導致那些不得不將子女送到公立學校的人更形弱勢。

父母對於子女的教養權，就法律面而言，只受到義務教育的限制，此外無他。國家擁有不受挑戰的權利，去規定未來公民所需具備的最低要求，進一步以經費支持人民的教育，發展對國家整體有利及必須的學門與專業。然而，凡此所涉及者，只是教育的內容，而非求學過程不可避免會發展出來的結社與社會生活脈絡；不然的話，就必須挑戰私立學校存在的權利。對小孩而言，學校是離家後第一個來到的地方，他和環繞著他以及其家人的公眾世界建立接觸。這公眾世界不是政治的，而是社會的，學校之於小孩就有如工作之於成人。唯一的差別在於，在自由社會中，選擇工作以及與因工作而來的社會關係時，至少原則上存在著自由選擇的元素，但這選擇的自由並不在子女手上，而是由其父母做主。

強迫父母違背其意願將子女送到黑白同校的學校就讀，將意味著剝奪在所有自由社會中皆清楚屬於他們的權利——對於子女的私人權利以及自由結社的社會權利。對孩子而言，強迫實施黑白同校意味著家庭與學校之間、私人生活與社會生活之間產生相當嚴重的衝突；這類衝突在成人生活中很平常，卻不能期待孩子能處理，因此不應該將他們暴露到這樣的情境中。常有人說，人在童年時期最容易變成從眾者——亦即，一個純粹的社會人。原因在於，小孩都會本能地尋求權威，引導他們進入一個對他們來說猶為陌生的世界，在那裡他們無法按照自己的判斷找到方向。如果父母與老師無法勝任權威者的角色，孩子便會愈加強烈地跟從其同伴，在某種條件下同儕團體就會變成他的最高權威。結果只會出現烏合之眾或幫派式的統治，我們前面提到的那張新聞照片便有力呈現出這個結果。隔離的家和廢除隔離的學校，家庭的偏見與學校的要求，兩者間的衝突一舉取消老師與家長的權威，孩子之間的眾論取而代之，但這些孩子既沒有能力，也沒有權利，建立他們自己的公眾言論。

公共教育牽涉到的許多不同因素，可能很快就變成朝向彼此矛盾的目的運作，政府的介入，即使是最好的情況，也總是充滿爭議。因此，強制在某個領域施行民權，而該領域中的基本人權、基本政治權利並未遭到威脅，重要性不亞於此的其他權利——無論屬於社會還是私人——卻很容易受損，這種作法是否明智，似乎甚為可疑。

一九五九年

# 第6章

## 《代理人》：沉默之罪？

## *The Duputy:* Guilt by Silence?

侯胡特劇作《代理人》被稱為「這一代最具爭議性的文學作品」，從此劇在歐洲引發的爭議以及即將在美國此地引發爭議的情形來看，此最高級形容詞似乎不為過。該劇探討的是教宗庇護十二世[1]被指控，未能對二次世界大戰期間歐洲猶太人遭到大規模屠殺做出任何明確的公開聲明，意味著這齣戲乃有關梵蒂岡對於第三帝國的政策。

事實本身並沒有爭議。沒有人否認教宗掌握相關訊息，知道納粹對猶太人的驅逐和「移置」。沒有人否認，當德國佔領羅馬期間，猶太人，包括天主教猶太人（亦即皈依天主教的猶太人）就在教廷的窗口底下被圍捕，納入「最終解決」的對象之中，此時教宗連一聲抗議都沒有發出。因此，除了「最

1 譯注：Pope Pius XII（一八七六—一九五八），義大利籍教皇，於一九三九年至一九五八年間擔任教宗。

具爭議性」之外，侯胡特的劇作大可以稱為是這個世代最貼近事實的文學作品。這部劇作幾乎就像一則報導，根據真實事件和真實人物，從各個面向詳細紀錄，再加上六十五頁侯胡特所撰寫的「歷史的附帶說明」，其內容也預見至今所提出的、幾乎所有反對該劇的論證。作者本人對於不折不扣之真實的興趣，可以說不下於他對於文學性的注意，因為他在「附帶說明」中幾乎是道歉地說道，出於藝術考量，他「必須呈現出一個比較好看的庇護十二世，雖然歷史不見得認同這樣的他，而這個他也比我所私心以為的好。」然而由於這個句子，他觸及這個問題真正具爭議性的一點，也就是最值得辯論的一點：是否真如侯氏所臆度，「如果換做是另一個比較好的教宗」，梵蒂岡就不會保持沉默？

天主教試圖逃避這個關係重大的嚴肅問題，事例已不在少數，一種情形是硬把某個不相干的論點套在這齣戲上——侯胡特不曾說過「庇護十二世要為奧許維茲負責」，或者他是這個時期的「罪魁禍首」；若不然，則是強調，仍然有一些國家的地區主教團曾向猶太人伸出援手。地區主教團曾經援助猶太人，特別是在法國及義大利，此事無可爭議。教宗在發起或支援這些行動方面做了多少，無從得知，因為梵蒂岡並未公開其檔案給當代史研究。但可以猜想，大部分的善事就像惡事，應該可以歸之於地方，甚至我想，嚴格而言，應歸於個人的行動。侯胡特的報告中說：「猶太天主教徒遭驅逐出荷蘭期間，各品位的聖職人員共十餘位，事實上乃由荷蘭的宗教會所交付出去。」但有誰敢說是羅馬方面所為？侯氏還提出另外一個問題：「蓋世太保何以發現這位修女（指埃迪特．施泰因，她是改信天主教的德國人，也是著名哲學作家）有猶太血統？」這問題從沒有人回答，而誰會為此責怪羅馬方面？同樣的道理，教會作為一個機構，幾乎不能說少數幾樁真正展現天主教偉大慈悲精神的事例是它的功勞，比如分發假造文件給數千名法國南方的猶太人，以便幫助他們逃亡；柏林聖赫維希大教堂的貝恩哈特．利希騰貝格修士長企圖陪伴被遣送的猶太人前往東歐；在奧許維茲集中營一位波蘭籍神父馬克希米連．寇爾貝的殉教；這些只是幾個比較為人所知的例子。

教會作為一個機構，以及教宗作為其最高統治者，可以記上功勞的地方，就是教廷大使在所有納粹佔領的歐洲地區有系統地傳遞訊息，在天主教國家至少告訴政府領袖——包括法國、匈牙利、斯洛伐克、羅馬尼亞等國——「移置」這個字所代表的屠殺真相。這是很重要的，因為教宗的道德與精神權威保證了此真相的存在，不然的話，這些事很可能會被斥為是敵方的宣傳，特別是在樂見有此機會「解決猶太人問題」的國家，雖然這些國家所想的解決方式也不是以大屠殺為代價。然而，梵蒂岡只利用外交管道，這表示教宗覺得告訴人們並不妥當——譬如匈牙利鄉間警察[2]，他們都是善良

2 譯注：gendarmerie，又稱csendőrség，一八八一年成立，主要功能是維持鄉間地區公共秩序與安全，二次世界大戰期間則負責實際執行反猶政策，以對待猶太人的殘暴手法而惡名昭彰。

的天主教徒，當時忙著為布達佩斯的艾希曼指揮部而圍捕猶太人——而這樣也好似在勸阻主教們不要告訴其信眾（如果這種勸阻是必須的話）。駭人聽聞的是——先是受害者和倖存者如此認為，接著是侯胡特，最後透過他讓許多其他人亦做此想——教廷及其大使鎮定得恐怖，看來他們認為擺出這種姿態乃明智之舉，假裝嚴守著已不存的正常性，在歐洲整個道德與精神結構已然崩潰之時，這種正常性早已蕩然無存。《代理人》第四幕結尾，侯胡特引用了教宗庇護的一段公開言論，只改了一個詞，即把庇護說「波蘭人」的地方改成「猶太人」，這話如下：「如同鄉間花朵在冬雪覆蓋下等待著春天暖風的吹拂，猶太人也必須靜禱等候，相信天堂般的安慰將會到來。」這不只是侯胡特所稱「帕策里[3]的華麗詞藻」的典型例子，也顯現出某種更通見的東西，對現實感近乎災難性的全然喪失。

戰爭期間，教宗是全歐洲唯一不受宣傳污染的人，但梵蒂岡也做了不少事。若非因為坐鎮聖彼得大教堂的那個人不是普通的統治者，而是「耶穌的代理人」——如果不是因為這個令人不安的事實——梵蒂岡所做的也算差強人意了。若視其為一世俗統治者，教宗之作為正是大部分世俗統治者在此狀況下之作為，雖然不是所有統治者均如此。若視其為機構中的一個機構，教會傾向於順應「任何聲明願意尊重教會財產與特權的政體」（納粹德國至少假裝願意如此做，但蘇俄並沒有），而這傾向可以理解地幾乎已變成，如傑出的天主教社會學家高登．察恩[4]所說的，「天主教政治哲學中不能挑戰的自明之理」。但是教宗這微不足道的世俗權力——統治著不到一千人的梵蒂岡城——所依賴的是「教廷的精神主權」(spiritual sovereignty)，此乃其真正的獨特處，且掌握著巨大無邊的「世界精神權威」。史達林和邱吉爾的話，扼要地傳達了這種權威。史達林說：「教宗有多少部隊？」邱吉爾回答：「不少，但不是閱兵時可以看得到的。」侯胡特對羅馬方面的指控就在於，教宗未能動員這些部隊——全球大約四億的教徒。

教會方面的回答如今分為三部分。首先是後來成為教宗保祿六世的蒙提尼大主教的話：「抗議和譴責的態度……不僅徒勞，而且有害：這是問題的重點。」(這點似乎很值得辯論，因為戰爭爆發初期，第三帝國人口中有百分之四十都是天主教徒，而幾乎所有納粹佔領國家以及大部分德國盟國，天主教徒都佔多數。)其次，比較不被強調，但其實是強化第一個論點的說法，即是，這些部隊無法被羅馬方面所動員。(此論點較有力。史懷哲為侯胡特此劇的葛羅夫版〔Grove Press〕寫了前言，說道：「天主教會(和新教教會相比)背負更大的罪責，因為它是一個有組織、超國家的力量，有能力做些事

3 譯注：Eugenio Pacelli，即教宗庇護十二世。

4 譯注：Gordon Zahn(一九一八—二〇〇七)，美國社會學家，對於二次世界大戰中德國天主教的角色有深入廣泛的研究。

情。」這樣的觀點可能高估了教宗的權力，而低估了他倚賴各國聖統制、而地方主教倚賴其信眾的程度。而也幾乎不能否認，戰爭之中，教宗一份權威聲明（ex cathedra）就可能造成分裂。）

教會方面的第三個論點是，在戰爭情況中，教會必須保持中立——事實上在現代戰爭中，主教總會為兩邊的軍隊祈福——即使這中立性意味著天主教舊有對於正義之戰與不義之戰的區分，已經變得不適用了。（顯然，這是教會為政教分離所必須付出的代價，政教分離，使得國際性精神權威與國家世俗權威經常是順利而平和地共存。）

即使教宗在希特勒發動的戰爭中看到「不義之戰的典型」（如高登．察恩所形容），但他顯然沒有，據他的一位秘書（羅伯特．賴博神父）說，教宗「總認為蘇俄的布爾什維克主義比德國的國家社會主義更危險」（引自君特．勒維一篇資料相當豐富的文章〈庇護十二世、猶太人以及德國天主教會〉，刊於《評論》）——也幾乎可以肯定他不會介入。[5]問題的重點反在於，他雖然深信「歐洲的命運端賴德國在東方戰線的勝利」（勒維），而雖然德國與義大利聖統制中的重要人物都努力說服他「宣佈（對俄國的）宗教聖戰開打」，這位教宗公開的姿態，套用另外一位史家，老羅伯特．葛拉漢所言，卻是「意義深遠的沉默」。不過使這樣的沉默更加饒富深意的是，教宗曾經兩次打破其中立立場，分別是在蘇俄攻打芬蘭，以及不久之後德國破壞了荷蘭、比利時及盧森堡中立地位時。

不論如何調解其間明顯的矛盾，幾乎毫無疑問的是，梵蒂岡之所以未對發生在東歐的屠殺表示抗議——畢竟在那裡，不只猶太人與吉普賽人，連波蘭人和波蘭神職人員都受到波及——是因為一個錯誤的觀念，那就是，以為這殺戮行動是整體戰爭的一部分。後來的紐倫堡大審也將這些駭人聽聞的惡行算到「戰爭罪行」裡，雖然這些殘暴惡行和軍事行動沒有絲毫關係；這就顯示了這個錯誤觀念在戰爭期間一定有很多人信之不疑。雖然有大量討論極權主義犯罪本質的文獻，這世界卻似乎需要近乎二十年的時間才慢慢了解那短短幾年中所真正發生的事情，也才明白幾乎所有在高位者，在他們有能力掌握所有事實資料的當時，是多麼不幸地未能理解到這點。

即使我們將此納入考量，問題也不可能就此平息。侯胡特的劇作討論大屠殺期間羅馬方面的態度，那當然是整個發展最戲劇性的時刻；它只稍微討論到大屠殺之前幾年德國天主教與第三帝國的關係，以及帕策里的前任，即教宗庇護十一世[6]治理下的梵蒂岡所扮演的角色。就某種程度而言，「德國官方基督信仰」應負的罪責已經確定，特別天主教的這部分。重要的天主教學者——前面已經提過的德國羅耀拉大學的高登·

5 鄂注：Guenter Lewy's "Pius XII, the Jews, and the German Catholic Church," *Commentary* (February, 1964)。後來收入勒維的主要著作《天主教教會與納粹德國》(*The Catholic Church and Nazi Germany*, New York: MaGraw-Hill, 1964)。

6 譯注：Pope Pius XI（一八五七—一九三九），義大利籍教皇，於一九二二年至一九三九年任教宗。

察恩、奧地利的傑出歷史學家費德利希・海爾[7]、環繞德國《法蘭克福期刊》[8]的一群作者和政論家，以及希特勒政權早期即已亡故的瓦德瑪・古利安[9]——都做了相當充分的研究，當然也完全了解到，如果以同樣追求真相的精神去探查，則德國新教的表現不會比較好，甚至可能更差。

海爾提到，試圖抗拒希特勒的天主教徒「無法仰賴教會領導者的同情心，不論是在牢中還是在絞刑台上」，這些都有公開紀錄。察恩也說到一件不可思議的事，有兩個人因宗教信仰拒絕在戰爭中服役，監獄牧師卻直到他們將被處決時才答應為之行聖禮。（他們被控「不服從」其精神領導者——可以這麼說，他們有刻意殉道的嫌疑，並犯了求全之罪。）

這些都證明了教徒的行為方式和其他人並無二致。而這情況從新政權肇始便顯而易見。德國主教團在一九三〇年曾譴責種族主義、新異教信仰，以及其他的納粹意識形態（有個教區主管甚至禁止「天主教徒登記加入希特勒的政黨，否則將不得受聖禮」），後來在一九三三年三月卻突然撤回所有的禁令和警告——也正當此時，所有公部門組織（當然除了共產黨及其所屬組織之外）皆「協調一致」。當然這也是發生在三月五日選舉之後，瓦德瑪・古利安在其一九三六年的著作《希特勒與基督教徒》中提到：「顯然，特別是在巴伐利亞，連天主教徒也屈服於國家社會主義橫掃的旋風之下。」

先前的嚴正譴責只剩下不太顯眼的警告，不得「**單只**關心種族與血統」（強調部分為筆者所加），這警告出現在一封由富達的所有主教所簽署並寄發的牧函。不久之後，當教會也被要求幫助確認所有具有猶太血統者時，「教會理所當然地配合」，並且一直進行到悲慘的終局，君特．勒維刊在《評論》中的那篇文章如此指陳。因此，德國的牧羊人是追隨他們的羊群，而不是領導他們。而如果說「法國、比利時及荷蘭主教的行為」在戰爭期間和其德國弟兄的行為「呈明顯對比」，可能可以推論，那是（至少部分是）由於法國、比利時及荷蘭人民本身的不同行為。

不論如何，此事或許對各國聖統制為真，但對羅馬方面肯定不是。對第三帝國，教廷有自己的政策，而一直到戰爭爆發前夕，這政策甚至都比德國主教團對第三帝國還略為友善。因此，瓦德瑪．古利安觀察到在納粹尚未掌權之前，德國主教在一九三

7 譯注：Friedrich Heer（一九一六—一九八三），生卒皆於維也納的歷史學家，積極從事反對納粹的運動，一九三八年三月被奧地利納粹黨逮捕入獄。一九六〇年代於維也納大學任教。

8 譯注：Frankfurter Hefte，一九四六年於左派天主教的氛圍中創刊的政治文化期刊，學術與時論並重。一九八五年改名為《新社會》（*Neue Gesellschaf*）。

9 譯注：Waldemar Gurian（一九〇二—一九五四），美國猶太移民中的重要觀念領袖，為探討極權主義以及天主教政治性的先驅理論家。

〇年時猶譴責國家社會黨，而梵蒂岡的《羅馬觀察家》[10]「指出譴責其宗教及文化計畫不必然暗示著拒絕政治上的配合」，但另一方面，荷蘭主教抗議猶太人遭驅逐，或嘉連對安樂死的譴責，都沒有得到羅馬方面的支持。將來的人還會記得，梵蒂岡與希特勒政權於一九三三年夏天簽訂了一則宗教協定，而庇護十一世，他先前甚至讚美過希特勒是「第一位與他一同公開譴責布爾什維主義的政治家」，更因簽署協定而成為（套句德國主教們所說的話）「第一個給予（希特勒）信任掌聲的外國統治者」。這份宗教協定從未被終止，不論是透過庇護十一世，或其繼任者。

此外，「法國行動」這個宣揚「理智天主教信仰」的法國極右派團體一九二六年時曾被逐出教會，但庇護十二世在一九三九年七月時撤回這項開除教籍的決定——此時，該團體不再只是反動，而根本是法西斯主義者。最後，在一九四九年七月，教廷將所有「共產黨的成員或助其傳達目標的人」除籍，包括閱讀共產主義書籍雜誌或為其撰文的人，又在一九五九年四月再度申令，這命令卻未對地方聖統制的困難處境做全盤審慎的考量。（社會主義和教會的教義水火不容，這件事庇護十一世在先前，即一九三一年，所發表的教皇通諭[11]就已經有所陳述。附帶一提，教皇通諭不等於教皇的權威聲明，唯有在權威聲明中，教皇主張「絕無謬誤」。但教皇通諭的權威對於大多數信眾具有約束力，卻幾乎不容懷疑。）即使戰後多時，我們在德國的正式天主教百科全書（赫德版）還會讀到，共產主義「是自羅馬帝國以來對基督教會最大、最殘酷的迫害者」，而對納粹主義卻連提都未提。納粹政權在宗教協定的筆墨猶未乾時，就開始破壞其中的條款，但在納粹掌權期間，教廷只有一次對第三帝國提出強烈抗議——即庇護十一世一九三七年發表的教皇通諭，《燃眉之憂》。其中譴責「異教信仰」，警告勿將種族主義及國家價值抬高到絕對優先的地位，不過「猶太」或「反猶主義」的字眼並未出現，主要焦點還是在納粹黨有系統的反天主教及反教權的詆毀言論。不論是較廣泛的種族主義或具體的反猶主義，教會都未曾堅決譴責。有一則感人但奇怪的的事情，是關於前面提到的那位猶太裔德國修女埃迪特．施泰因。一九三八年，施泰因在她的修道院還未受到騷擾，當時她提筆給庇護十一世寫了封信，請他發表一份關於猶太人的通諭。這個要求沒有達成並不令人驚訝，但她連個回音都沒有收到，豈不怪異？

因此，一九三三年到一九四五年間梵蒂岡政策的政治記錄已很清楚了。只是其動機還可以討論。這樣的記錄顯然是由對於共產主義以及蘇聯的恐懼所塑造的，雖說若沒有希特勒的幫助，俄國幾乎不可能，或甚至不會願意，去佔領半個歐洲。這判斷上

10 譯注：*Osservatore Romano*，天主教教廷的機關報，創刊於一八六一年。

11 譯注：發表於一九三一年五月十五日的教皇通諭，為了回應全球經濟大蕭條。

的差錯是可以理解的，也相當普遍，而教會之無能正確判斷希特勒德國的徹底之惡也可以這樣形容。最糟糕的說法是，教宗對猶太人遭到大屠殺的事情緘默以對，可歸咎到天主教「中世紀的反猶主義」，這說法經常出現。侯胡特只稍微提到，但卻聰明地未將這觀點納入劇中，因為他「希望只採用可以證實的事實」。

梵蒂岡也許不反對信眾抱持反猶主義，而這反猶主義，如果存在的話，相當符合當時的狀況，雖然還不至於到種族歧視的地步：它在當代同化的猶太人當中看到一絲西方文化「解體的元素」。即使可以證明梵蒂岡有這種態度，也不是重點。因為天主教的反猶主義受到兩項限制，一旦逾越，就會牴觸天主教的教義以及聖禮的效力——如果它不同意把精神病患送入毒氣室，也就不能同意以毒氣屠殺猶太人，不能將其反猶的情緒延伸到那些已受洗的人。這些問題也可以讓各國的聖統制去決定嗎？那不是最高聖職者的問題，而由教會權威領導者所決定的嗎？

開始時，這個理解沒錯。當納粹政府頒布種族法令、禁止種族通婚的意圖公開之後，教會就警告德國當局她無法配合，並勸告他們這類法令會牴觸宗教協定的內容。然而這件事不易證實。宗教協定規定「天主教會*在具有普遍約束力的法律範圍內*有權獨立決定自己的事務」（強調部分為筆者所加），而這意味著領受教堂的婚姻聖禮之前要先行世俗婚禮。紐倫堡法[12]將德國聖職者置於一個棘手的狀況：必須拒絕為信仰天主教者施以聖禮，但根據教會法律，他們是有權領受聖禮的。這不是梵蒂岡的管轄權所在嗎？不論如何，當德國的聖統制決定遵守這些法律，也因此暗地裡否認受洗的猶太人亦是基督徒，無法如同其他人一樣屬於教會、享有同樣的權利與義務時，嚴重的事情便發生了。

從那時開始，在德國教會中將猶太裔的天主教徒隔離成了理所當然之事。而當一九四一年，德國開始驅逐猶太人時，科隆與帕德朋的主教竟然建議「非亞利安種或有一半亞利安血統的神父修女，自願陪伴被遣送者」前往東邊（見君特．勒維於《評論》一文）——他們是那些反正也會被驅逐的教會人員。我不由得想，在「最終解決」的那幾年，如果有哪些人比行向死亡的猶太人更遭到全人類的遺棄，那必定是這些信奉天主的「非亞利安人」了，他們拋棄了猶太教，現在卻被教會最高人士當作特定的一群人挑出來。我們不知道他們在被送進毒氣室的途中做何感想——其中沒有生還者嗎？——但是侯胡特的說法卻很難反駁：他們「被所有人拋棄了，甚至被基督的代理人所拋棄。歐洲在一九四一年到一九四四年間發生的事就是如此。」

確實「就是如此」，而對於侯胡特揭發「歷史真相……的所有恐怖面」所引發的種

12　譯注：希特勒一九三五年九月於紐倫堡召開黨大會後，制定紐倫堡法，規範德國國民與猶太人的關係，引入德國公民權的概念，但不允許德國猶太人擁有。禁止兩者通婚，以維護「血統之純正」。並追加一連串法令，確定猶太人的分級認定和處理方式。

種抗議，有說靜觀其變是最好的辦法，因為那是較小之惡，也有說真相是「在錯誤的心理時刻」被揭露出來，但無論怎麼說皆未切中要害。當然，沒有人知道假如教皇當時公開抗議，是否會有所不同。但是除了所有立即務實的考量之外，難道羅馬方面竟沒有人了解到當時教會內外許多人都了解的事情嗎？那就是——套用已故德國天主教作家蘭霍特．史耐德的話——對希特勒發出抗議「會使天主教會的地位升高到中世紀以來就未曾達到的高度。」

天主教的有識之士及教會輿論相當大部分都贊同侯胡特，這是他運氣好。高登．察恩教授讚美這部劇作有著「令人難忘的歷史精確性」。奧地利的費德利希．海爾也道出所有關於真相的面貌——真相啊，總是在「錯誤的心理時刻」到來，而在我們進行討論的這段時期，它也在錯誤的現實時刻到來：「只有真相會使我們自由。而全部的真相總是令人畏懼的。」

一九六四年

# 第7章

## 審判奧許維茲

## Auschwitz on Trial

### 一

一九四〇年到一九四五年間派駐奧許維茲的大約兩千名黨衛軍成員中（有些至今還活著），在一九六三年十二月法蘭克福審判開始時，有幾個「重案者」已被挑出來並以謀殺罪起訴；謀殺是唯一沒有追訴時效[1]的罪行。對奧許維茲集中營的調查已持續多年，收集到許多文件（據法院的說法，這些文件「並未提供很多有用訊息」），也傳喚過一千三百多名證人，之後還會有其他關於奧許維茲案件的審判。（戰後至今只舉行過一回審判。此次乃第二回，於一九六五年十二月開始進行；其中一位被告，格哈德・紐貝特，已經和其他人在第一回的

1 譯注：普通法律系統中有所謂的追訴時效，規定在特定事件之後可以針對這些事件進行法律訴訟的最長時間，過了這段時間便不能再對之提起訴訟。

審判中就被起訴了。第二次的審判不像第一次，媒體報導不多，要經過好一番「研究」才會知道到底有沒有舉行。）但是以法蘭克福審判之檢察官的說法：「**大多數德國人不希望再舉行任何針對納粹罪犯的審判**。」

雖然德國報紙和電台都報導了審判的過程（內容最紮實者，首推本特．瑙曼十分敏銳的深度報導，最初刊登在《法蘭克福匯報》），公眾在二十個月的時間裡都聽到被告駭人聽聞的行徑，以及奇特而毫無悔意、攻擊性的行為，不只一次將審判變成鬧劇，這情形卻絲毫未影響到公眾輿論的氣氛。對於延長對納粹罪犯追訴時效之建議，在一九六五年頭幾個月（奧許維茲的審判猶在進行時）造成激烈爭辯，連波昂的法務部長布雪先生都出來說項，不要再去折騰「我們當中的殺人犯」。但在「慕卡等人之訴訟案」——這是奧許維茲審判的正式名稱——中，這些「重案者」並非案牘殺人犯。除了少數例外，他們甚至也不是執行命令的「體制罪犯」（regime criminal）。相反地，他們是犯罪系統的寄生蟲和得利者，這個系統把大屠殺、對幾百萬人的滅絕，變成一種合法的義務。訴訟記錄將許多可怕的真相呈現到我們面前，其中一項令人困惑的事實是，德國輿論在這件事情上，居然歷經奧許維茲審判對惡行的揭發後，還能全身而退。

大多數人所想、所願的事情，構成輿論，雖然公眾的傳播管道，報紙、廣播和電視，或許會與之相反。我們都知道這是真實民間（le pays réel）和國家公器的差別；一旦這差別擴大成鴻溝，就表示政治體遭遇到明顯而立即的危險。輿論或許遍及各個角落，卻仍然很少變成公開，而法蘭克福的審判，以其最真實的力量和重要性揭示了這種輿論現象。這情形顯現在被告的行為——他們對檢察官和證人訕笑、微笑、嘲笑般無禮傲慢，對法官缺乏尊重，當人群中難得聽見戰慄的一喘，他們則投以「鄙夷和威脅」的目光。只有一次聽到一個孤獨的聲音，大吼回去：「你們為什麼不乾脆把他殺了？」這情形也顯現在律師的作為上，他們不斷提醒法官，不要在意「外界會如何看我們」，一次又一次，像在暗示沒有一個德國人想要正義，而受到被害人希望「懲罰」和「報復」的期望所影響的國際輿論，才是讓他們的當事人陷於目下處境的原因。「被起訴的人好好地生活在自家，根本沒有被社區中的人當犯罪者而排斥。」這事實只令外國通訊記者感到震驚，德國記者，就我所知，無人引以為奇。[2]瑙曼報導過一件事，兩名被告走過大樓外穿著制服的警衛面前，他們熱誠地向警衛道「佳節愉快」，警衛也回以「復活節快樂」。這就是民眾的聲音（vox populi）嗎？

當然，就是在這種輿論氣氛下，被告得以用自己的本名過了許多年正常的生活，直到他們被起訴。其中惡行最重大的一個人——伯格，他是集中營裡「嚴格審訊」的專

2 鄂注：Sybille Bedford, *Observer* (London), January 5, 1964。

家，發明了「柏格擺」[3]，又用「談話機」或「打字機」來幫助他逼供——他說這些年「證明了德國人是團結的，因為（在他居住的地方）附近每個人都知道他以前是誰。」大多數人平安無事地生活，除非不幸被哪個生還者認出，而向維也納的國際奧許維茲委員會或西德的納粹罪行中央檢察署提出告發，後者遲至一九五八年才開始蒐集資料給地方法院以對納粹罪犯提起公訴。但即使這樣的風險也不太大，因為地方法院並不急於提出告訴——大概除了法蘭克福，坐鎮黑森邦檢察長室的佛利茲·包爾博士是一位德國猶太人——而德國證人又是出了名的不願意合作。

法蘭克福審判的證人又是誰？法院傳喚了他們，來自蘇俄、波蘭、奧地利、東德、以色列、美國等各地的猶太人與非猶太人。居住在西德者很少是猶太人；多數是冒著本身涉案之危險的前黨衛軍成員（法院聽取了許多這樣的證人證詞，有一位證人還因而被逮捕），或者前政治犯；據「大多數德國人」的說法——這「大多數」在法蘭克福是由法本化學公司的一位紳士來代表——反正前政治犯「大多是反社會份子」。其實，一些過去被囚禁的人也都抱持這類看法，說「黨衛軍成員是受到」囚犯「的感染」；「人面獸心者」不是守衛而是囚犯，警衛的殘暴是可以理解的，因為他們的受害者，特別是「加利西亞的猶太人，都非常沒有紀律」；黨衛軍變「壞」，是因為囚犯代表（capo）的影響。但即便那些未大發此類言論的德國證人，也不願意在法庭上重述審前問訊時所說的話：他們否認自己的證詞，不記得了，或說當時是受到脅迫（當然不是真的）；或說醉了，或說當時撒謊等等，一再重覆同樣的理由。其間落差明顯、令人惱怒、尷尬，其背後，我們可以感受到輿論的影響，那是他們在個別做證時所沒有面對到的。幾乎每個人都願意承認自己說謊，也不願冒這個險，讓鄰居在報上讀到自己不屬於「團結的」德國人。

這情形對法官而言真是兩難，因為在這案件中，他們必須「完全依賴證人的證詞」，而即使在最佳情況下，證詞也是出了名的不可信賴。這場審判證據中最脆弱的環節，主要不是缺乏客觀而「確鑿無疑的」證據——「微小而如馬賽克拼片一樣」的指紋、足印、調查死亡原因的驗屍報告等等——也不是證人回想發生在二十年前的事情，對日期與種種細節的證詞，不可避免會發生的記憶流失；也不是一種難以抗拒的誘惑，會將「別人在該場合下生動敘述的事情投射成自己的經驗。」這脆弱的環節毋寧是：大部分德國證人在審前問訊時的證詞與法庭作證時兩者間驚人的落差；波蘭證人的證詞可以合理懷疑會受到華沙方面某個政府納粹犯罪檢察機構的指使；而某些猶太人的證詞則比較不合理地被懷疑可能受到維也納國際奧許維茲委員會的操縱；而從前的囚犯代

3 譯注：集中營裡惡名昭彰的酷刑工具，將監禁者吊掛其上，鞭打其生殖器，直到稀爛。

表、納粹眼線以及烏克蘭人「這些與蓋世太保攜手的人」，不可避免會被請到證人席；最後是令人難過的事實：最可靠的一群證人，即生還者，主要是由兩種不同人所組成——一種是純粹靠運氣而生還的人，事實上他們是在辦公室、醫院或廚房擁有一職，另一種人，用他們自己的話，是很快了解到「只有一小部分人可以獲救，而我一定要成為其中一個。」

法庭在能幹而冷靜的主審法官漢斯．霍夫梅爾主持下，努力排除所有政治問題——「政治罪責、倫理或道德罪責，都不是主要的考量重點」——將這場確實不普通的訴訟，如同「普通刑事審判，而不論究其背景」來審理。不過，在每一回審訊中，都可感受到過往與現時的政治背景，不論是在事實方面或司法方面，包括：第三帝國以犯罪為合法的國家秩序，而聯邦共和國是它的繼承者；現在大多數德國人對於這個過往的看法，也屬於這政治背景。

證人在審前問訊和正式審理時提供的證詞不一致，除了是受到法庭外政治意見影響之故，無法解釋。而比這不一致的情形更令人吃驚的是，同樣的情況也發生在被告的證詞。當然，這些人的律師現在可能已經告訴他們，最安全的辦法就是一概否認，不論事情是否有最根本的可信度：「我還沒遇到一個在奧許維茲做過任何事情的人。」霍夫梅爾法官如此說道。「指揮官不在那裡，負責的軍官只是剛好出現，政治部的代表只是帶著名單，還有另外一個人只是拿鑰匙來。」這說明了被告的「沉默之牆」以及堅持說謊——雖然前後並不連貫——其中許多人則只是不夠聰明，無法圓自己的謊。（在德國，被告做證前不需發誓。）這說明了卡杜克——一個屠夫兼狡滑、粗野的蠻夫，他被一名遭囚禁者指認之後，被蘇聯軍事法庭判處死刑，又在一九五六年獲赦——為什麼在法庭上沒有像在問訊時那樣自吹自擂，說自己「聰明得很……不是那種會受不了的人」，或後悔他只是揍了波蘭總統齊藍克維茲，而沒有殺了他。（戰後不久，這種自吹自擂的話還是可以在法庭內聽到。瑙曼提到一九四七年由聯軍軍事法庭所進行的薩克森豪森審判，一名被告大言不慚地說，別的警衛或許「殘暴無比，但他們在我面前根本不算什麼。」）也許也是由於律師的建議，被告在預審法官面前放言無忌、交相指責，如果有同袍訴稱自己無罪，就「不由得大笑」，但上了法庭時就「好像不記得口頭證詞中的這個部分。」這種種，只可能在沒有一絲霍夫梅爾法官所說的「贖罪」心理的兇手身上看到。

對於這些審前的問訊，我們所知無幾，但我們取得的資料似乎顯示，前面提到的不一致，不只是證詞的問題，也是整體態度和行為的問題。此根本面向最為顯著的例子——或許也是此次審判期間所呈現出來的最有趣的心理現象——是裴利・布洛德。他是一名很年輕的被告，戰後不久為英國駐領當局寫了一份很精采、很值得信賴的對於奧許維茲集中營的描述。布洛德報告——正經、客觀、就事論事——讀起來就像作者是英國人，知道如何將自己的憤怒隱藏在極度冷靜的表面下。布洛德參加過柏格擺的遊戲，證人形容他「伶俐、聰明、狡詐」，被囚禁者私下稱他「戴小孩手套的死神」，而且他似乎覺得「奧許維茲集中營裡發生的一切都很有意思」——但無可懷疑地，布洛德是這份報告唯一的作者，也是他自願寫的。更無可懷疑的是，他現在非常後悔這麼做。在警官面前接受審前問訊時，他「侃侃而談」，承認至少殺害了一名囚犯（「我不確定我射殺的那個人是不是女的」），並且說被逮捕後他有「解脫」之感。法官稱他有變化多端的性格（schillernde），但這說法沒有多大意義，同樣也可以適用在殘酷的卡杜克身上——雖然是在全然不同的層次：他先前曾在一家西柏林的醫院當男護士，那裡的病人慣稱他卡杜克爸爸。這些看似令人費解的行為上的前後差異，以布洛德的情形為最——先是在奧許維茲，接著是面對英國當局，再來是面對問訊的警官，現在又在法庭上與舊日「同袍」同在；這些行徑差異必須和那些在德國以外法庭受審的納粹罪犯之行為相比較。在法蘭克福審判的訴訟過程中，幾乎沒有機會提到非德國法庭的審判，除非有死者的書面證詞顯示某個被告有涉案之嫌，而證詞被陳述出來後，列入法庭記錄。這情形發生於一位奧許維茲醫官弗利茲．克萊恩的陳述。克萊恩是在戰敗當時，一九四五年五月，就接受英國訊問者的審訊，並在處決之前簽署了一份認罪聲明：「我承認殺害了好幾千人，要對此負責，特別是在奧許維茲，如同由上到下的其他每一個人也要負責。」

問題重點是法蘭克福的被告，就像幾乎所有的納粹罪犯，其言行不只是出於自保，更顯示出一種驚人的傾向：要和周遭的不管任何人保持一致——根據當時的情況，馬上「調整」自己。就好像他們變得很敏感，不是對權威敏感，也不是對恐懼敏感，而是敏於偵測出他們正巧暴露其中的整體輿論氣氛。（單獨與問訊的警官面對面時，並不會感受到這氣氛；在法蘭克福和路德維希堡——納粹罪行中央檢察署所在地，也是某些被告第一次接受訊問的地方——那裡的警官顯然也公開地贊成進行這些審判。）布洛德，二十多年前帶著為英美兩國喝采的心情完成給英國官方報告的那個人，特別可以代表這種對於輿論的敏銳感，不是因為他性格曖昧多變，而是因為他是同袍中最聰明也最能言善道的人。

只有一位被告，法蘭茲．魯卡斯醫生，沒有對法庭表示輕視，沒有大笑、侮辱證人、要求檢察官道歉，或試圖和其他人談笑。他究竟為何會在那裡，並不清楚，他似乎是和「重案者」完全相反的人。他在奧許維茲只待過幾個月，無數證人都稱讚他和善、樂於助人；他是唯一一位同意陪同法官前往奧許維茲的人，而當他在陳述的結語中說他「將永遠無法」從他在集中營和滅絕營的經驗中「復原」；他企圖「盡己之力拯救多一點猶太囚犯的性命」——許多證人也加以證實；他說：「今天，就如同當時，（我）一直被這個問題所折磨：其他人怎麼辦？」」這些聽起來都相當有說服力。其他被告以行為顯示出他們的立場，但只有巴列茨基才會笨到公開說出來：「如果今天我招了，誰知道，萬一明天一切都改變，我可能會被槍斃。」這個巴列茨基對於其集中營裡的惡行，最主要的宣稱就是他可以一拳打死一名囚犯。

重點是，除了魯卡斯醫生，沒有一個被告把地方法院的訴訟審理當一回事。這裡的判決不被認為是歷史或司法的最終判決。從德國司法審判權和輿論氣氛的角度來看，很難說他們是完全錯的。法蘭克福宣判的結果是，被告中十七人被判處數年不等的勞役——其中六人終身勞役——三人獲判無罪。但只有兩項判決（都是無罪判決）真正執行了。在德國，被告必須接受判決，或者向更高層級的法院提出上訴；當然，最後未獲判無罪的辯方全都提起上訴。檢方同樣有權提出上訴，而在此，檢方也對十個案子提起上訴，包括獲判無罪的夏慈醫生。上訴一經提出，在未收到上訴法院判決通知之前，那些被定罪者都還是自由之身，除非法官發出新的拘禁令。在接下來的六個月，十個個案的拘禁令都發出了。但是從那時到現在，一年過去了，還未進行任何一次複審，也還未排定審理的時間。我不知道是否發出了任何新的令狀，或者被告是否已經回家，除了那些因其他罪行而坐牢的人。不論如何，這案子還未終結。

聽到檢察官要求對他處以終生監禁時，柏格笑了笑。他心裡在想什麼？是上訴，還是特赦所有納粹罪犯的可能性，還是他的年紀（但他只有六十歲，而且身體狀況顯然不錯），或者，「明天可能一切都改變」？

## 二

指責「大多數德國人」對於納粹罪犯的法律訴訟缺乏積極興趣，而沒有提到艾登瑙政府治下一個無可迴避的事實，會是相當不公平的。西德各階層的行政機關都充滿著前納粹成員，並不是秘密。比如漢斯・格羅克，他的惡名始於他對紐倫堡法的評論，後來他卻成為艾登瑙的親信顧問——格羅克的名字已變成一種事態的象徵，這事態對聯邦德國的名聲與權威所造成的傷害比任何事情都大。這些實情——不是官方說法也不是傳播公器——塑造了真實民間的輿論氣氛，而在這種情況下，輿論會說這是**只打蒼蠅，不打老虎**，自然不令人訝異了。

就納粹統治集團而言，法蘭克福審判的被告確實全都是小角色：黨衛軍最高軍階是上尉，包括營指揮官何斯的副手慕卡；何斯繼任者李夏・巴爾的副手荷克爾；以及前營指揮官霍夫曼。他們在德國社會的地位也是如此。被告有一半來自勞工階級，受過八年基礎教育，然後成為體力勞動者；另外十人，只有五人屬於中產階級——一名醫師、兩位牙醫、兩個商人（慕卡及卡佩修斯），其他五人則來自中產階級的底層。此外，其中四人先前似乎也因其他事情被判過罪：慕卡在一九二〇年時「因款項未報」而被定罪；柏格在一九四〇年擔任刑警時因為人墮胎而被判刑；畢孝夫（在審判期間死亡）和夏慈博士分別在一九三四年及一九三七年因為不明原因（但當然不是政治原因）而遭開除納粹黨籍。這些人從各方面看都是小角色，即便是從其犯罪記錄來看。就審判而言，必須記住他們沒有一個人是自願到奧許維茲任職，甚至連自願的資格都沒有。也不能認為他們要對集中營裡的主要罪行負起最基本的責任，也就是將幾百萬人以毒氣滅絕的罪行；執行大屠殺的決定，確實如辯方所說，「是由希特勒不可撤銷的命令所達成」，並經過在上位的案牘殺人犯以一絲不苟的動作規畫出來，他們殺人不必沾手。

除了「空洞的雄辯詞藻」，奇怪的不一致的辯方說詞，將其小人物理論奠基於兩項論點：第一，被告是**被迫**做他們所做的事，而且無從知道那是錯誤的犯罪行為。但如果他們不認為那是錯的（其實多數人根本沒有細想過對錯的問題），那又何必強迫他們？辯方的第二項論點是，囚犯運到集中營時就在裝卸台上將體格健全者挑選出來，就其效果而言這起了營救的作用，不然的話，「每個進來的人早就都被消滅了。」這個論點說不通，但除此之外，這挑選不是上級的命令嗎？服從命令怎能變成自己的功勞，而同樣的服從命令又構成被告主要的脫罪藉口，事實上也是唯一可能的藉口？

但有鑑於聯邦德國公眾生活狀況，小人物理論不是沒有優點。殘暴的卡杜克如此總結道：「問題不是我們做了什麼，而是那個把我們帶往不幸的人。其中許多人還逍遙法外。譬如葛羅克。這很令人痛苦。」在另外一個地方他又說：「現在變成我們要對所有事情負責。最後一個最倒楣，是嗎？」霍夫曼也彈同樣的調。他在奧許維茲的審判開始之前兩年，就因達豪集中營的兩樁謀殺案而被判刑（兩次終生勞役），據何斯的說法，他「在集中營裡握有實權。」但霍夫曼在其證詞中卻說他什麼也沒做，除了「架設兒童遊戲場，裡頭還有沙坑給更小的孩子玩。」霍夫曼大吼：「但上頭那些先生到哪裡去了？他們才有罪，那些坐辦公室打電話的人。」他舉了幾個名字——不是希特勒，或希姆萊，或海德利希，或艾希曼，而是奧許維茲的長官，何斯、奧麥爾（在他之前的指揮官）以及許瓦茲。他的問題，答案很簡單：他們全都死了。這樣，就他的心態而言，意味著這些上司棄手下於危難，像懦夫，他們讓人把他們絞死，或者自殺一死了之，由此逃避了應該對他負的責任。

但問題並不是那麼容易解決——特別是在法蘭克福，法院傳喚了黨衛軍保安總部的前部門主管作證，他們主要負責策畫「猶太問題的最後解決」，並在奧許維茲執行。

把他們在前黨衛軍中的位階換算成軍階來看，這幾位先生地位都高於幾名被告；他們是上校和將軍，而不是上尉、中尉或軍士。本特．瑙曼很聰明地幾乎完全不做任何分析或評論，只保留原有的對話形式，讓讀者直接面對法院審判過程中的戲劇場面，但他卻認為有必要對這個小人物問題加入一些不常出現的場邊話。面對這些證人，他發現，被告「有很多理由去想，許多『上頭那些先生』，那些他們自願或在某種脅迫之下為之服役的人，是多麼容易、多麼順利地，沒有一絲良心不安，就成功地從那遙遠的日耳曼史詩世界回到今日布爾喬亞階級的體面地位」；而「那些過去的大人物們——對奧許維茲的人員而言，是居住在黨衛軍的奧林匹亞諸神殿——離開法庭時還那麼抬頭挺胸，步伐穩健。」《南德日報》，德國最優質的一份日報，曾報導一名在納粹「特別法庭」擔任過檢察官的人，此人曾經在一九四一年發表一篇法律評論，該報導說，這篇評論其實充滿「極權主義和反猶主義」色彩，但他現在「是在卡斯魯爾聯邦憲法法庭擔任法官。」[4]當被告——或說任何一個人——讀到這樣的新聞時，他會怎麼想？

如果有人認為「大人物」有能力進行內心的變革，「小人物」則無法做英雄般的內省，只要讀讀訴訟記錄，就可以有更多了解。當然有一些人，譬如艾溫．舒爾茲，一位前突擊隊隊長（屬於黨衛軍東線的機動殺人部隊），老實而帶著悔意地作證道，他當時「沒有感覺到」槍殺婦孺「以避免有人起而對德國人進行報復，是完全不正當的」；

但他去到柏林之後，便想辦法要求上級更改命令，成功讓自己解除該項職務。但是啊，更典型的是一位律師（也是前東線後衛部隊的法院官員），艾彌爾．芬貝格，他依然肯定地引用希姆萊的話，不無驕傲地宣稱：「對我而言，領袖的命令就是法律。」另一個例子是前敏斯特大學教授和解剖學主任（已經被解除學位和學銜），沒有說一句悔過的話，只作證道他如何挑選被害人給被告克雷爾，然後克雷爾將酚注射到被害人的心臟而致其死亡。他認為「從人性角度而言」殺人者需要特別的配給「是可以理解的」，而他也一定會同意他前「助理」的說詞，這名「助理」承認替囚犯注射，並以同樣的口吻辯解道：「以簡單的德語來說，（這些囚犯）不是病了，而是已經半死不活。」（即便這恐怖的陳述也還是含蓄說法，事實上是謊言，因為許多健康的孩童也是用這種方式被殺害的。）最後（但讀者還是可以輕易在訴訟紀錄中找到更多例子）是柏格的律師。這名律師在結辯中表示「很訝異有『嚴肅的人（原文如此！）討論過柏格擺』，他確實認為這是『人會對其產生反應的唯一有效的肉體說服術』。」

　　這便是被告及其律師們的立場。他們最初嘗試「就人員及其行為而言……將奧許維茲變成一個理想田園」而徹底失敗了，一個又一個的證人，一份又一份的文件，證

4 鄂注：見 *Economist* (London), July 23, 1966。

實他們不可能身在集中營又什麼都沒做、什麼都沒看到、也不知道營中發生什麼事（營指揮官巴爾的副手荷克爾，直到很後來，聽到謠言才知道「毒氣室的事情」），然後他們告訴法官他們之所以「在此受審」，是因為：一，「證人作證是出於報復心理」（「猶太人為什麼不能老實一點，說出實話？但顯然他們就是不願意。」）；第二，因為他們是「軍人」在執行命令，「不問對錯」；第三，要有小人物當長官的代罪羔羊（這就是為什麼他們「今天會如此不滿」）。

戰後對於納粹罪犯的所有審判，從紐倫堡對主戰犯的大審，到耶路撒冷的艾希曼之審，再到法蘭克福的奧許維茲審判，在定罪以及確定刑事罪責程度時，都受困於法律與道德的難題。公眾輿論和法界意見從一開始就傾向認為那些案牘殺人犯——其主要工具是打字機、電話及電報機——比那些實際操縱殺人機器、把氣彈擲入毒氣室、將屠殺平民的機關槍上膛、或者忙著將成堆如山的屍體火化的人，罪責更大。在審判阿道夫·艾希曼這個最典型的案牘殺人犯時，法官宣稱「離那個以自己的手操作致命工具的人愈遠，責任度就愈增加。」在追蹤耶路撒冷的審理過程之後，更容易同意這個說法。法蘭克福審判，從任何方面來看都像是對於耶路撒冷審判的必要補充，它會讓許多人懷疑他們本以為幾乎是不證自明的事情。這些審判所揭顯的不只是個人責任的複雜問題，而是赤裸裸的犯罪；那些盡己之能，或說盡己之惡，服從犯罪命令的人的面孔，仍然相當不同於在以犯罪為合法的體制中，非僅服從命令、更對受害者為所欲為的人的面孔。被告偶而會以其粗糙的方式承認此情形——「那些在上位者很輕鬆……發布命令說不得打囚犯」——但辯方律師為其當事人辯護的方式，好像是在處理案牘殺人犯或服從上級命令的「軍人」。這是他們在陳述個案情況時所說的大謊。檢察官起訴他們的罪名是「謀殺或共謀殺害**個人**」，還有「屠殺及共謀屠殺」——也就是說，這是兩項完全不同的罪行。

## 三

只有在訴訟紀錄的結尾，即審理進行到第一百八十二天的時候，霍夫梅爾法官做出宣判並宣讀判決理由時，我們才了解到司法已經——不可避免地——受到多少傷害，因為這兩項不同罪行之間的界線已經變得模糊。有說法官關心的不是作為一個體制的奧許維茲，而只關心「慕卡等人之訴訟案」，只關心被告是有罪或清白。「尋找真相是此審判的核心」，但由於法庭的考量受限於德國一八七一年之刑法法典所界定的犯罪行為類別，因此，幾乎理所當然地，套句本特．瑙曼的話，「法官或陪審團都無法發現真相——但無論如何，也不是全部的真相。」在這部幾乎有百年歷史的法典中，沒有一條涵蓋了以政府機制進行有組織的謀殺作為，沒有一條處理到以整個民族的滅絕作為人口政策，或「體制犯罪」，或犯罪國家（卡爾．雅斯培的用語）之下的日常狀況——遑論滅絕營裡的環境：每個來到這裡的人都注定要死，若非立即被毒氣殺死，就是幾個月之後因勞動致死。布洛德報告書中說「每批運送進來的人，至多百分之十到十五會被歸類為體格健全、允許存活」，而這些被挑選出來的男女平均大約可以多活三個月。現在回顧起來，最難以想像的是這不斷瀰漫的暴力死亡的氣氛；即使在戰場上，死亡都不是如此確定，而存活下來是如此依賴奇蹟。（低階的守衛也無法完全免於恐懼；他們知道，如布洛德所說，「為了要維持機密，他們也可能被送進毒氣室。沒有人懷疑希姆萊具備如此作為所必需的殘忍和麻木不仁。」布洛德只是忘了提，他們必定也想過，這樣的危險還比不上被送到東戰線所將面對的狀況；幾乎毫無疑問，許多人原本可以自願從集中營被調去執行前線任務的。）

這部古老的刑法法典完全未考慮到的，正是納粹德國的日常現實，具體而言則是奧許維茲的日常現實。既然以屠殺罪起訴，那麼法庭認為此案可以當成「一般審判，而不論其背景」的假設，就根本與實情不符。與一般的訴訟相比較，這裡的一切只能說是完全顛倒：譬如，有個人的工作是把氣彈擲入毒氣室而造成幾千人死亡，但他在刑法上的罪責可能不如另外一個出於主動、為了滿足他變態的想像，「只」殺了幾百個人的人。這裡的背景是一樁透過行政操作的大規模屠殺，以大量生產的工具來執行——大量生產屍體。「屠殺與共謀屠殺」是一項可以也應該加諸所有黨衛軍成員的指控——所有在任何一個滅絕營執行過任務、以及許多從未涉足其中的黨衛軍成員。從這個角度，也是起訴書的角度，證人，維也納的律師兼議員海因利希．杜爾麥爾博士的一段話是相當正確的，他暗示在此情況下，一般的訴訟程序必須完全翻轉——被告應該被視為有罪，除非他們能證明自己無罪：「我相當確信這些人必須要能證明自己是清白的。」同樣的，「只是」參與滅絕之日常運作的人不可能被列入所謂的「重案者」。奧許維茲的狀況中，的確「沒有人是無罪的」，如這位證人所說，就審判的角度，這正意味著「重罪」要用相當特殊的標準來衡量，那是在任何刑法法典都找不到的。

這些論點都遭到法庭如此反駁：「國家社會主義也要受制於法律之治。」好似法庭希望提醒我們，納粹從未花心思去重寫刑法法典，就如同他們從未花心思去廢除威瑪憲法一樣。但這不在乎只是表象；因為極權統治者很早就知道，所有法律，包括他自己訂下的法律，都會使他的權力受到某些限制，沒有了這些限制，他的權力就會是無限的。因此在納粹德國，領袖的**意志**就是法的**本源**，而領袖的命令就是有效的法律。有什麼會比一個人的意志更為無限，有什麼會比一道只因「我要」便具有正當性的命令更為任意而武斷？不論如何，在法蘭克福審判中，法庭不切實際的假設造成了一個不愉快的結果，那就是辯方的主要論點取得相當可信度；辯方的主要論點是，「一個國家不可能懲罰它在其他歷史階段所規定的事」，因為法庭已經同意了此論點所暗含的命題，即德意志國家從俾斯麥的帝國到波昂政府的「一體連續性」。

此外，如果國家機制的連續性確實存在——這的確適用於公務體系，納粹政府採用並「調整」了原有的公務體系，而艾登瑙政府沒有多費心力，也加以吸收再納用——那麼法院和檢察體系呢？賴騰瑟博士指出——他是目前為止辯方律師當中最明智的一位——檢察單位的任務不就是採取行動，起訴「公然違犯法律的作為，像是一九三八年十一月對猶太商家及住家的破壞，（一九三九及一九四〇年）對有精神疾病者的謀殺，以及最後，對猶太人的屠殺？檢察官當時不是已經知道這些都是犯罪行為？哪位法官或邦檢察官當時曾經提出抗議，更別說為此而辭職不幹？」這些問題依然沒有獲得回答，表示這次訴訟所根據的法律基礎多麼不穩固。與法律假設及理論明顯對立的是，戰後對於納粹的每一次審判，都證明所有國家機關、所有公務員、所有在商業界地位崇高的公眾人物，在這納粹政權罪行中整體的共犯關係——因此，我們可能會希望，也沒有「連續一體性」的存在。賴騰瑟博士接著指控「聯軍浪費了替未來法律尋找明確衡量標準的機會，因此也更造成法律情況的混亂。」熟悉紐倫堡大審審判過程的人，沒有人會反對。但賴騰瑟為何沒有對聯邦共和國做同樣的指控？矯正這情況顯然對德國政府有更立即的利害關係；因為，如果現任政府未去面對以及處理前任政府的犯罪性本質，所有關於「掌握過往」之談就只是空洞的修辭，這不是很明顯嗎？相反地，現在在法蘭克福，那惡名昭彰的委員令究竟合法與否——由於這道命令，幾千個為數不明的俄國戰犯在到達奧許維茲之後就立遭格殺——「聯邦法庭還未就此達成任何決定」，同一個法庭卻已經「援引自然法」，宣佈對猶太人的大屠殺是非法的。順帶提到，這樣的解決方式並不令人滿意，然而其理由不在此處的考量之內。（委員令的問題似乎在於，它是否由希特勒直接下令，並不是很清楚，但卻是直接來自德軍最高司令部（OKW）；犯人「都攜帶一份資料卡，其上有OKW的記號。」這就是法官為何判決被告布萊德維瑟無罪的原因嗎？法官判斷證人佩佐特的證詞必然有誤，卻沒有提到另外一位證人尤真尼烏茲．莫茨的證詞，莫茨指控布萊德維瑟在蘇聯軍官和人民委員身上進行早期的毒氣實驗時，曾經試用Zyklon B除蟲劑。）對辯方而言，德國最高法院的判決，無論如何，所代表的只不過是「**目前的**法律思想」，而律師毫無疑問是與「大部分的德國人民」一致——也許他們在法界的同儕也是這麼想。

嚴格來講，「屠殺及共謀屠殺」這個起訴罪名，必然帶出尚未解決之法律問題、缺乏懲善罰惡之「明確衡量標準」等棘手「背景」，因此使此案的審判無法變成邦檢察長包爾所希望的「就本質而言非常簡單的案子」。就被告的人格及其作為而言，這確實是

「非常簡單的案子」，因為他們被證人指控犯下的兇殘暴行，幾乎都未涵蓋在案牘殺人犯或「最終解決」的實際啟動者所發出的上級命令中。沒有一個上級會去管這種「細節」，下令發明「獵兔」、「柏格擺」、「運動」、地下碉堡、「罰站間」、「黑牆」或「射帽」等等。沒有人發佈命令說要把小嬰兒往天上拋，當作射擊目標，或活生生往火裡丟，或者拿嬰孩的頭去撞牆；也沒有上級命令說人要被踐踏至死，或變成兇殺「運動」的目標，包括一拳將人擊斃。沒有人要他們在裝卸台上把挑選工作弄得如同「溫馨的家庭聚會」，從那裡回來之後他們會誇耀「從這批或那批新到者拿到了什麼東西。『像打獵歸來後舉行慶功宴，把整個過程都跟大家講。』」他們被派到奧許維茲，不是去致富或「找樂子」。如此，所有納粹罪犯的審判裡面那可議的法律裁定總算有這麼一次切合實情——認定這些審判是「普通刑事審判」，被告無異於其他刑事罪犯——也許，它比任何人有意探究的更為真實。無可計數的個別犯罪，一個比一個恐怖，環繞並創造出滅絕之滔天大罪的氣氛。奧許維茲審判中所充分揭顯的，就是這種「環境」——如果這可以用來表示某種沒有文字可以形容的東西——以及造成這些環境而必須背負咎責的「小人物」，而不是「上頭」的那些先生。此處不同於耶路撒冷的審判。耶路撒冷之審，艾希曼可以由於無法推翻的證據以及他自己的認罪而被判有罪；但在法蘭克福，每名證人的證詞都要考慮，因為受害者唯一面對的人就是這些人，而不是案牘殺人犯，他們認識這些人，而這些人對他們而言才是唯一的重點。

連德意志國家「一體連續性」這種相當虛假的論證也在這些個案中被提出，雖然略有保留。因為就像法官在囚犯管理人貝德納雷克的個案中所講的，被告確實「不是奉命殺人，而是**做出違反命令之舉**，該命令規定不准殺害集中營囚犯」——當然，以毒氣殺害則屬例外；不但如此，事實上，大部分這些個案都甚至可以被納粹或黨衛軍法庭所起訴，雖然這並不常發生。前奧許維茲政治部主管葛拉普納，在一九四四年被黨衛軍法庭起訴「任意挑選了兩千名囚犯來處決」；有兩名前黨衛軍法官，現在都是執業律師，分別是康拉德．摩根及葛哈特．韋貝克，他們作證說黨衛軍曾對「貪腐作為……與獨立殺人案件」進行調查，因而審理並確立過謀殺罪的指控。檢察官佛格爾指出「希姆萊曾說沒有他的特別命令，不得擊打或清算囚犯」，但這沒有阻止他造訪「集中營數次，並觀看婦女接受體罰。」

缺乏明確衡量標準以判定在這些極端恐怖條件下所犯之罪，這種情形在法院對法蘭茲．魯卡斯醫師所做的判決中最為顯著，令人心痛。三年又三個月的勞役——最低刑罰——是判給這個「總是被同事擯棄」、而現在又遭其他被告公開攻擊的人，這些被告總是非常小心避免陷彼此於罪（他們只有一次彼此牴觸，而他們在法庭上已收回了審前問訊時所做的可能陷他人於罪的評論）。他們攻擊魯卡斯說：「如果他現在宣稱幫助過人，那大概是在一九四五年他打算買張回程票的時候吧。」當然，問題是這有雙重錯誤：魯卡斯醫師從頭到尾都有幫助人；而他不但沒有以「拯救者」的姿態出現——和大多數其他被告完全不同——更一再拒絕指認做出對他有利之舉證的證人，也拒絕回想證人所陳述的事情。他與囚犯當中的醫學同行討論衛生狀況，並以對方的正式頭銜相稱；他甚至從黨衛軍專屬藥房偷藥出來「給囚犯，用自己的錢買食物」，並把自己的配額分給他們；「他是唯一以人道對待我們的醫生」，他「不把我們當作無法接受的人等」，他也給醫生囚犯建議，如何「把一些同囚者救出毒氣室」。總之：「魯卡斯醫師走後我們非常沮喪。魯卡斯醫師和我們在一起的時候，大家多快樂。真的，我們再度學會怎麼笑。」魯卡斯在庭上卻說：「我現在才知道證人的名字。」當然，沒有一個獲判無罪的被告、沒有一個辯護律師、沒有一個逍遙法外而現在來作證的「上頭的先生」，在法蘭茲·魯卡斯醫師面前能不相形見絀。但受限於其法律假設的法庭，不得不判給這個人最低刑罰，雖然法官相當清楚，以一名證人的話來說，他「根本不屬於這裡。他太好了。」連檢察官也不願將他「和其他人混為一談」。確實，魯卡斯曾經在裝卸台挑選體格健全者，但他被指派到那裡是因為他被懷疑有「善待囚犯」之嫌，還被告知如果拒絕服從命令，就會被「當場逮捕」。因此他的罪名是「屠殺或共謀屠殺」。魯卡斯第一次碰到集中營任務時，曾經尋求建言：他的主教告訴他「不道德的命令不能服從，但不是說必須冒著生命的危險」；一位高級法學家則因戰爭而替恐怖合理化。兩者都不是很有幫助。但讓我們假設他問過囚犯他該怎麼做。他們難道不會要求他留下，而以參與裝卸台挑選工作為代價——那是每日的事件，例行的恐怖——以便拯救他們逃離其他所有人弱智的、魔鬼般的精巧設計？

## 四

在讀訴訟紀錄時，必須記住奧許維茲是一樁透過**行政方式**進行的大屠殺，是根據最嚴格的法令和規定而執行。這些法令與規定是案牘殺人犯訂下的，但似乎排除所有個人自發的作法——或許本意正是要排除——不論是好是壞。對數百萬人的毀滅要像機器一般運作：自全歐洲運送過來；在裝卸台上揀好剔爛；隨後對於剛來時體格健全者再次進行挑揀；分類（老弱婦孺馬上送進毒氣室）；人體實驗；「囚犯管理人」系統、囚犯代表、囚犯突擊隊——他們操作死亡設施且具有特殊地位。每件事似乎都可預見，因而也可預測——日復一日、月復一月、年復一年。然而，官僚式精心計算的結果，卻正違背可預測性。它完全是武斷而任意的。套句沃爾肯醫生的話——沃爾肯曾經被囚禁，現在在維也納行醫，是第一位作證的人，也是最好的證人之一——他說：**所有**

**事情「每天都在變」**，端看負責的軍官、或點名官，要看區管，還要看他們的心情」——但最重要的，是他們的心情。「可能某天發生的事情，隔兩天就變得完全不然。……一模一樣的工作細節，有可能致死……也可能是還不錯的活兒。」於是，可能某天醫官心情好，想到設立一個康復區；兩個月後，所有復原中的病人集體送進毒氣室。說來恐怖，案牘殺人犯所未見的竟是人的因素。之所以恐怖，正在於這些禽獸從臨床上看都絕對不是虐待狂，從他們在正常環境下的行為就可以證明，他們也不是基於這一點而被挑選來執行這種禽獸任務。之所以被送到奧許維茲或類似的集中營，只是因為他們，為了種種不同的原因，不適合服兵役。

乍讀本紀錄，很容易陷入關於人性本惡、原罪、人的內在「攻擊性」等等概括性的陳述——特別是關於德國「民族性」。那些為數不多的個例很容易被忽略，這很危險，在這些案例當中法官被告知，「偶而有『人』來到集中營」，匆匆看了一眼便迅速離開：「不，這不是我母親的小孩會待的地方。」和審判前的一般觀點相反，黨衛軍成員若要找理由逃離，不待在集中營，比較起來還算簡單——應該說，除非運氣不好，落到給像艾彌爾·芬貝格這樣的人來管，甚至到今天，芬貝格還是認為，肢體上無法對婦孺開槍這種「罪行」，判處「坐監至死刑」不等的處罰，是完全合理的。宣稱自己「膽小」（bad nerve），遠比待在集中營、幫助被囚禁者、冒著被指控「施惠囚犯」的更大罪名，危險程度還低得多。因此那些年復一年留下、而不屬於後來變成英雄的那些獲選之少數人者，等於是自動篩選後的人中之渣。我們不知道、也不可能曉得這種人所佔的百分比，但如果我們想想，虐待狂般的明顯行為，是由在正常情況下根本不會做這種事並因而與法律對抗的人所為，我們便會開始懷疑許多一般公民的夢裡世界，那種夢中的惡行若要成真，欠缺的也許只是機會。

無論如何，有一件事是確定的，而這是再也沒有人敢相信的——亦即，「每個在奧許維茲的人都可以自行決定要善要惡。」（但今天，德國法院竟沒辦法評判善惡、執行正義，不是很詭譎嗎？）這樣的決定絕不是取決你是個猶太人或波蘭人或德國人；甚至也不是取決於你是否身為黨衛軍成員。因為在這恐怖之中，有位傅拉克大隊長，他建立了一座「和平之島」，而且不願意相信一名囚犯告訴他的話：到最後「我們都會被殺的。不會有任何見證者會被允許存活下來。」「我希望，」他回答道：「我們會有足夠的人來阻止這件事發生。」

雖然被告在臨床上表現正常，奧許維茲集中營中主要的人性因素仍然是虐待狂，而虐待狂基本上與性有關。我們可以察覺，被告愉快地聆聽對其行徑的陳述——時而令不只證人、甚至陪審員驚呼窒息的行徑——帶著微笑回憶；對於做出不利於他們的證詞並指認他們的人——那些人一度是他們手下可憐無助的受害者——不可思議地躬身為禮；對於被指認出來（雖然這將使之入罪）、被人想起，而顯得高興；從頭到尾異乎尋常地興致高昂；這種種都反映了高度性歡愉的甜蜜回憶，也顯現其厚顏無恥。柏格走近某名受害者時，不是唱著中世紀的情歌：〈你是我的〉（你是我的，我是你的，這個你應當很明白）嗎？那是近乎白丁的卡杜克、許拉格、巴列茨基及貝德納雷克等人幾無可能達到的精緻。但在法庭上，他們的表現並無二致。從證人所描述的聽來，在「嚴格訊問」的儀式，在去地下碉堡時會帶的「白手套」，在自命撒旦再現的廉價誇談——最後這項是柏格與羅馬尼亞藥劑師卡佩修斯所專有——這當中必定有一種巫術及殘酷祕密祭儀的氣氛。卡佩修斯是箇中之最，在未出庭的情況下，他被羅馬尼亞判處死刑，此刻則在法蘭克福被判九年。他帶著在奧許維茲的掠奪，定居德國，做起了生意，現在則指控他的一個「朋友」為了自己的利益而對證人施加影響力。他在法蘭克福的不幸對他的生意並無影響；根據希畢勒・貝佛特在《觀察家報》的報導，卡佩修斯在哥平根的店「生意比以往更興隆。」

就奧許維茲的人性因素而言，重要性僅居其次的，必定是一種絕對的情緒性（moodiness）。有什麼比心情更變化無常，而一個人若完全任憑心情擺佈，他的人性還會剩下什麼？周圍是不斷送進來、注定一死的人們，黨衛軍事實上可以為所欲為。這些人當然不像紐倫堡大審所審理的，是「重要戰犯」。他們是犯罪「大頭」的寄生蟲，看到他們，我們會開始想，難道他們的惡劣程度比不過那些他們現在所謂害得他們這麼倒楣的人？納粹不只透過謊言將地上人渣抬高到人中菁英的地位；那些符合納粹「硬派」理想、並依然對此感到驕傲的人（真是「聰明得很」），事實上就像一團軟泥。好似他們善變的心情已吞蝕所有實質——人格主體的堅韌表層，是善還是惡、溫柔還是兇狠，是「理想主義」的白痴還是憤世嫉俗的性變態。被判處終身監禁又加八年最重刑期的同樣那個人，偶而也會分發香腸給孩子們吃。貝德納雷克的拿手好戲——把囚犯踐踏至死——結束之後，進到房間開始祈禱，因為那時候他有那個心情；把千百個人送上死亡的同樣一名醫官，也可能拯救一個在他的母校就讀過的女人，因為這讓他想起自己的年輕歲月；剛生產完的婦女可能收到鮮花巧克力，但隔天早上就被送進毒氣室。被告漢斯．許塔克，當時還相當年輕，有一次他挑揀了兩名猶太人，命令囚犯代表殺了他們，然後他動手教他怎麼做；在示範時他又多殺了兩個猶太人。但又有一次，他遙指著一個村莊對一名囚犯發抒幽情：「看那村莊蓋得多美。有那麼多磚石。戰爭結束後，**那些磚塊都會刻上死者的名字。也許磚塊還會不夠用呢。**」

確實「幾乎沒有一個黨衛軍成員不能宣稱說他救了某個人的性命」，如果他有那個心情的話；而大多數的生還者——大約是被選為勞動者當中的百分之一——是因為這些「救星」而免於一死。死神是奧許維茲的最高統治者，而站在死神旁邊的，是意外

——最極端、獨斷的任意性，結合在死神僕役善變的心情裡——決定了囚犯的命運。

## 五

即使法官有所羅門王般的智慧，而法庭擁有「明確衡量標準」，能將史無前例的世紀罪行加以歸類分項，幫助達成人類正義所能做到的一點點東西，本特．瑙曼所要求的「真相，全部的真相」是否會出現，還是很令人懷疑。至今沒有一種概括說法——真相若無法概括統攝，那它又是什麼？——能夠圈限倒行逆施的橫流，人必須沉浸其中才能了解「一切皆有可能」所指何意，而不僅是一切皆被允許。

然而，讀者會得到的不是*某個*真相，而是*真相的片刻*，而事實上唯有利用這些片刻才能道出此一兇殘邪惡之混亂。這些片刻出人意料地出現，猶如沙漠裡罕見的綠洲。它們是軼事，以簡短的方式道出一切。

有個知道自己將死的男孩，在營房牆壁上用自己的血寫著：「阿德列亞斯．拉帕波特——活了十六年。」

一個九歲男孩，知道自己知道「很多」，但「再也不能學習了。」

被告柏格，看到一個小孩在啃蘋果，便拉住他的腿，掄起來朝牆壁撞，把頭撞得粉碎，然後平靜地揀起蘋果，一個小時後吃掉。

有個值勤的黨衛軍成員，他兒子來到營地看父親。但小孩就是小孩，而這個地方的規定是所有小孩都得死。因此他必須在脖子上戴個標示，「他們才不會把他給丟進毒氣爐裡。」

有個囚犯負責抓緊每個被挑進來的人，讓「軍護人員」克雷爾以注射酚而殺害。有一天門打開，來的竟是他的父親。完了之後，「我哭了，還得自己把父親抬出去。」隔天，克雷爾問他為什麼哭，知道原因之後，他說早知道「我會讓他活下來的。」這名囚犯為什麼當時沒有告訴他？是不是害怕他，克雷爾？真是誤會。克雷爾那時心情多好。

最後，一名女性證人遠從邁阿密來到法蘭克福，因為她在報紙上看到魯卡斯醫師的名字：「那個殺了我母親與家人的人，讓我好奇。」她陳述事情的經過。她在一九四四年五月從匈牙利被送過來。「我手裡抱了個寶寶。她們說母親可以和孩子在一起，因此我媽媽把寶寶給我抱，又幫我穿得老氣一點。（這位母親自己抱著她的第三個孩子。）魯卡斯看到我的時候也許知道寶寶不是我的。他把寶寶從我這裡拿走，丟給我母親。」法官馬上知道怎麼回事。「也許你是有勇氣救你的這位證人？」魯卡斯停頓了一會之後，全部加以否認。這名女性顯然完全不知道奧許維茲的規定——帶著孩子的女人，一抵達就要直接送進死亡毒氣室。她離開法庭時，仍不明白她找到的這名殺害其親人的兇手，正是她自己的救命恩人。當人決定顛倒黑白，這樣的事情就會發生。

一九六六年

# 第8章

## 自食其果

## Home to Roost

今天我們聚集一堂歡慶生日，是美利堅合眾國（而非美國）兩百歲的誕辰，但恐怕我們選的時機沒有比現在更不恰當的了。自約瑟夫·麥卡錫引發從今天看來屬小型危機的情況以來，數十年來都可以察覺這個共和國、政府形式以及其自由體制的危機。隨後發生的許多事情，證實了我們政治生活的根本基礎逐漸陷入混亂：當然事件本身很快被遺忘，但後果是摧毀了一個可靠而忠實的公務體系，這公務體系對美國而言還算比較新的東西，也可能是羅斯福政府長期執政下最重要的成就。在這段時期之後，「醜陋的美國」開始出現在外交關係場景中，但他在國內生活中就幾乎不會引人注意，除了在矯正錯誤及彌補損害方面的無能程度不斷增加。

很快地，少數深思熟慮的觀察者開始懷疑，我們的政府體制是否能夠抵抗這個世紀有害力量的攻擊，而存活到公元兩千年。第一位公開表達這種懷疑的，如果我記得沒錯，是約翰・甘迺迪。但國家的整體氣氛猶然樂觀，對於近來洪水般的事件，沒有人有所準備，甚至在水門案過後亦然，因為事件連迭，如歷史的尼加拉瀑布奔瀉而下，其橫掃之勢、影響之廣，令所有試圖加以思考反省、或努力想使它緩和下來的人，都張口結舌、無從反應。過程之快，連按照順序回憶「何時發生什麼事」，都得下一番功夫；的確「四分鐘前發生的事情就已像埃及一樣古老了。」(羅素・貝克)

無疑地，令我們張口結舌的洪水般的事件，大半是因為眾多事件同時發生，這奇怪情形在歷史上絕非沒有過，而這些事件各有其不同意義和原因。我們在越南的戰敗——絕非「光榮的和平」、反而是羞辱的敗仗，直昇機倉皇撤離人員，留下所有人對抗所有人之無法抹滅的戰爭場面，這確實是政府四個選項中最糟糕的一個，於此我們又沒有必要地加上最後一手公關花招，空運嬰孩（baby airlift），為南越唯一一處全然安全的地區進行人員「救援」。戰敗本身幾乎不能說引發震撼；這結果是必然的，幾年來皆如此，自「新春攻勢」[1]行動之後，許多人就預見了這樣的結果。

「越南化」[2]未成功，沒有人感到訝異；那是替撤離美國軍隊找藉口的公關口號——這些軍隊問題連連，兵員吸毒、貪腐、逃逸，或抗令，不能再留在那裡。令人訝異的卻是阮文紹本人的作法，他甚至未向華盛頓的保護者請教，就自行加速其政府的解組，速度之快，讓勝利的一方竟無法戰而勝之；當勝利者能夠和敵人接觸時，他們的逃離速度快得難以追上，這讓勝利者發現到撤退中的不是軍隊，而是不可思議的一群軍民組合，大規模地四處竄流著。

但重點是，東南亞的這個災難與美國外交政策的破敗幾乎同時發生——塞浦路斯的災難，以及喪失土耳其與希臘兩個前盟友的可能性；葡萄牙的政變及其不確定的後果；中東政策的大失敗；阿拉伯國家的崛起。此外還有發生在國內的多重問題：通貨膨脹、貨幣貶值、城市的困境、失業率與犯罪率的提高。再加上水門案的後續影響，我認為這影響至今未歇；此外還有北約的問題，義大利和英國的幾近破產，與印度的衝突，以及低盪[3]情勢的不確定性，特別就核武擴散的角度而言；比較一下我們在二次世界大戰後的國際地位，各位會同意，本世紀諸多前所未有的事件中，美國政治權力[4]

1 譯注：Tet offensive，一九六八年初北越軍隊與南越共軍聯手，發動對美國及南越政府軍控制地區的攻擊行動，是越戰雙方勢力消長的轉捩點。

2 譯注：Vietnamization，一九六九年，尼克森準備將五十萬美軍逐步撤離越南所制定的計畫，越南化意指讓越南人逐漸承擔全部自防的軍事責任。

3 譯注：détente，或稱「緩和政策」。一九六〇、七〇年代，美蘇兩大強權對抗的高峰之後，雙方開始採取緩和對抗的政策，展開各種限武談判。

4 柯注：讀者應該記住鄂蘭對軍事**力量**（strength）和**政治權力**（political power）的明確區別，前者靠暴力的施展，後者則是人民對於與之相關的共同問題做出行動所呈現的政治意志。

的快速衰退必須予以適當考慮。這也是前所未有的。

我們可說是站在決定性的歷史時刻，將兩個時代分隔開來的轉捩點。對於必須為日常生活奔波的當代人，在跨越這時代的分界線時可能根本不會察覺；只有被它絆倒後，這條線才聳立成牆，無法挽回地將過往隔離。

在這歷史時刻，牆上的書寫變得如此駭人，大部分的人會逃離開來，藏身到日常生活中，以不變的迫切需求讓自己安心。這在今天，誘惑力更大，因為長期的歷史觀——另一個為人喜愛的逃離路線——也不是非常令人鼓舞：美國兩百年前建立的自由體制，維續的歲月已經超過了任何可相比美的歷史榮光。人類歷史紀錄的這些重點，都恰當地變成了我們政治思想傳統的典範模型；但我們不應忘記，就編年角度而言，這些總是例外。因此也光彩地流傳下來，照耀黑暗時代人們的思想與行為。沒有人能知道未來，而我們在這懷憂的時刻可以肯定的是，不論未來結果如何，這兩百年的自由及伴隨的起落沉浮，已經獲得希羅多德所說的「應得的榮耀」。

然而，現在還不是採取長遠歷史觀、沉浸在回憶中的榮耀的時候，這種時刻很自然會吸引我們，如有人曾建議的，重新捕捉建國者「非凡的思想特質、言論與行動」。我傾向認為，在最好的情況下這也是不可能的，因為這些人的特質確實「非凡」。正是由於察覺到有一段可怕的遙遠距離將我們與先賢隔開，因此許多人踏上尋根之路，尋找過去事件的「深層原因」。根源及「深層原因」本來就會被隱藏，藏在應該是由其所造成的表象後面。它們不容檢視與分析，只能透過詮釋和猜臆的不確定方式而達至。這些猜臆的內容經常天馬行空，幾乎總奠定在未對事實記錄做過公正檢視之前所做的假設——有一大堆**理論**探討兩次世界大戰爆發的「深層」原因，根據的不是後見之明的憂鬱智慧，而是由臆測滋生而成的信念，包括資本主義或社會主義、工業時代或後工業時代的本質和預期結果、科學與科技的角色，諸如此類。但這類理論其實更嚴重地受限於其所針對之聽眾的需求。它們必須**言之成理**，也就是必須包含某個特定時代中多數理性的人所能接受的陳述；不能要求無法置信的說法被接受。

我想，看到越戰瘋狂而驚恐結局的人，大部分會認為他們在電視螢幕上看到的「無法置信」，也確實如此。就是這樣的現實面，希望抑或恐懼皆無法預期，使我們在幸運女神微笑的時候歡慶，在不幸降臨時詛咒。所有關於深層原因的臆測，都自現實的震撼中回頭，回到似乎言之成理、可以用理性之人認為可能的角度而解釋的東西。向這種似是而非又言之成理發出挑戰、發出壞的訊息、堅持「據實以告」的人，向來不受歡迎，甚至不被容忍。如果隱藏「深層」原因就是表象的特性，那麼關於這種隱藏起因的臆測，就是隱藏並使我們忘記事實、事物之原貌那無所遮蔽、赤裸裸的殘酷。

這種自然的人性傾向，在過去十年間已巨幅增長，在這期間，整個政治景觀都由美其名為公共關係的習慣與規定所統治，也就是由麥迪遜大道[5]的「智慧」所掌理。那是消費社會之公務人員的智慧，他們向公眾宣傳其產品，而多數公眾花在消費其產品的時間比生產的時間還多得多。麥迪遜大道的功能是幫助推銷產品，消費者的需要愈來愈不是其利益所在，讓商品被消費的量愈來愈大才是。假如富裕和剩餘便是馬克思所夢想的無階級社會那最初的目標，在這樣的社會裡面人類勞動產生自然剩餘——也就是人類需求所刺激的勞動，總是生產出比勞動者個人及其家庭生存之所需還多的東西——那麼我們刻正實現了社會主義與共產主義的夢想，只不過這夢想的實現超越其原始作者最狂野的幻想，它是透過科技的進步，目前預定的最終階段乃是自動化作業；這高貴的夢已變得近乎噩夢一般。

早期生產者社會已轉變成消費社會，不斷前進的結果只會演變成巨大的垃圾經濟，而那些希望對此事實之「深層」原因加以臆測推論的人，大可讀一讀路易斯·馬佛特最近刊於《紐約客》的文章。確實如其所言，不論資本主義或社會主義的發展，「這整個時代的基礎前提」都是「進步說」。馬佛特說道：「進步，是為自己鋪上路床的牽引機，不留下永久的車痕，也不朝向人類渴望的可以想像的目標。『**前進就是目標**』，但不是因為「前進」中有內在的美感或意義。」而是因為，停止前進，停止浪費，停止消費得更多、更快，而在某個時候喊停，這樣等於是死亡判決。進步，伴隨著廣告顧問公司無止盡的噪音，它走下去的代價是我們所生活的世界，是一生產出來就注定過時的物品，我們不再利用那些物品，而是誤用、濫用，然後丟棄。對於吾人環境威脅的突然覺醒，是這發展過程的第一道希望之光，雖然至今，就我所見，仍沒有人找到方法，可以阻擋這失控奔馳的經濟而不會造成重大崩盤。

但比這社會經濟結果更為關鍵性的，是麥迪遜大道策略以公關之名，已被允許入侵我們的政治生活。國防部報告不僅詳細指出「世界最大強權的面貌，在一週內殺害或嚴重殺傷上千名非武裝人員，同時試圖以其優勢，迫使一個落後小國在一個正反面猶有激烈爭議的議題上屈服」——這樣的面貌，套句羅伯特·麥納馬拉仔細斟酌過的用語，當然「不是很漂亮」。報告也以單調的重複證實，這不是非常光榮也不是非常理性的一樁事業，無疑完全是由強權國家的需要所主導，它要塑造一個**形象**，以**說服**全世界它確實是「世界最大強權」。

這場可怕的毀滅性戰爭由詹森總統在一九六五年揭啟，最終目的既非權力亦非利益，其具體程度甚至不如，比方說，提高在亞洲的影響力，好替某個有形的利益服務，而為此之故需要建立聲譽，一個恰當的形象，利用它來達到某些目的。這也不是帝國

5 譯注：意指美國廣告業。

主義的政治，具有擴張與併吞的衝動。從報告所披露的故事點滴擷取出來的可怕真相是，唯一不變的目標是**形象**本身，這在無數的備忘錄和「選項」中被討論，也就是，借用劇場的語言，針對「劇本」及其「觀眾」加以辯論。對最終目標而言，所有「選項」都不過是短期可以交互替代的方式，直到最後，當所有徵兆都指向失敗，整隊官方人馬就使盡全力，動用驚人的腦力資源，想方設法避免**承認**失敗，並保持「世界最大強權」的**形象**不受損傷。當然也就在此刻，政府必然迎面與媒體發生衝突，並發現自由而未腐化的通訊記者，對於塑造形象所造成的威脅，比國外陰謀集團或美國的實際敵人都還要大。引發這場衝突的，是《紐約時報》與《華盛頓郵報》同時刊載國防部的報告書，這也許是本世紀最大的內幕新聞披露，但只要報人有意堅持其刊出「任何適合刊載之新聞」的權利，這衝突實際上不可避免。

以塑造形象作為全球政策，在歷史記載過的人類眾多愚蠢行徑裡，確實是新的東西，但說謊行為本身，在政治上既不是新聞，也不必然愚蠢。謊言在緊急時刻總被視為正當的，比如關於特定秘密的謊言，特別是軍事問題，以防敵方得知。這不是以說謊作為原則，而是一小群人小心守護的特權，保留於特殊情況中使用；而形象的塑造，麥迪遜大道貌似無害的謊言，卻獲准散播於各階層的政府機關，不論軍務或公務——「搜索與摧毀」行動中假報的死亡人數統計，偽造的空軍損害報告，對華盛頓方面提出不斷有所進展的報告：此乃指馬丁大使，他持續這麼做，直到登上直昇機踉蹌撤退的那一刻。這些謊言並未隱藏什麼秘密不讓朋友或敵人測知；他們亦無此意。而是為了操縱國會，並說服美國民眾。

說謊作為一種生活方式，在政治上亦非新花招，至少在本世紀不是。極權統治之下的國家在這方面相當成功，但說謊不是因為形象，而是由意識形態所導引。眾所周知，其成功是全面的，但要靠**恐怖**，而不是秘密說服，而其結果一點也不令人鼓舞：除了其他考量，如此以說謊為原則，便是使得蘇聯這個國家仍屬低度發展、人口分布稀疏的一大原因。

以我們的討論脈絡而言，這種以說謊為原則的決定性面向，在於它只能透過恐怖來運作，也就是透過犯罪性的手法侵犯政治過程。一九三〇、四〇年代的德國與俄國，這種情形都曾大規模發生；當時這兩個強權的政府都握在大屠殺者的手中。結束後，希特勒戰敗自殺、史達林猝死，兩個國家都開始建立某種政治的形象，以掩飾難以置信的過往記錄，雖然兩者的作法迥然相異。德國的艾登瑙政府覺得有必要掩飾關於希特勒的一項事實，即他不只得到某些「戰犯」的幫助，也曾獲得大多數德國人民的支持；而赫魯雪夫在第二十屆黨代表大會中的著名演說中，聲稱這一切都是對史達林不幸的「個人崇拜」所造成的結果。在這兩個例子中，這種謊言是我們今天所稱的掩飾手法，為了讓人民擺脫駭人聽聞的過往，那在一個國家中創造出無數犯罪者的過往，也為了恢復某種正常性，這被認為是必須的。

就德國而言，這個策略相當成功，國家事實上很快就復原；但在俄國，其改變不是回歸我們說的正常，而是回到專制統治（despotism）。在此我們不該忘記，對數百萬無辜受害者的全然宰制，轉變到一個只迫害反對者的暴政體制，對這件事情最好的理解方式，或許是它在俄國的歷史架構裡面屬於正常情況。今天看來，一九三〇、四〇年代歐洲的恐怖災難，最嚴重的後果是，這種血洗屠殺的犯罪形式成為我們用來衡量政治中何者可被允許、何者應當禁絕的有意識或無意識的標準。公眾輿論嚴重地傾向於不饒恕街頭的犯罪，卻原諒沒有直接謀殺行為的政治逾矩。

水門事件意味犯罪性（criminality）入侵了美國的政治過程，但和已然發生於這可怕世紀的種種相比，這些現象是多麼溫和，很難讓人嚴肅看待——包括公然扯謊以操縱國會，如東京灣決議[6]；幾項三級竊盜案[7]；說出不必要的大量謊言來掩飾這些竊盜案；透過國稅局騷擾公民；企圖組織專由行政部門指揮的秘密機構等等。對於外國的觀察家和評論家特別是如此，因為他們都不是來自以憲法為國家基本法的國家，而在美國卻是兩百年來皆如此。因此，在美國實為犯罪的某些過失，在其他國家並不被認為是罪行。

即使我們這些公民，自一九六五年以來就站在反對政府立場的公民，在尼克森的錄音帶選擇性的公開之後，在這方面也有我們的困難。閱讀錄音帶逐字稿時，我們覺得高估了尼克森及尼克森政府——雖然我們當然沒有高估在亞洲的冒險所帶來的災難性結果。尼克森的行為誤導了我們，因為我們以為面對的是一場精心策畫的攻擊，會侵犯到美國的基本法，意圖廢除憲法以及自由體制。回顧起來，似乎也沒有這樣宏偉的部署，「只有」排除任何構成障礙的法律的堅定決心，不論那是否為憲法，只要它阻礙了計畫，都在排除之列，而這些計畫變幻不定，它們起於貪婪和報復，而非追求權力或任何一致的政治計畫。換言之，就好似一群金光黨，一群資質低落的黑手黨成員，成功將「世界最大強權」的政府挪為己用。另有一事與上述思路相符：政府缺乏公信度，威脅到的是國內事務而非國際事務；並非像官員告訴我們的，威脅到我國同其他國家的關係，他們說這些國家已不再相信我們的承諾。不論美國權力削弱的原因為何，肯定不包括尼克森政府的那些噱頭，認為事業若要成功，只要靠骯髒手法便行。當然，這些都不是很令人欣慰，但尼克森的罪行和我們會拿來比較的那種犯罪，依然大相逕庭。不過其中仍有一些平行之處，我想值得我們注意。

6 譯注：Tonkin Resolution，美國國會一九六四年之決議，允許當時的美國總統詹森不經正式宣戰而派兵越南。

7 譯注：指一九七二—七三水門案調查期間，共和黨主政的白宮官員將闖入民主黨總部水門的事件稱做三級竊盜案。

首先是令人相當不安的事實，尼克森周圍有不少人並不屬於他的親信圈，也非由他親手提拔，但卻依附著他，有些還一路追隨到底，即使他們聽多了白宮裡的「恐怖故事」，足以杜絕這些事情被拿來操作。誠然尼克森自己從來不相信他們，但**他們**怎能信賴一個在其稱不上光榮的長期公職生涯中，已證明並**不**值得信賴的人？同樣令人不安的問題，當然——而且還更具正當性——可以用來質問希特勒及史達林周圍幫助他倆的人。真正具有犯罪本能、並靠本能衝動而行動的人，並不常見，在政客和政治家中更少見，原因很簡單，因為他們的行業，公共領域中的行業，需要受人注目，而犯罪者通常沒有意願變成公眾人物。我認為問題不在於權力造成腐化，而更在於權力的**光環**，那令人嚮往的排場，比權力本身更**吸引人**；因為在本世紀所有那些我們知道其濫用權力程度近乎犯罪的人，在取得權力之前就已經腐化。犯罪行動中，把風的要變成共犯，需要的是放任，確保他們也不受法律約束。對這些問題我們沒有具體事例；但關於權力與性格的內在緊張關係，所有猜測推斷都難免有一種傾向，也就是將天生的罪犯，不假思索地等同於那些唯有當公眾輿論或行政特權顯然會保護他們免於受罰，才趕忙來幫忙的人。

就犯罪者本身而言，其性格中主要的共同弱點似乎在於相當天真的假定，以為所有人都像他們，以為這種有缺陷的性格，是剝除了虛偽與陳腔濫調之後的人類真實情境當中的一部分。尼克森最大的錯誤——除了沒有及時將錄音帶燒掉以外——是誤判了法庭與媒體不受腐蝕的正直。

過去幾週一連串的事件，有一度幾乎要將尼克森政府所建立的謊言組織以及之前形象塑造者的網絡拆解成碎片。事件揭發了未被掩蓋之事實的嚴峻本貌，翻落成砂礫之丘，一度讓人以為自食惡果的時候到了。但對於長久生活在「成者為王」的歡樂情緒中的人，要接受「敗者為寇」的邏輯結論並不容易。因此，也許這相當自然，福特政府的第一反應就是試圖建立新形象，至少要能減弱失敗的衝擊，降低承認失敗的影響。

政府假設「世界最大強權」欠缺和失敗共處的內在能力，藉口國家正受到新孤立主義的威脅——其實並無此徵兆——便開始反咬國會；如同過去的許多國家，我們聽到的是被暗箭中傷的謠傳，這通常是由輸了戰爭的將軍所發明的，而現在在美國，把這理論講得最頭頭是道的就是威斯特摩蘭將軍和泰勒將軍。

福特總統本人提出比這些將軍們更廣的觀點。他注意到不管情況如何，時間有著不斷往前的奇怪特性，因此不斷規勸我們向時間學習，他警告我們回頭看只會導致彼此相互指責——忘記他之前還拒絕給犯罪者無條件赦免，要撫平國家分裂的傷口，這是個淵遠流長的作法。他叫我們去做他自己未做的事，亦即忘記過去，歡喜地翻開歷史新頁。許多年來，人們透過複雜精緻的手法將不合己意的事實用形象加以遮掩，與這些作法相比，福特的建議是令人驚訝的回歸，回到人類要去除不欲見之事實的最古老方式——**遺忘**。無疑地，如果成功了，它會比其他試圖取代現實的形象運作得更好。讓我們忘了越南，忘了水門案，忘了掩飾手法，以及掩飾手法的掩飾手法，其伎倆是對這件事的始作俑者倉卒發出總統特赦令，而這始作俑者至今仍拒絕承認作錯事；**會治癒我們所有傷口的，不是特赦，而是失憶症**。

極權政府的一大發明是，努力挖掘大洞以埋藏不欲人知的資料與事件，這種大工程只有透過殘殺數百萬曾經參與或見證過往的人才能達成。過往要被迫遺忘，彷彿不曾發生。當然，每個人都一點也不想重蹈過往統治者的覆轍，特別是因為，我們知道，其殘暴無情的邏輯並沒有成功。在我們這裡並沒有恐怖手段，而在恐怖手段失敗之處，取而代之的是透過壓力進行說服，以及操縱公眾輿論。開始時，輿論似乎不是那麼容易受到行政部門擺佈；對於事件的第一反應，就是關於「越南」及「水門」的文章與書刊愈來愈多，大部分主要不是說明事實，而是提出我們必須從這最近的過往學到什麼教訓，一再地引用俗諺所說：「未學到教訓者必將重蹈覆轍」云云。

但對於歷史，不同的史家會從他們對歷史的詮釋衍生出迥異的歷史教訓，而如果歷史本身會給我們什麼教訓，那麼這皮提亞式之神諭似乎比眾所周知不太準確的阿波羅神諭更為晦澀難解。我寧願相信福克納說的：「過往不曾消失，它甚至還沒過去。」原因很簡單，我們任何時刻所在的世界**就是**過往的世界；由昔人不論好壞之所作所為的紀念碑與遺跡所組成；其事實總是已經**變成**的東西（如拉丁字源所示：fieri—factum est）。換言之，確實可以說過往**籠罩著**我們；過往的作用就是籠罩我們這些存在現下的人，我們希望活在如其所然的世界，也就是已經**變成**如此這般的世界。

我之前說在近來洪流般的事件下，彷彿「自食其果」的時刻已然來到，我套用這常見的說法，因為它暗示著一種迴力鏢效應，自作自受的結局，這是上個世代帝國主義的政客所害怕的。預料到這樣的效應，確實對於他們在遙遠異地對外國人的所作所為產生限制。不要去計算我們的福分，而是快速舉一些最明顯的慘痛後果——雖然實在不勝枚舉——而這些結果，與其在國內國外尋找代罪羔羊，不如怪自己。先從經濟開始；沒有人預見經濟會從繁榮暴跌到蕭條，紐約市近來爆發的金融危機，就將這情況以戲劇化的方式展現，如此悲哀而不吉利。

先說最明顯的：在戰爭失敗後，通貨膨脹與貨幣貶值是不可避免的，只是因為不願承認災難性的失敗，使我們（也誤導我們）去尋找「深層原因」而徒勞無獲。只有勝利，在和平協定中取得新的領土和賠償，才能彌補完全不屬於生產性質的戰爭開支。在我們落敗的這場戰爭中，這反正也是不可能的，因為我們並不想擴張，甚至還要提供北越二十五億美金重建家園（雖然顯然從來無意付錢）。對於那些渴望從歷史獲得「教訓」的人，還有一則老生常談：有錢人也可能破產。但將我們打敗的這場突來的危機，當然不止於此。

一九三〇年代從美國擴散到歐洲的經濟大蕭條，沒有一個國家有辦法善加控制，以正常方式止跌回升——美國的「新政」無能做到，衰亡中的威瑪共和國所發布的惡名昭彰的「緊急措施」一樣無效。大蕭條只能以政治上必要的快速變動，轉變成戰爭經濟來加以終結，先是在德國，希特勒到一九三六年就清結了大蕭條與失業狀況，而在美國則是因為戰爭爆發。這個相當重要的事實人人都看得出來，但它卻立刻被許多複雜的經濟理論所覆蓋，使得輿論一直未加關心。就我所知，賽摩・梅爾曼是唯一不斷重申這一點的重要作者（見《衰落中的美國資本主義》，根據《紐約時報書評》一位評家的說法：「書中提供的資料足以寫成三本這樣大小的書」），而他的著作全然在主流經濟理論之外。這個最根本的事實，聞之令人驚駭，卻被所有的公共辯論所忽略，然而它幾乎立刻導致一個大家多少都同意的想法，即製造「公司的經營不是為了生產貨品，而是提供工作機會。」

儘管這種固定說法可能是源自國防部，但卻擴展到全國。戰爭經濟挽救了失業與經濟蕭條，隨後確實大規模運用了各式各樣的發明，吾人總稱為自動化作業，而十五、二十年前就有人負責任地指出，如此一來將意味著嚴重的失業現象。但關於自動化與失業的辯論很快消失，原因就只是採取限量生產與超額僱用的作法，或部分——但只是部分——由工會的龐大勢力所強迫執行的類似作法，似乎把問題解決了。今天，大家幾乎都接受了，我們製造汽車是為了保留工作，而非方便人們快速移動。

國防部為發展軍事工業所要求提撥的幾十億美元，其必要性不在於「國家安全」而在於防止經濟崩潰，這已經不是秘密。以戰爭當作政治上的理性手段已經變成一種奢侈行為，只有對小國家而言是正當的，這時，軍火交易與武器生產已然成為成長最迅速的商業，而美國「一定是全世界最大的軍火商。」加拿大總理皮耶．特魯鐸最近被批評把武器賣給美國，結果是用到越南，他難過地說這已經是「心腸和肚皮」之間的選擇。

在這些狀況下，確實如梅爾曼所說，「效率低下（已經被提升）為國家關懷的目標」，在這樣的狀況下，惡果的根源是以聰明花招「解決」所有現實問題的政策，在忙亂之中施行卻又不幸地非常成功，但所謂成功，只是讓問題暫時消失。

或許這是重新喚起現實感的徵兆：經濟危機，以及美國首要大城面臨破產的可能性，比兩任政府轉移注意力的各種努力，更為成功地把水門案整個推向後台。但依然存在、依舊籠罩我們的，是尼克森先生被迫辭職的驚人後續影響。福特先生，是未經選舉、由尼克森本人親自任命的總統[8]，因為福特是他在國會中的強力支持者。福特就

8 譯注：尼克森於一九七三年原任副總統辭職之後，任命福特為副總統，一九七四年尼克森下台，福特繼任總統，八月九日宣誓就職，九月八日就發布命令特赦尼克森。

任總統，贏得廣泛熱烈的迴響。「幾天之內，幾乎是幾小時之內，傑哈德．福特就一掃長期籠罩白宮的烏煙瘴氣，可以說，陽光再度閃耀於華盛頓。」亞瑟．史烈辛格[9]如此說道；而他這位知識份子，竟會去鼓動秘密渴望明君的心態，實在令人料想不到。但這確實是極大多數美國人本能的反應。在福特過早發布總統特赦令後，史烈辛格先生或許已改變想法，但隨後發生的事情顯示，他倉卒的評斷又是多麼切合國家的整體情緒。尼克森必須辭職下台，因為他一定會因為掩飾水門事件而被起訴；關心白宮「恐怖故事」的人的正常反應會是追問：這樁後來必須加以掩飾的事件，到底誰是始作俑者？但就我所知，至今只有一篇文章提出這問題並加以嚴肅討論：瑪莉．麥卡錫刊在《紐約書評》的文章。因為替事件掩飾而遭起訴或定罪的那些人，全給高額的報酬所淹沒，出版商、報刊電視以及學校都出價交換他們的故事。他們會在這些故事裡面寬以待己，沒有人會懷疑，特別是尼克森本人準備出版的東西，他的經紀人說他可以很容易就拿到兩百萬美金的預付版稅。可惜我得說，這些開價都不是出於政治動機；它們反映了市場，及其對於「正面形象」的需求——也就是，需求更多的謊言與虛構，但這次是為了將掩飾的手法合理化以及回復犯罪者名聲。

現在，這種不下於吸毒成癮的長期形象塑造過程，開始結出惡果了。公眾對於我們在柬埔寨「勝利」的反應，不論在街頭或國會殿堂，我認為最能道出這種貪癮。在許多人眼裡，這場勝利「正是醫師開出的」（舒茲貝格之言）治療越戰失敗創傷的療方。的確，「『那是一次著名的勝利！』」詹姆斯．瑞斯敦[10]在《紐約時報》貼切引用了這詩句；但願，這已是美國權力銷蝕墜落的最低點，是自信心的谷底，因為對於一個弱小無助國家的勝利，竟會讓不過幾十年前還是「世界最大強權國家」的人民雀躍。

各位女士、各位先生，當我們從過去幾年事件所堆積而成的廢石瓦礫堆中慢慢再度站起時，讓我們不要遺忘偏離正途的這些年，才不致不配擁有這國家兩百年前光榮的開端。當我們得到的果報只是事實的揭顯，至少讓我們張開手臂歡迎它。不要逃避到任何烏托邦裡頭，不管那是形象、理論或根本就是愚蠢。這是這共和國偉大之處，為了自由之故，讓人中至善和極惡者都得到應得的評價。

一九七五年

9 譯注：Arthur Schlesinger，美國歷史家及社會評論家，重要的自由主義研究者與支持者，曾任甘迺迪總統特別助理。二〇〇七年去世。

10 譯注：James Reston，紐約時報記者，兩度獲得普立茲獎。

# 漢娜・鄂蘭其他作品

*The Origins of Totalitarianism* (1951)
《極權主義的起源》，林驤華譯。左岸：二〇〇九。

*The Human Condition* (1958)
《人的條件》，林宏濤譯。商周：二〇一六。

*Eichmann in Jerusalem: A Report on the Banality of Evil* (1963)[1]
《平凡的邪惡：艾希曼耶路撒冷大審紀實》，施奕如譯。玉山社：二〇一三。

*Men in Dark Times* (1970)
《黑暗時代群像》，鄧伯宸譯。立緒：二〇〇六。

*Crises of the Republic: Lying in Politics; Civil Disobedience; On Violence; Thoughts on Politics and Revolution* (1972)
《共和危機》，蔡佩君譯。時報：一九九六。

*The Life of the Mind* (1978)
《心智生命》，蘇友貞譯。立緒：二〇〇七。

*The Promise of Politics* (2005)
《政治的承諾》，蔡佩君譯。左岸：二〇一〇。

1 譯注：源自鄂蘭於一九六一年為《紐約客》雜誌報導德國納粹戰犯艾希曼在耶路撒冷受審的情形，並刊於該刊一九六三年二月和三月號。本書中直譯為《艾希曼在耶路撒冷：對惡之平庸性的報導》。

# 譯名對照

## ㄏ

《哈姆雷特》（莎士比亞）*Hamlet*
合法性 Legality
荷克爾 Karl-Friedrich Höcker
何斯 Höss, Rudolf
黑白通婚 Mixed marriages
黑白合校 School desegregation
黑格爾 Georg Wilhelm Friedrich Hegel
赫拉克利特 Heraclitus
海德利希 Reinhard Heydrich
海德格 Martin Heidegger
海爾，費德利希 Friedrich Heer
侯胡特 Rolf Hochhuth
漢德，連恩 Learned Hand
《華盛頓郵報》*Washington Post*
活動 Activity
霍夫梅爾，漢斯 Hans Hofmeyer
霍夫曼 Hofmann, Otto
悔罪 Repentance
《歡愉的科學》（尼采）*Gay Science*

## ㄐ

〈基本道德命題〉（鄂蘭）"Basic Moral Propositions" (Arendt)
基督教、基督教世界、基督教精神 Christianity
寂寞 Loneliness
集體罪惡 Collective guilt
極權主義政權 Totalitarian regimes
記憶 Remembrance
嘉連 Augustinus von Galen
假言令式 Hypothetical imperative
傑佛遜 Thomas Jefferson
教皇通諭 Quadragesimo anno
教宗保祿六世 Pope Paul VI
教宗庇護十一世 Pope Pius XI
教宗庇護十二世 Pope Pius XII
較小之惡的論點 Argument of lesser evil
《檢討》（奧古斯丁）*Retractationes*
建國之父（美國）Founding Fathers
間接的 Vicarious
緊急措施 Notverordnung
經濟大蕭條 Great Depression
《君王論》（馬基維利）*The Prince*

## ㄑ

齊藍克維茲 Cyrankiewicz, Józef
強迫 Force
區隔 Discrimination
全國有色人種促進會（美國）National Association for the Advancement of Colored People (NAACP)
《權力意志》（尼采）*Will to Power*

## ㄒ

西塞羅 Cicero
希姆萊 Heinrich Himmler
希特勒 Adolf Hitler
《希特勒與基督教徒》（古利安，瓦德瑪）*Hitler and the Christians*
席格，布拉邦特的 Siger of Brabant
夏慈 Schatz, Willi
協調 Coordination

莎樂美，盧・安德雷亞 Lou Andreas Salome
莎士比亞 William Shakespeare
社會棄民 Outcasts
社會研究新學院 New School for Social Research
受祐者之島 Island of the Blessed
《神曲》（但丁）*Divine Comedy*
《上帝視界》（古撒的尼古拉）*Vision of God*
上級命令的論證 Superior orders argument
聖赫維希大教堂（柏林）St. Hedwig's Cathedral
《聖經》*The Bible*
《書信集》（保羅）*Epistolae*
殊性 Particular
舒茲貝格 Cyrus Sulzberger
舒爾茲，艾溫 Erwin Schulz
《衰落中的美國資本主義》（賽摩・梅爾曼）*American Capitalism in Decline*
水門事件 Watergate

## ㄖ

《燃眉之憂》（教宗庇護十一世）*Mit brennender Sorge*
《人啊，人》（尼采）*Human, All-Too-Human*
阮文紹 Nguyen Van Thieu

## ㄗ

自動化作業 Automation
自律 Autonomy
自然法 Laws of nature
自愛 Self-love
自由 Freedom
自由律 Law of freedom
自由結社 Free association
自由選擇 Liberum arbitrium
自我 Self
自我本位 Egoism
自我矛盾 Self-contradiction
自我蔑視 Self-contempt
再現 Representation
《昨日世界》（斯蒂芬・褚威格）*Die Welt von Gesterne*
最高法院（美國）Supreme Court
最終解決 Final Solution
宗教協定 Concordat

## ㄙ

思 Thinking
思考 Thought
斯多噶學派 Stoicism
薩克森豪森審判 Sachsenhausen trial
色諾芬 Xenophon
桑塔耶納，喬治 George Santayana
蘇聯 Soviet Union
蘇格拉底 Socrates
《蘇格拉底答辯辭》（柏拉圖）*Apology*
索倫 Solon
松尼獎 Sonning Prize

責任與判斷／漢娜・鄂蘭（Hannah Arendt）作；
蔡佩君譯；蔡英文導讀.
－二版.－新北市：左岸文化：遠足文化發行，2016.10
面；　公分.－(左岸政治；245)
譯自：Responsibility and judgment
ISBN 978-986-5727-44-4(平裝)
1.政治倫理 2.責任 3.政治參與
198.57　　105018078

左岸政治　245

# 責任與判斷（新版）

# RESPONSIBILITY AND JUDGMENT

作　　者　漢娜・鄂蘭（Hannah Arendt）
譯　　者　蔡佩君
總 編 輯　黃秀如
特約編輯　王湘瑋

社　　長　郭重興
發行人暨出版總監　曾大福
出　　版　左岸文化／遠足文化事業股份有限公司
發　　行　遠足文化事業股份有限公司
231新北市新店區民權路108-2號9樓
電　　話　(02)2218-1417
傳　　真　(02)2218-8057
客服專線　0800-221-029
E-Mail　rivegauche2002@gmail.com
臉書專頁　facebook.com/RiveGauchePublishingHouse
團購專線　讀書共和國業務部02-22181417分機1124、113
法律顧問　華洋法律事務所　蘇文生律師
印　　刷　成陽印刷股份有限公司
初　　版　2008年4月
二版一刷　2016年10月
二版六刷　2022年6月
定　　價　380元
I S B N　978-986-5727-44-4